SECOND CHANCE

부자 아빠의
세컨드 찬스

SECOND CHANCE

위기야말로 두 번째 기회다

부자 아빠의
세컨드 찬스

로버트 기요사키 | 안진환 옮김

ROBERT T. KIYOSAKI

민음인

버크민스터 풀러에 부쳐

이 책을 버크민스터 풀러(Buckminster Fuller, 1895~1983) 박사께 바친다. 풀러 박사는 어떤 한 범주에 넣고 설명하기가 불가능한 인물이다. 그는 미래학자이자, 발명가이고, 교사이자, 철학자이며, 건축가였다. 그는 두 차례 하버드 대학교에 입학이 허가되었고, 두 번 다 권고 자퇴했다.

그는 다수의 박사 학위와 특허를 보유했고, 미국 건축가 협회의 골드메달과 로널드 레이건 대통령의 자유훈장 등을 포함해 수많은 상과 훈장을 받았다.

버크민스터 풀러는 오늘날 전 세계적으로 널리 이용되는 지오데식 돔(geodesic dome, 가급적 같은 길이의 직선 부재를 써서 구면(球面) 분할을 한 트러스 구조 형식의 돔)을 현대 공업 사회에 입각한 구조물로 제작해 세계적인 명성을 얻었다. 그는 미래 예측을 과학화하는 다수의 업적을 남겨 최초의 미래학자로도 불린다. 그의 예언 가운데 많은 수가 실현되었으며, 몇 가지는 현재 실현을 앞두고 있다.

그의 인류애를 사랑하는 사람들은 그를 '지구를 사랑하는 천재'나 '미래의 할아버지'로 부른다. 존 덴버는 1982년 「한 사람이 할 수 있는 일(What One Man Can Do)」이라는 제목의 노래를 만들어 그에게 헌정했다.

아래의 사진은 풀러 박사가 제작한 지오데식 돔으로, 1967년 캐나다 몬트리올에서 열린 만국 박람회 '엑스포 67' 행사장에 설치된 미국관의 모습이다.

이 책에는 내가 '엑스포 67'을 관람하기 위해 캐나다에 간 내용도 담겨 있다. 나는 풀러 박사의 돔을 보기 위해 히치하이킹으로 뉴욕에서 몬트리올까지 갔다. 오로지 그가 예언하는 미래를 확인하기 위해서 말이다.

버크민스터 풀러 박사와 그가 제작한 지오데식 돔

나는 세상의 모든 자유를 신봉한다.

이 책은 정부와 정치를 거론하고 있지만 정치적 의제를 담고 있지는 않다.

나는 공화당원도 민주당원도 아니다. 굳이 편을 따지자면 무소속이다.

이 책은 신과 영혼도 언급한다. 하지만 종교서는 아니다. 종교적 의제는 전혀 다루지 않는다.

나는 종교의 자유와 신을 믿을 자유 그리고 신을 믿지 않을 자유를 신봉한다.

"우리는 미래의 희생자가 아니다.
우리는 미래의 설계자다."

—버크민스터 풀러

차례

우리의 과거와 현재 그리고 미래

한때 미국은 세계에서 가장 부유한 채권국이었다.

한때 미국 달러는 금을 본위로 했다.

한때 돈을 찍어 내는 것은 '화폐 위조'라는 죄명의 범죄였다.

한때 학교를 졸업하고 좋은 직장에 취직하고 젊은 나이에 은퇴해서 여생을 행복하게 보내는 것이 가능했던 시절이 있었다.

한때 집을 사기만 하면 집값이 올라서 부자가 되던 시절이 있었다.

한때 주식 시장에 투자하면 주가가 올라서 부자가 되던 시절이 있었다.

한때 대학 졸업장이 곧 높은 연봉을 의미하던 시절이 있었다.

한때 나이가 곧 자산이던 시절이 있었다.

한때 국가의 사회보장제도와 건강보험이 은퇴자의 여생을 보살펴 줄 것으로 믿을 수 있던 시절이 있었다.

불행히도 이런 '한때'는 더 이상 없다. 동화 같은 이야기는 끝났다. 우리가 살아가는 세상이 바뀌었고 그 변화는 지금도 계속되고 있다.

Q 그렇다면 이제 무엇을 해야 하는가?

A 이 책이 바로 그 질문에 대한 대답이다. 이 책은 당신과 당신의 돈, 당신의 삶을 위한 두 번째 기회에 관해 이야기한다.

이 책은 과거와 현재 그리고 미래 총 3부로 구성되어 있다.

'과거'에서는 우리가 지금 직면하고 있는 금융 위기의 '진짜 원인'을 파악한다.

'현재'에서는 오늘 '당신'이 어떤 상황에 처해 있는지 분석한다.

'미래'에서는 당신의 돈과 삶을 위한 '두 번째 기회'를 살펴보고 위기와 역경의 시기에서 찾을 수 있는 기회를 활용해 당신이 원하는 삶을 창조할 수 있는 방법을 찾는다.

오늘날 가장 중요한 화두는 '위기'다. 위기에는 '위험'과 '기회'라는 양면성이 있다는 것을 잊지 말기 바란다.

당신의 두 번째 기회는 위험을 피하고 점점 커져 가는 글로벌 금융 위기에 내재하는 기회에 대비할 때 비로소 찾아올 것이다.

과거

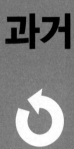

옛날에는 학교에서 이렇게 가르쳤다.
학교에 열심히 다녀라, 직장을 구하라, 열심히 일하라, 저축하라,
집을 사라, 빚을 지지 마라, 주식 시장에 장기적으로 투자하라.

1부

Intro

요전 날 한 스타벅스 매장에 들렀다가 우연히 옛 친구와 마주쳤다. 수년 동안 얼굴을 못 본 친구였다. 놀랍게도 친구는 커피숍에서 직원으로 일하고 있었다.

"여기서 일한 지 얼마나 됐어?"

내가 물었다.

"한 다섯 달쯤 됐어."

커피 주문을 받으며 친구가 대답했다.

"어떻게 된 일이야?"

"그러게 말이야. 2007년에 금융 시장이 폭삭 주저앉으면서 실직했지. 다른 회사에 취직했지만 거기서도 오래가진 못했어. 결국 모아 놓았던 돈도 집도 모두 날렸지. 그냥 버텨 나갈 수가 없더군."

우려 섞인 내 표정을 보고 그가 말했다.

"그렇게 걱정스러운 눈으로 보진 말게. 어쨌든 집사람과 나는 계속 일을 하고 있으니까. 많은 돈을 버는 건 아니지만 일자리는 있거든. 그러니까 몇 벅스(bucks, 달러) 벌려고 스타벅스에서 일하게 된 거지."

친구는 크게 웃었다.

"앞으로 어떻게 할 생각인가?"

뒤에서 차례를 기다리는 손님이 주문을 할 수 있게 옆으로 비켜서며 내가 물었다.

"나는 지금 학교에 다니고 있어. 석사 학위를 하나 더 따려고 하거든. 다시 학교에 다니는 게 나름 재미도 있고, 뭐 나쁘진 않아. 어떤 수업은 아들과 같이 듣기도 한다네. 아들 녀석은 첫 번째 석사 과정을 밟고 있지."

"학비는? 둘 다 학자금 대출을 받아서 다니는 건가?"

"맞아. 다른 방법이 있겠어? 물론 학자금 대출이 바람직하지 않다는 건 나도 잘 알고 있어. 대출금을 상환하기 위해 나는 아마 남은 평생 계속 일을 해야만 하겠지. 아들은 자기 대출금을 갚을 시간적 여유가 나보다는 더 있는 셈이지. 하지만 고소득 직장을 구하려면 더 많은 교육이 필요한 법이거든. 돈을 벌고 생활을 유지하려면 결국 학교에 다녀야지."

주문한 커피가 나왔다. 친구는 내 팁을 거절했다. 나는 그 이유를 알고 있다. 나는 친구에게 행운을 빈다는 말을 남기고 커피숍을 나섰다.

이 책의 1부는 과거에 관한 이야기다. 보다 구체적으로 말하자면, 현재 우리가 직면하고 있는 글로벌 금융 위기가 어떻게 발생했는지에 대해 소개한다.

조지 오웰의 『1984년』에 이런 구절이 나온다.

"기만이 보편화된 세상에서 진실을 말하는 것은 혁명적 행동이다."

Chapter 1

왜 부자는 돈을 위해
일하지 않는가?

"우리의 부는 우리의 돈을 통해 강탈되고 있다."

– 버크민스터 풀러

『부자 아빠 가난한 아빠』는 1997년에 자비로 출간되었다. 그럴 수밖에 없었던 것이 당시 문을 두드렸던 주요 출판사들로부터 출간을 모두 거절 당했기 때문이다. 그중 몇몇은 이런 말을 했다.

"제대로 알고 써야 하지 않겠습니까."

그들이 결코 동의할 수 없었던 부자 아빠의 주장은 이런 것들이다.

1. 집은 자산이 아니다.
2. 저축하는 사람은 패배자다.
3. 부자는 돈을 위해 일하지 않는다.

10년이 지난 2007년 서브프라임 모기지 사태가 눈앞에 펼쳐졌다. 수백 만 주택 소유주들은 자신이 소유하던 집이 자산이 아니라는 사실에 직면했다.

2008년 미국 정부와 연방준비은행은 수조에 달하는 달러를 찍어 내기 시작했고, 인플레이션과 세금 인상, 낮은 이자 등으로 인한 구매력 상실로 열심히 번 돈을 저축한 수백만 명이 패배자로 전락했다.

『부자 아빠 가난한 아빠』에 나오는 부자 아빠의 첫 번째 교훈은 "부자는 돈을 위해 일하지 않는다."는 것이다. 돈에 대한 부자 아빠의 세 가지 교훈 중 가장 적게 비판받은 주장이기도 하다. 이번 장에서는 왜 이 교훈이 부자 아빠의 가르침 가운데 가장 중요한지 살펴보고자 한다.

세컨드 찬스, 즉 두 번째 기회란 당신의 돈과 삶, 두 가지 모두를 위한 새로운 시작을 의미한다. 당신의 두 번째 기회를 고민하기에 앞서, 부자는 돈을 위해 일하지 않는다는 교훈을 이해하는 것이 왜 중요한지에 대해서도 알아볼 것이다.

돈에 관해 당신이 알아야 할 것

돈은 복잡하고도 위협적이다. 그러나 기본에서 출발해 차곡차곡 정보를 쌓아 나가다 보면 어느새 당신은 돈과 투자를 이해하고 돈이 당신을 위해 일하게 만드는 데 필요한 지식을 얻게 될 것이다.

돈이란 정보와 지식에 근거한 의사결정을 내리도록 자신감을 줄 수 있는 주체이자, 아주 영리하게 다룰 수 있는 대상이다.

Q 누가 두 번째 기회를 필요로 하는가?

A 우리 모두에게 두 번째 기회는 필요하다.

Q 왜 그런가?

A 이미 알고 있듯이 돈이란 변화하는 것이고 그 변화는 앞으로도 계속 될 것이기 때문이다.

Q 왜 그것이 중요한가?

A 가난한 사람은 더 가난해질 것이고 중산층은 줄어들 것이며 부자는 더 부유해질 것이기 때문이다.

Q 그것은 누구나 알고 있는 사실이다. 부자가 더 부유해지고 부자가 아닌 사람들이 더 가난해지는 것은 새로운 이야기가 아니지 않은가?

A 그렇지 않다. 현재의 부자들 중 상당수는 미래의 빈곤층으로 변모할 것이다.

Q 어째서 부자가 미래의 빈곤층이 되는가?

A 여러 가지 원인이 있는데, 그중 하나를 말하자면 부자의 상당수가 부의 척도를 돈에 두고 있기 때문이다.

Q 그것이 뭐가 잘못되었다는 말인가?

A 사실 돈은 더 이상 돈이 아니다.

Q 돈이 더 이상 돈이 아니라면 무엇이 돈이란 말인가?

A 지식이 새로운 돈이다.

Q 지식이 곧 돈이라는 말은 현재 가난하거나 중산층에 속하는 사람들이 미래의 새로운 부자가 될 기회를 갖는다는 의미인가?

A 그렇다. 과거의 부자는 원유나 무기 등과 같은 자원이나 영토, 거대기업을 통제하는 사람이었다. 지금은 사정이 달라졌다. 현재 우리는 정보화 시대에 살고 있다. 풍부한 정보는 심지어 공짜로 제공되기도 한다.

Q 그런데 왜 모든 사람이 부자가 되지 못하는가?

A 정보를 가공하여 지식으로 만들기 위해서는 교육이 필요하다. 금융교육을 받지 않은 사람들은 정보를 가공하여 개인적 부를 창출하지 못한다.

Q 미국은 연간 수십억 달러를 교육에 쏟아붓고 있다. 그럼에도 부자보다 가난한 사람이 더 많은 이유는 무엇인가?

A 수백억, 수천억 달러가 교육에 사용되지만 금융 교육에는 거의 사용되는 게 없다.

Q 왜 학교에서 금융 교육이 이루어지지 않는 것인가?

A 내가 아홉 살 이후부터 줄곧 제기한 의문이 바로 그것이다.

Q 그렇다면 학교 교육을 통해 알게 된 것은 무엇인가?

A 아는 것이 힘이라는 사실이다. 사람들의 삶을 통제하고 싶으면 그들의 지식을 제한하면 된다. 폭군들이 책을 불태우고 자신의 권력에 위협이 되는 지식인들을 추방하거나 죽였던 이유가 여기에 있다. 미국에서

도 남북 전쟁 이전에는 다수의 주에서 노예에게 읽고 쓰기를 가르치는 행위를 불법으로 규정했다. 지식은 지구상에서 가장 강력한 힘이다. 권력을 쟁취하려면 반드시 지식을 통제해야 하는 이유가 여기에 있다.

이런 공식이 성립한다.
정보 × 교육 = 지식
지식은 곧 힘이다. 따라서 지식 부족은 곧 취약함을 의미한다.

나의 가난한 아빠는 고등 교육을 받았고 박사 학위도 보유했지만 금융 교육은 거의 받은 적이 없었다. 그는 학교 시스템 안에서는 상당한 권위자였지만 현실 세계에서는 미약한 존재에 지나지 않았다.

나의 부자 아빠는 학교를 제대로 졸업하지 못했지만 돈의 세계에서는 매우 높은 수준의 교육을 받은 상태였다. 가난한 아빠에 비해 공식적인 교육 수준은 떨어졌지만 부자 아빠는 현실 세계에서 가난한 아빠와 비교조차 할 수 없는 엄청난 힘을 지닌 인물이었다.

Q 기득권자들은 학교 시스템을 통해 '무엇을 가르칠 것인가?'와 '무엇을 가르치지 않을 것인가?'를 통제하는 방식으로 자신들이 가진 힘을 대물림하고 있는 것 같다. 학교에서 금융 교육을 하지 않는 이유가 바로 그것인가?

A 나는 그렇다고 믿는다. 오늘날 금융 지식은 노예 제도의 상징인 채찍과 족쇄, 심지어 총보다 더 강력한 힘을 가진다. 세계 도처에서 금융 지식 하나로 수십억 대중을 노예로 만들고 있다.

Q 그렇다면 채찍과 족쇄, 총 역할을 하는 것은 무엇인가?

A 통화 제도다.

Q 화폐 말인가? 어떻게 통화 제도가 사람들을 통제할 수 있는가?

A 통화 제도는 우리가 부자가 되지 못하도록 고안된 제도다. 돈은 금융 교육을 제대로 받지 못한 사람들을 노예로 만든다. 금융 교육을 받지 못한 사람들은 돈을 위해 죽어라 일하면서 매월 지급되는 봉급의 노예가 된다. 평생을 바쳐 일한 대가로 받은 돈으로 말미암아 부가 강탈되고 있다. 돈을 위해 누구보다 열심히 일하는 사람들이 종종 '근로 빈곤층'으로 회자되는 이유가 바로 여기에 있다. 얼마나 열심히 일하든 그들은 점점 더 가난해지기만 할 뿐이다.

Q 돈으로 말미암아 부가 강탈된다는 것은 어떤 의미인가?

A 다양하게 생각해 볼 수 있다. 그중 몇몇은 당신도 이미 알고 있을 것이다. 예를 들면 이렇다.

1. 세금

당신이 제공한 노동의 가치가 세금이라는 명목으로 강탈되고 있다.

2. 인플레이션

정부가 돈을 찍어 내면 물가가 상승한다. 물가가 오르면 사람들은 더 열심히 돈을 벌기 위해 일하지만 결국은 세금과 인플레이션에 빼앗기는 돈만 늘어나는 셈이 된다.

3. 저축

은행은 소위 부분지불준비제도(fractional reserve system)라는 장치를 통해 예금주의 부를 강탈한다. 부분지불준비의 기준을 10이라고 가정하면, 예금주가 자신의 예금 계좌에 1달러를 예치하면 은행은 예치된 1달러를 담보로 10달러를 대출해 줄 수 있다. 이것은 또 다른 형태의 '돈 찍어 내기'와 다름없다. 이는 인플레이션을 가중시킬 뿐만 아니라 돈의 구매력을 저하시킨다.

당신의 돈이 강탈되는 여타의 방법들에 대해서도 나중에 자세히 설명하겠다. 앞서 말한 바와 같이 통화 제도는 사람들을 부자가 아니라 가난뱅이로 만들기 위해 고안된 제도다.

Q 그것을 증명할 수 있는가?
A '백문이 불여일견'이란 말이 있듯 다음의 도표를 보면 이해하기 쉬울 것이다. 이 도표가 모든 사실의 증거라고 할 수는 없지만, 정부의 지원을 필요로 하는 가난한 사람들의 수가 점점 증가하고 있다는 사실만큼은 여실히 보여 주고 있다.

빈곤과의 전쟁

1964년에 미국의 대통령 린든 존슨은 빈곤과의 전쟁을 선포했다. 많은 사람들이 그 전쟁이 승리로 끝났다고 믿고 있지만 그렇게 믿기 힘든 통계도 있다. 다음의 도표는 '푸드 스탬프(food stamps, 미국의 저소득층 식비 지원 제도)' 이용자의 수를 보여 준다. 빈곤과의 전쟁에서 승리했다고 믿는 오늘날에도 푸드 스탬프에 대한 의존도는 점점 증가하고 있다.

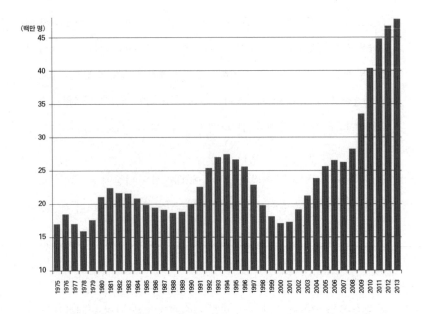

푸드 스탬프 수급자 현황에 의하면, 1975년 약 1700만 명이던 수준에서 2013년 4700만 명으로 증가했으며, 그 증가세는 계속 이어지고 있다.

미국의 저소득층 가정에 지급되는 푸드 스탬프는 오늘날 보충영양지원제도(Supplemental Nutrition Assistance Program, SNAP)로 명칭이 변경되었다.

Q 빈곤층이 증가하는 근본적 원인은 무엇인가?

A 중산층의 몰락 때문이다. 현재 빈곤층에 속하는 많은 사람들이 수년 전에는 미국의 중산층을 이루었으며 형편이 그리 나쁘지 않았다.

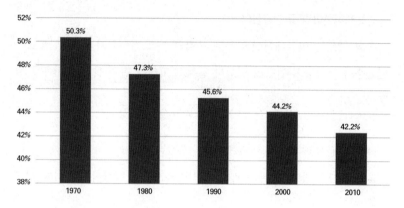

중산층 소득 가구 수의 감소 추이

1970년대 이후로 중산층 소득이 침체되었고 소득 가구 수 또한 점차 감소했다. 2010년 중산층에 속하는 가구 비율은 42.2퍼센트로, 1970년의 50.3퍼센트에서 8퍼센트가량 줄었다.

출처: 앨런 크루거, 「불평등의 증가와 그에 따른 필연적 결과」, 미국진보센터에서의 연설, 2012년 1월 12일

중산층과의 전쟁

위의 도표는 중산층의 변화를 보여 준다.

『중산층과의 전쟁(The War on the Middle Class)』의 저자 방송인 루 돕스는 그의 책에서 중산층 감소에 관해 다음과 같이 말했다.

"중산층의 감소는 미국 경제의 침체로 직결된다. 왜냐하면 중산층이 미국 경제를 움직이는 원동력이기 때문이다."

2012년 대선 주자였던 버락 오바마와 미트 롬니는 하나같이 중산층 구제를 공약으로 내걸었다. 호기심이 많은 사람이라면 이런 의문을 가졌을 법도 하다.

"왜 중산층이 구제의 대상이 되어야 하는가?"

한 가지 확실한 것은, 정부가 구제를 약속한다는 것은 이미 심상치 않은

상태가 되었음을 의미한다는 것이다.

인플레이션이 부를 강탈한다

통화 제도는 인플레이션을 통해 우리의 부를 강탈한다. 아래의 도표는 빈곤층과 중산층이 아무리 열심히 일해도 고전을 면치 못하는 이유를 설명하고 있다.

Q 어떻게 통화 제도가 인플레이션을 유발하는가?

A 은행 또는 정부가 돈을 찍어 내면 인플레이션 현상이 나타나고 세금

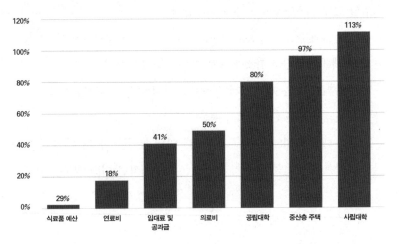

중산층이 이용하는 주요 재화 및 용역 가격의 급격한 상승(1970~2009)

중산층 소득이 침체되는 와중에 그들이 이용하는 주요 재화 및 용역의 가격은 상당한 폭으로 증가했다. 재화와 용역이 사치품이었다면 큰 폭의 가격 상승이 그리 문제 되지 않았을 것이다. 그러나 자동차 연료와 의료 서비스, 대학 교육, 주택 소유 등은 결코 사치품이라 할 수 없다. 이것들은 모두 중산층 진입 혹은 중산층 잔류의 핵심 요소인데, 그 가격이 인플레이션 속도를 넘어 큰 폭으로 증가했다.

출처: 보건·교육·노동·연금 상원위원회, 「아메리칸드림의 구제, 미국 중산층의 과거, 현재 그리고 불확실한 미래」

이 증가한다. 물가와 세금이 올라가면 당연히 사람들은 재정적 어려움을 겪을 수밖에 없다.

Q 물가가 상승하면 나타나는 현상은 무엇인가?

A 물가가 오르면 사람들은 생존을 위해 신용카드를 사용하지 않을 수 없다. 대다수가 어쩔 수 없이 지출을 줄이는데, 그러다 보면 안전한 식품을 구매하거나 치과 검진을 하는 등의 건강 소비가 줄어든다. 그런 식으로 많은 사람들이 부채의 노예로 전락한다. 보다 많은 사람들이 월급 봉투의 노예가 되거나 고용 하인의 처지보다 나을 것이 없어진다.

중산층 가구의 부채 상승

소득이 침체되고 주요 재화의 가격이 상승함에 따라 가구는 갈수록 많은 채무를 떠안게 된다. 1989년 2만 5300달러이던 중산층 가구의 부채 수준이 2010년 거의 세 배에 달하는 7만 700달러로 증가했다. 1989년에는 연소득 대비 58퍼센트에 지나지 않았던 일반 가구의 부채 비율도 2010년 연소득의 154퍼센트에 이르렀다.

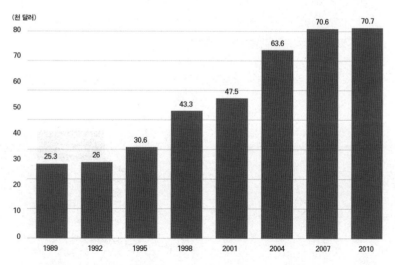

출처: 연방준비제도이사회, 「소비자 금융에 대한 설문 조사」

부채의 노예

중산층의 소득이 감소하고 물가와 세금이 상승하면 다수의 사람들이 생존을 위해 신용카드에 의존하고 결국 채무의 노예가 된다.

앞의 도표는 바로 그 과정을 보여 준다.

오늘날 세금과 부채, 인플레이션은 현대판 노예를 옥죄는 강철 족쇄와 다름없다.

부자의 두 가지 유형

Q 빈곤층과 중산층은 점점 빈곤해지는데, 어떻게 부자는 더 부유해져만 가는가?

A 부자에는 두 가지 유형이 있다. 하나는 점점 더 부유해지는 진정한 부자들이고 다른 하나는 점점 가난해지는 부자들이다. 아래의 도표를 보면 알 수 있다.

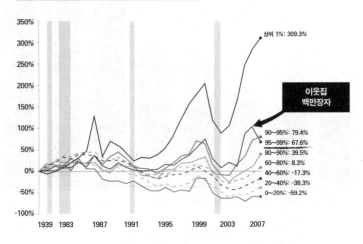

소득 계층별 자본 소득의 누적 변화(1979~2007)

Q 도표를 보면 상위 1퍼센트 부자는 점점 더 부유해지는 것으로 보인다. 그렇다면 95~99퍼센트에 속하는 부자는 어째서 수입이 감소하는가? 앞서 말한, 점점 더 가난해지는 부자가 바로 이들인가?

A 그렇다. 도표에서 볼 수 있듯이, 전체 미국인 중 상위 1퍼센트에 속하는 진정한 부자는 1979년 이후 소득이 309퍼센트나 늘어나면서 엄청난 부자가 되었다. 이와는 대조적으로 95~99퍼센트는 부자로서의 기반이 흔들리고 있다. 즉 소득이 늘어나지 않고 있다는 말이다.

Q 앞서 일부 부자들이 새로운 빈곤층으로 바뀌고 있다고 언급한 것도 이 때문인가?

A 그렇다. 이 도표는 단지 2007년까지의 상황을 보여 주고 있을 뿐이다. 2007년은 이른바 '대침체(Great Recession)'가 시작된 해다. 2007년 이후 서브프라임 모기지 사태와 주식 시장의 붕괴로 인해 수많은 백만장자들이 부자 목록에서 사라졌다.

Q 그렇다면 현재 상황은 이보다 더 나쁘다는 말인가?

A 물론이다. 미국의 상위 1퍼센트는 더 큰 부자가 되었다. 그 외의 다른 부자들, 앞서 설명한 또 다른 유형의 부자들 중 상당수는 전보다 가난해진 상태다. 많은 사람들이 1년도 채 안 되는 시간 동안 부유층에서 빈곤층으로 떨어졌다. 고소득을 보장하던 직장과 집을 잃은 데다 보유하고 있던 주식의 가치가 급락하면서 많은 수의 부자들이 순식간에 가난한 신세로 전락했다. 주식 시장과 주택 시장의 붕괴를 견디고 살아남아 상위 20퍼센트에 잔류한 부자들 중 상당수 역시 (인플레이션으로 인해) 점점

더 가난해지고 있다. 일부는 이미 중산층으로 내려앉았다.

Q 부자의 두 유형에 대해 다시 한 번 말해 주기 바란다.

A 먼저 고소득 부자들이 있다. 대기업 임원이나 의사, 변호사, 운동선수, 영화배우 등과 같은 전문직 종사자들이 여기에 속한다. 이들은 많은 수입으로 부를 누린다. 다음으로 돈을 벌기 위해 직업을 가질 필요가 없는 부자들이 있다. 이들 대부분은 많은 자산으로 부를 누린다.

이웃집 백만장자

1996년에 출간된『이웃집 백만장자』는 토마스 J. 스탠리와 윌리엄 D. 댄코가 평범한 중산층 시민이 어떻게 백만장자가 되는지 설명해 주는 책이다. 그들은 도널드 트럼프나 스티브 잡스, 영화「월스트리트」에 등장하는 고든 게코가 아니면서도 백만장자가 되었다. 그들은 수백만 달러를 벌어들이는 영화배우나 록스타도 아니었고 프로 운동선수도 아니었다. 그들은 훌륭한 교육을 받고, 평균 이상의 주택가에 위치한 집에서 살고, 합리적인 수준의 자동차를 타고, 돈을 모으고, 주식 시장에 꾸준히 투자하는 방법으로 중산층 백만장자가 되었다.

그들 가운데 상당수는 주택과 은퇴 연금 포트폴리오의 가치가 상승한 결과로 부자가 된 '자기자본 백만장자'였다. 그들은 미국 경제를 호황으로 이끈 인플레이션 덕분에 중산층 백만장자가 되었다. 그들이야말로 아메리칸드림의 산 증거인 셈이다.

2001년 9월 11일에 발생한 911테러는 새 천 년의 시작과 아메리칸드림의 종말을 알리는 신호였다. 다음의 도표는 911테러 이후 이웃집 백만장

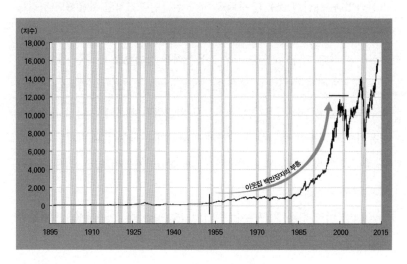

다우존스 산업평균지수(DJIA)
도표의 음영 부분은 미국 경제의 침체기를 의미한다.

출처: S&P 다우존스 지수

자의 생활이 그리 녹록치 않았음을 보여 준다.

2000년에 발생한 나스닥의 폭락, 즉 닷컴 버블의 붕괴는 이후 일련의 벼락 경기와 불황의 교체 현상을 촉발시키며 수많은 이웃집 백만장자들을 부자의 범주에서 몰아냈다.

이웃집의 압류

2007년 서브프라임 모기지 사태가 발발하자 많은 이웃집 백만장자의 주택이 압류되었다.

2007년 이전까지 주택 가격은 수년간 꾸준한 상승세를 보였다. 소유한 주택의 가격이 상승하자 수백만의 주택 소유주들은 '주택담보대출'을 받기 시작했고 대출금의 대부분은 신용카드 채무의 상환이나 휴가 비용으로 소진되었다. 자신이 소유한 주택을 마치 현금인출기처럼 사용했던 사람들은 (부동산 가격이 곤두박질한 이후에) 그 대가를 톡톡히 치렀다. 결국 "주택은 자산이 아니다."라는 교훈을 매우 고통스러운 방법으로 터득한 셈이다.

주택 가격이 급락하면서 신용카드의 사용량도 감소했다. 경제가 소비자의 지출과 신용카드 사용량에 전적으로 의존하기 때문에 주택 소유주들이 신용카드의 사용을 중단하자 경기가 침체되기 시작했다. 소비자들이 지출을 줄이자 소매업자들이 타격을 입었고, 소매업자들이 입은 타격은 결국 세계 경제를 신음하게 만들었다.

2014년 미국의 총 가구 수는 약 1억 1500만이다. 그중 4300만 가구는 세입자고, 2500만 가구는 대출이나 담보권 설정이 없는 주택을 소유했다. 대략 5000만 가구는 주택담보대출을 안고 있고, 2400만이 넘는 가구가 이

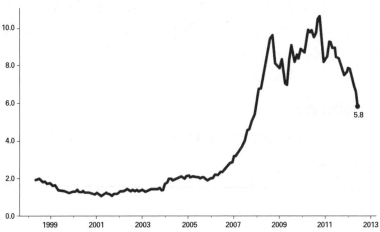

미국 주택 압류 현황

(1만 주택 당 압류 주택의 수)

른바 '언더워터(underwater)', 즉 손실 상태인 것으로 추정된다. 이는 주택을 담보로 받은 대출금이 주택의 실제 가치보다 더 많다는 의미다.

결국 주택 소유주가 스스로 빈곤하다고 느끼는 한 경제는 어려울 수밖에 없다.

잃어버린 세대

이웃집 백만장자들이 직장과 집을 잃고 은퇴 계좌에 의존하며 현재의 생활을 꾸려 나가기 시작하면서 또 다른 피해자가 발생했다. 그들은 바로 이웃집 백만장자들의 자녀들이다.

세계 곳곳에 '잃어버린 세대'로 알려진 젊은 세대가 있다. 대학이나 직업학교, 고등학교를 졸업한 후 취직을 못 하거나 배운 수준에 걸맞은 직업을 찾지 못한 청년들이다. 소득은 차치하더라도 실전 직무의 기회조차 청년들에게 주어지지 않는 것이 더 큰 문제다. 20대와 30대에 소득 창출이 가능한 실전 직무의 경험을 하지 못한다면 중년 이후로도 그들의 수익과 소득은 변변치 못할 것이 틀림없다.

빚을 짊어지고 사회생활을 시작하는 젊은이들

미국에서 고등 교육(우리나라의 경우 대학 교육)을 받은 청년들 가운데 상당수가 학자금 대출로 인한 채무를 짊어진 채 학교를 졸업한다. 학자금 대출은 모든 채무 가운데 가장 최악에 속한다. 자동차 대출이나 주택 대출, 사업자 대출 등과는 달리 채무가 탕감되는 일이 거의 없다. 어떤 학생이든 파산 선언으로 대출금 상환을 면제받을 수 없기 때문이다. 학자금 대출로 인해 발생한 부채는 평생 동안 이자가 누적되는 인생의 걸림돌이 된다.

학자금 대출의 족쇄에 묶여 있는 많은 사람들이 그 채무에서 완전히 벗어나기 전까지는 자동차나 주택을 구입할 때 혹은 미래를 위해 투자할 때 갖가지 어려움을 겪는다. 현재 진행 중인 학자금 대출 프로그램에 대한 정비 작업이 이와 같은 문제점들을 해결해 줄 수 있을지도 모른다.

이들 청년의 다수는 집을 떠나 독립했다가 다시 부모와 함께 살기 위해 돌아오는 '부메랑족'이다. 이와 같은 현상은 수많은 부모들을 샌드위치 세대, 즉 자녀와 그들의 부모를 동시에 부양해야 하는 입장으로 만들고, 그래서 종종 3대가 한 집에서 거주하는 일이 발생한다.

Q 모든 사람에게 두 번째 기회가 필요하다고 말한 이유가 부자들이 가난해지고, 중산층이 줄어들며, 빈곤이 증가하고, 학생들이 교육을 받고서도 부채의 수렁에서 허덕이고 있기 때문인가?
A 그렇다. 우리는 정보화 시대를 살고 있다. 온갖 정보들이 넘쳐 나고 대부분은 그것을 공짜로 얻을 수 있다. 그러나 금융 교육을 받지 못한 사람은 결코 정보를 지식으로 전환할 수 없다.
구시대의 돈의 규칙으로 살아가는 사람들은 지금 이 순간에도 파멸하고 있다. 세상은 변하고 있다.

Q 지식이 곧 힘이라고 했는데, 수백만 사람들이 고등 교육을 받았음에도 그리 큰 힘을 누리지는 못한다. 그래서 그 수백만 사람들이 마땅히 가져야 할 힘을 되찾기 위해 두 번째 기회를 가져야 한다는 것인가?
A 바로 그렇다.

Q 1996년에 『이웃집 백만장자』가, 1997년에 『부자 아빠 가난한 아빠』가 출간되었다. 두 책의 차이점은 무엇인가?

A 『이웃집 백만장자』는 자기자본 백만장자에 관한 책이다. 『부자 아빠 가난한 아빠』는 캐시플로 백만장자에 관한 책이다.

Q 그 두 가지가 서로 다르다는 말인가?

A 매우 큰 차이가 있다. 다수의 자기자본 백만장자들이 주택이나 자동차와 같은 '부채'를 '자산'으로 간주했다. 부동산 시장과 주식 시장이 무너졌을 때 그들 가운데 많은 인원이 폭삭 주저앉았다. 그들이 소유한 '자산'의 가치가 급락했기 때문이다. 반면에 실물 자산으로 수입을 창출하는 캐시플로 백만장자들은 더 큰 부자가 되었다. 그들은 자기자본 백만장자들이 소유했던 부채들을 헐값으로 매입하면서 부를 늘려 갔다.

Q 금융 교육을 받지 않으면 두 가지 유형의 부자에 대해 이해할 수 없고 부를 획득하는 방법도 모른다는 말인가?

A 그렇다. 워런 버핏이 종종 하는 말이 있다.

"재정적인 천국에 도달하는 방법에는 여러 가지가 있다."

큰 부를 획득할 수 있는 방법은 다양하다. 유산을 물려받을 수도 있고 부자와 결혼할 수도 있다.

가난한 아빠는 자산이 없는 가난뱅이였기 때문에 나는 물려받을 유산이 없었다. 돈을 보고 부자와 결혼하는 것 역시 싫었다. 그래서 나는 비교적 어린 나이에 부자 아빠의 방식으로 금융 교육을 받고 자산을 축적하면서 부를 쌓으리라 결심했다.

Q 결국 금융 교육을 받지 않으면 대부분의 사람들이 자산과 부채의 차이점을 이해하지 못하고, 그들의 부가 금융 교육의 부족으로 강탈된다. 이것이 당신이 말하려는 바가 맞는가?

A 그렇다. 기본적인 금융 용어들의 정의만 알고 있어도 지금보다 더 큰 부자가 될 수 있다. 그런 용어들의 정의는 대부분 무상으로 제공된다.

과거, 현재 그리고 미래

Q 그것이 정녕 고등 교육을 받고 열심히 일하는 수많은 사람들이 자신의 부를 상실한 이유인가? 기껏 교육을 받고도 남북 전쟁 이전의 교육받지 못한 노예와 크게 다를 바 없는 돈의 노예가 되었다는 것이 당신의 주장인가?

A 그렇다. 교육의 부재는 권력자들이 이용하는 주요 수단 중 하나다.

Q 권력층에게는 어떤 변화가 일고 있는가?

A 정보화 시대에는 권력층이 가진 힘을 잃는다. 오늘날 개인의 금융 교육이 역사상 그 어느 때보다 중요하게 부각되는 이유도 여기에 있다. 절박한 상황에 처한 권력층은 자신들이 보유한 힘의 허상을 놓치지 않기 위해 필사적으로 노력한다.

Q 당신이 내다본 미래의 모습은 어떤 것인가?

A 다시 말하지만 백문이 불여일견이다. 지금부터 몇 개의 도표를 제시하면서 약간의 설명을 덧붙일 것이다. 미래의 모습이 어떠할지 각자 판단해 보라.

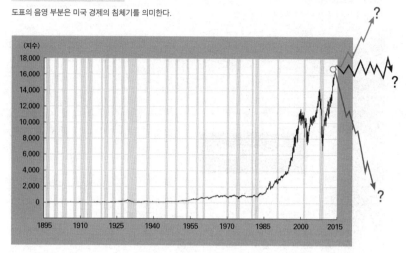

다우존스 산업평균지수(DJIA)

도표의 음영 부분은 미국 경제의 침체기를 의미한다.

출처: S&P 다우존스 지수

위의 도표에서는 다우존스 산업평균지수의 과거, 현재 그리고 미래를 한눈에 볼 수 있다. 물론 다우존스 산업평균지수가 전체 경제에 대한 척도는 아니다. 그러나 복잡한 경제의 한 부분에서 어떤 일이 일어나고 있는지 살필 수 있는 지표라고 할 수 있다.

Q 미래의 모습은 상향, 하향, 현상 유지, 이렇게 세 가지 중에서 선택할 수 있다는 말인가?

A 그렇다. 그런 선택의 여지는 항상 동일하다.

Q 미래를 예측하기 위해 당신은 무엇을 고려하는가?

A 미래를 내다보는 최선의 방법은 과거를 들여다보는 것이다. 과거에

다우존스 산업평균지수(DJIA)

도표의 음영 부분은 미국 경제의 침체기를 의미한다.

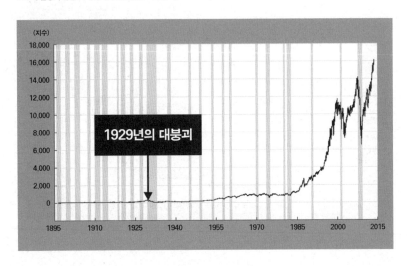

출처: S&P 다우존스 지수

일어난 일 중에는 대공황으로 알려진 사건도 있다. 1929년 주식 시장의 붕괴로 촉발된 사건이다.

Q 1929년에 발생한 주식 시장의 대붕괴에 왜 주목해야 하는가?

A 그런 붕괴가 또 일어날 수 있고, 심지어 더 크게 일어날 수도 있다.

Q 그런 사건이 다시 발생한다면 과거보다 파괴력이 더 클 수 있다는 이야기인가?

A 그렇다. 대공황 기간을 보면 짐작할 수 있다. 다우존스 산업평균지수를 기준으로 보면 대공황은 1929년부터 1954년까지 25년간 지속되었

다. 1929년 다우존스 산업평균지수는 사상 최대인 381을 기록했다. 다시 그 수치에 도달하기까지 25년의 시간이 소요되었다는 의미다. 물론 대공황이 1939년에 끝났다고 믿는 사람들도 있기 때문에 25년이 소요되었다는 의견은 대안적인 견해라고 보아야 한다.

Q 새로운 경제 공황 상태로 진입하고 있다고 볼 수 있는가?

A 그렇다. 많은 사람들이 이미 자신만의 새로운 경제 공황을 겪고 있다. 그래서 푸드 스탬프의 수급자가 늘어나고, 중산층이 줄어들고, 학자금 대출의 채무를 짊어진 청년들이 일자리를 구하지 못하고, 과거 이웃집 백만장자들 중 상당수가 빈털터리 신세가 되고 있는 것이다. 이에 더하

다우존스 산업평균지수(DJIA)

도표의 음영 부분은 미국 경제의 침체기를 의미한다.

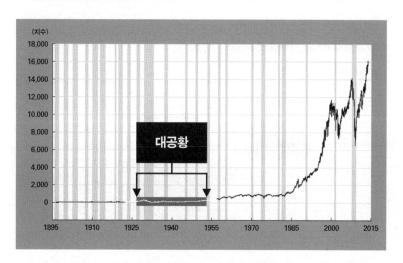

출처: S&P 다우존스 지수

여 대략 7600만 명에 달하는 미국의 베이비붐 세대가 은퇴를 앞두고 있다. 대부분은 생활을 꾸려 갈 만큼 충분한 돈을 갖고 있지 않다. 의학 발달과 의료 서비스의 향상으로 이들 세대의 수명은 날로 늘어날 것이고, 의료 서비스에 소요되는 비용 또한 지속적으로 증가할 것이다. 식료품과 연료, 주택에 쓰이는 비용 역시 마찬가지다.

그저 그런 사회보장

아래의 도표는 미국의 사회보장기금이 앞으로 어떻게 될지 보여 준다.

Q 이 도표는 무엇을 의미하는가?

A 미래의 정부가 청년들을 돌봐 줄 수 없다는 것을 나타낸다. 베이비붐 세대가 열심히 일해서 적립해 온 사회보장기금은 사라졌다. 만약 제2차 세계대전 세대라면 타이밍이 적절했다. 국가 부채를 살펴볼 수 있는 또

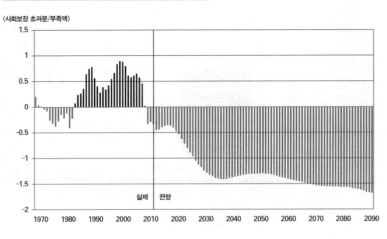

GDP(Gross Domestic Product, 국내총생산)의 백분율

(사회보장 초과분/부족액)

하나의 흥미로운 도표가 아래에 있다.

Q 이 도표를 통해 무엇을 알 수 있는가?

A 질문하는 사람이 누구인가에 따라 대답이 달라진다. 금융 교육을 받

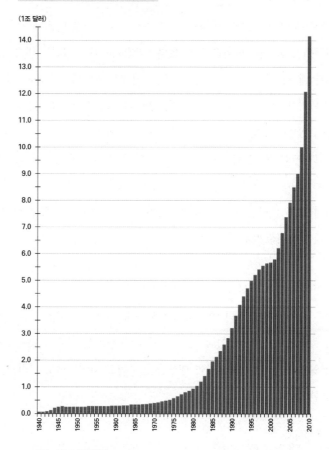

출처: 미국 국가채무시계

지 않은 대다수의 평범한 미국인에게 이 도표는 아무런 의미가 없다. 금융 교육을 받은 사람 입장에서 보면, 현재 17조 달러에 육박하는 미국의 국가 부채는 사상 최대치다. 이는 어떤 사람들에게는 종말이 다가왔다는 것을 의미하고, 어떤 사람에게는 일생일대의 기회를 의미한다.

Q 당신에게는 어떤 의미인가?

A 다가올 미래의 모습에 약간의 두려움을 느끼고 그로 인해 상처 입을 사람들에 대한 염려의 마음 역시 있다. 그럼에도 나는 설레는 마음으로 미래를 내다본다. 인류 역사상 유례없는 거대한 권력의 이동과 부의 이전을 목격한다는 것은 몹시 흥분되는 일이다. 새로운 시대의 여명이 밝아 오고 있다. 이 변화를 잘 관리하면 인류를 옥죄는 많은 족쇄가 풀릴 것이고, 우리 모두를 위한 지속 가능한 번영의 시대로 진입하게 될 것이다. 만약 상황이 순조롭게 돌아가지 못하고 현재의 권력층이 기득권을 지키기 위해 폭력을 동원해 승리한다면 우리는 새로운 암흑의 시대를 맞이해야 할지도 모른다.

Q 무엇이 이러한 변화를 만들어 내고 있는가?

A 많은 요소들이 각각의 역할을 수행하는데, 대표적인 예로 기술의 발전과 중국의 부상 등이 있다. 그러나 가장 큰 변화는 반드시 교육 분야에서 일어나야 한다. 가르치는 내용은 물론이고 방식에서도 변화가 있어야 한다.

Q 금융 교육의 변화가 어느 정도 일어날 거라 예상하는가?

A 최소한 가까운 미래에는 변화가 없을 것이다. 화폐 제도를 통제하는 사람들이 교육 시스템을 통제하기 때문이다. 그래서 내가 1984년에 교육 사업가가 되었던 것이고, 관련 책들을 계속 발표하는 것이며, 제도권 교육 밖에서 금융 교육용 게임을 만들었던 것이다. 나는 일종의 '하이브리드'인 셈이다. 나는 부자 아빠처럼 기업가이기도 하고 가난한 아빠처럼 교육자이기도 하다.

나는 개인의 책임을 중요하게 생각한다. 우리가 바꾸고 통제할 수 있는 것들은 바꿔야 한다고 믿는다. 우리 모두는 스스로를 변화시킬 수 있는 힘을 가지고 있다. 우리가 만들어 낼 수 있는 가장 쉽고도 강력한 변화는 교육을 통해서라고 믿고 있다.

Q 당신의 눈에는 미래에 무엇이 보이는가?

A "과거에서 배우지 못하는 자는 과거를 반복하는 운명에 처한다."라는 말이 있다.

미래를 내다보려면 과거를 연구해야 한다. 과거에 두 가지 유형의 경제 공황 사태가 벌어진 바 있다.

1. 미국의 대공황(1929~1954)
2. 독일의 초인플레이션(1918~1924)

Q 두 사건의 차이점은 무엇인가?

A 아주 간단하게 정의하면, 미국은 돈을 찍어 내지 않아서 대공황이 일어났고, 독일은 돈을 찍어 내서 초인플레이션이 시작되었다.

위의 사진과 도표는 독일 정부와 중앙은행이 돈을 찍어 내기 시작했을 때 벌어진 일을 보여 준다. 은행 계좌에 수백만 마르크를 보유하고 있던 1918년의 독일 국민은 백만장자에 속했다. 그로부터 5년이 채 지나지 않아 독일의 백만장자들은 가난해졌다.

Q 현재 미국에서 그와 똑같은 현상이 발생하고 있다는 것인가?
A 그렇다.

다음의 도표는 양적 완화(QE, 금리가 0에 가까운 초저금리 상태에서 경기 부양을 위해 중앙은행이 시중에 돈을 푸는 정책)에 관한 것이다.

사상 최대의 돈 찍어 내기!

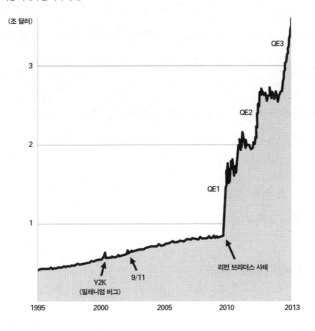

Q 이것은 무엇을 의미하는가?

A 미국이 마지막 공황 이후 독일의 전철을 밟고 있다는 의미다. 미국은 화폐를 '찍어 냄으로써' 금융 위기를 벗어나려는 시도를 하고 있다.

Q 이것이 개인에게 미치는 영향이 있다면?

A 이 장의 도입 부분에서 주장한 그대로 당신이 열심히 일해서 버는 돈으로 말미암아 당신의 부가 강탈된다. 통화 제도는 당신을 부자로 만들어 주기 위해 고안된 제도가 아니다. 애초에 돈은 당신의 부를 강탈하기 위한 수단으로 만들어졌다.

아래의 도표를 보면 돈의 구매력에 어떤 변화가 있었는지 알 수 있다. 달러화의 구매력이 95퍼센트 감소하기까지 약 100년의 시간이 소요되었다. 남은 5퍼센트마저 잃어버리는 데 얼마만큼의 시간이 필요할지 예상하는 것은 어렵지 않다.

Q 달러화의 가치가 아예 제로가 될 것이라고 말하는 것인가?
A 미국이 계속해서 돈을 찍어 낸다면 그렇게 될 것이다.

Q 설마 미국에서 그런 일이 일어날 수 있을까?
A 실제로 그런 일은 수없이 일어난 바 있다.

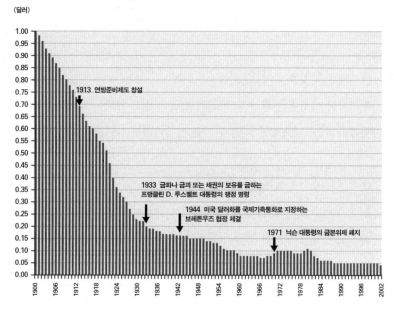

미국 달러화의 구매력(1900~2003)

Q 언제 그런 일이 일어났는가?

A 독립 전쟁 기간 중에 조지 워싱턴 대통령과 미국 의회는 전쟁 자금을 조달하기 위해 '콘티넨탈(Continental)'이라는 불환 화폐(금과 교환이 되지 않는 화폐)를 찍어 내기 시작했다. 영국은 위조 콘티넨탈을 찍어 냄으로써 그 통화를 무기력하게 만드는 데 일조했다. 얼마 지나지 않아 콘티넨탈의 가치는 그 돈이 인쇄되는 종이의 가치보다 떨어지고 말았다. 독립 전쟁 와중에 '콘티넨탈만큼의 가치도 없는'이라는 유행어가 생겨날 정도였다.

똑같은 현상이 남북 전쟁 당시 남부 연합이 찍어 낸 '콘페더레이트(Confederate) 달러'에서도 발생했다. 남부 연합은 전비 조달과 무기 구입을 위해 돈을 찍어 냈다. 여러 측면에서 남부 연합은 '불량 통화' 때문에 전쟁에서 패배했다고 볼 수 있다.

남북 전쟁에 필요한 자금을 조달하기 위해 미국연방정부가 찍어 낸 화폐는 오늘날까지 사용되는 일명 '그린백(green back)'이다. 만약 북부 연맹이 전쟁에서 패배했다면 그린백은 콘페더레이트 달러가 그랬던 것처럼 휴지 조각이나 다름없었을 것이다.

오늘날 미국 정부가 그린백을 끊임없이 찍어 낸다면 이 또한 콘티넨탈이나 콘페더레이트 달러의 전철을 밟을 것이다.

Q 달러화의 가치가 사라지면 어떤 일이 벌어지는가?

A 저축하는 사람이 가장 큰 패배자가 될 것이고, 돈을 위해 일하는 모든 사람들이 망할 것이다. 1918년 독일의 백만장자들이 1923년에 이르러

전멸했다는 사실을 늘 기억해야 한다.

그것이 『부자 아빠 가난한 아빠』에서 첫 번째 교훈이 "부자는 돈을 위해 일하지 않는다."가 된 이유다.

Q 부자가 돈을 위해 일하지 않는다면 대체 무엇을 위해 일하는가?
A 그 답이 바로 이 책에 있다.(지금까지 내가 쓴 대부분의 책과 교육용 게임 역시 상당량 이 문제를 다룬다.) 대다수의 사람들은 자신이 무엇을 위해 일하는지 재고할 두 번째 기회가 필요하다.

Q 두 번째 기회를 위해서 우리는 어디에서 교훈을 얻어야 하는가?
A 과거에서 그것을 찾아야 한다.

Q 왜 과거에서 찾아야 하는가?
A 과거에서 출발해야 미래를 내다볼 수 있기 때문이다. 부자와 권력자들이 돈을 이용해 우리가 지닌 부를 어떻게 강탈하는지 살펴보고 배워야 한다.

다음 장에서는 부자와 권력자들이 일명 '현금강탈(cash heist)'이라는 방법으로 어떻게 우리의 부를 빼앗아 가고 있는지 살펴볼 것이다. 이를 이해하면 보다 풍요롭고 안정적인 당신의 '미래'를 위해 '현재'보다 영리한 선택을 할 확률이 높아질 것이다.

Q 풍요롭고 안정적인 미래는 누구에게나 찾아오는가?

A 불행히도 그렇지 않다. 유감스러운 일이다.

Q 왜 그런가?

A 왜냐하면 대부분의 사람들이 아직도 과거에 머물러 살기 때문이다. 과거에 얽매여 있는 사람은 "부자는 돈을 위해 일하지 않는다."는 부자 아빠의 첫 번째 교훈을 이해하지 못한다.

오늘날 거의 모든 사람들이 돈을 위해 일하기에 급급하다. 열심히 일해서 생활비를 벌고 미래를 위한 저축을 하기에 여념이 없다. 그들이 먼저 과거를 이해하는 데 기꺼이 시간을 할애하지 않는다면 결코 부자 아빠의 첫 번째 교훈을 이해할 수 없다.

과거에 얽매인 사람들에게는 두 번째 기회도 별다른 도움이 되지 못한다. "미친 짓이란 항상 똑같은 일을 되풀이하면서도 다른 결과를 기대하는 것이다."라는 말도 있지 않은가. 돈에 관해서라면 대다수의 사람들이 미친 짓을 하고 있다.

미래를 내다보기 위해서는 반드시 과거에서 출발해야 한다.

당신은 과거를 되짚어 볼 준비가 되었는가?

대답이 "그렇다."인 경우에만 이 책을 계속 읽어 나가기 바란다.

Q 돈은 사람들을 가난하게 만들기 위해, 그들의 부를 강탈하기 위해 고안된 것이라 했는데, 그렇다면 돈이 부자로 만들어 주는 대상은 없다는 말인가?

A 아니다. 돈이 부자로 만들어 주는 대상이 있다. 바로 부자들이다. 돈은

돈을 위해서 일하지 않는 부자들, 돈의 게임을 조종하는 부자들을 부자로 만든다.

Q 그 돈의 게임은 얼마나 오랜 기간 지속되어 온 것인가?

A 인간이 지구상에 존재한 이래로 지금까지 이어져 오고 있다. 인간은 언제나 타인을 노예로 삼으려 하거나 타인이 가진 것을 빼앗으려 한다. 예전에 없던 새로운 게임이 아니다. 부자들은 돈을 이용한 게임을 아주 오랜 기간 해 오고 있다.

만약 돈의 게임, 다시 말해 부자들이 즐기는 그 게임을 당신이 해 볼 차례라고 생각한다면, 바로 지금, 당신의 두 번째 기회가 도래했다.

Chapter 2

미래를 내다본 인물

"나의 발전은 대부분 실수로 이루어진 것이다.
존재하지 않는 것을 제거하면 존재하는 것이 눈에 들어온다."
– 버크민스터 풀러

1967년 여름, 내 친구 앤디 앤드리슨과 나는 뉴욕에서 캐나다 몬트리올까지 히치하이킹으로 여행했다. 당시 우리들은 뉴욕 킹스포인트의 미국해양사관학교에 다니는 스무 살 생도였다. 몬트리올로 향하는 여행을 통해 우리는 미래를 내다보는 눈을 기를 수 있을 것이라 기대했다.

몬트리올에서는 인류의 미래에 헌정된 만국 박람회 '엑스포 67'이 열리고 있었다. 박람회장 중심부에 자리 잡은 미국관은 다음 사진에 보이는 것과 같은 지오데식 돔으로, 아주 먼 거리에서도 보일 만큼 거대했다. 이 반구형 구조물의 설계자가 바로 당대의 가장 위대한 천재 중 한 명으로 뽑히던 버크민스터 풀러였다.

미래학자인 덕에 종종 '미래의 할아버지'로 불리기도 하고, 대부분 '버키(Bucky)'라는 애칭으로 불렸던 그는, 한마디로 정의할 수 없는 수수께끼 같은 인물이었다. 버키는 대학 졸업장이 하나도 없었지만 다양한 대학교

에서 47개나 되는 명예 학위를 수여받았다. 그는 하버드를 졸업하지 않았지만 하버드 대학교는 지금까지도 그를 학교를 빛낸 인물로 여긴다.

풀러 박사는 건축 역시 제대로 공부한 적이 없었지만 미국건축협회는 그를 세계적인 건축가로 인정하고 있다. 그 사실을 증명하듯 미국건축협회 본부 건물 로비에는 풀러 박사의 흉상이 눈에 띄게 전시되어 있다. 그는 2,000개 이상의 특허를 보유한 역사상 가장 성공한 미국인으로 세계 도처에서 그가 설계한 건물을 찾아볼 수 있다. 그는 과학과 철학에서부터 시에 이르기까지 장르를 넘나들며 수많은 저서를 집필했다. 1982년 그는 로널드 레이건 대통령으로부터 자유훈장을 수여받았고 노벨상 후보에도 올랐다.

이렇게 어마어마한 업적을 이루었음에도 그는 평소 자신을 '평범한 소시민'으로 일컬었다.

가난한 아빠와 버키

버키에 대해 알게 된 것은 내가 '가난한 아빠'라 칭하는 나의 아버지 덕분이었다. 1950년대 말 내가 아직 초등학생일 때, 아버지와 나는 풀과 막대를 이용해 버키가 구상한 모형들을 만들며 시간을 보내곤 했다. 아버지와 나는 풀러 박사가 '우주 구성의 기초'라고 했던 4면체와 8면체, 20면체 등을 조립했다. 가난한 아빠와 버키 사이에는 공통점이 많았다. 두 사람 모두 학문의 세계에서, 특히 수학과 과학, 디자인 분야에서 명성을 쌓은 아주 똑똑한 사람들이었다. 두 사람 모두 모든 사람들에게 골고루 혜택이

주어지는, 보다 나은 세상을 만드는 일에 헌신했으며, 인류와 세계 평화에 일조하는 일에 일생을 바쳤다.

1964년 풀러 박사가 《타임》의 표지를 장식했을 때 나의 아버지는 열광적으로 환호한 바 있다.

미래를 체험하다

만국 박람회에 있는 미국관을 보자마자 버키의 열렬한 추종자들이었던 앤디와 나는 그 거대한 돔 안에 들어가 보고 싶어 안달이 났다. 돔 내부는 평화롭고 신비로우며 환상적이었다. 당시에는 언젠가 내가 이 '미래의 할아버지' 강연에 실제로 참석하게 되리라고는 상상하지 못했다.

14년이 지난 1981년 나는 캘리포니아 주 타호 호수 근처의 산장에서 일주일 동안 버키의 강의를 듣고 토의를 벌이는 행사에 초청받았다. 강연회의 주제는 '비즈니스의 미래'였는데, 그 일주일은 내 인생의 방향을 완전히 바꾸어 놓았다.

내가 그 강연회에 참석한 목적은 수학, 과학, 디자인, 건축, 철학, 세계 평화 등에 대해 더 많이 배우기 위해서가 아니었다. 나는 풀러 박사가 어떻게 미래를 예측하는지 배우고 싶어서 그 강연회에 참석했다. 순수 학문이나 세계 평화 따위는 내 관심 밖이었다. 다만 미래를 예측하는 방법을 배워서 그 지식으로 더 많은 돈을 벌고 싶었다.

풀러 박사의 강의는 솔직히 말하자면 아주 지루했다. 웅얼거리는 말투에 이해하기 어려운 용어들을 사용해서 더욱 그랬다. 강연 내내 청중으로 앉아 있자니 쏟아지는 졸음을 참을 수 없어서 나는 강의 녹화를 자원하였다. 행사의 마지막 날, 나는 삼각대 위에 설치된 비디오카메라로 강의 전체를 녹화하고 있었다.

그날 나는 설명하기 힘든 이상한 경험을 했다. 그 경험을 그럴듯하게 묘사하고 싶지만 나의 짧은 어휘력으론 아무래도 무리인 듯하다.

강연이 거의 끝날 때쯤, 나는 카메라 렌즈에서 눈을 떼고 그를 직접 쳐다보았다. 순간 잔잔한 에너지의 물결이 전신을 타고 흘렀다. 벅찬 감동으로 눈물이 흐르기 시작했다. 그것은 슬픔이나 고통의 눈물이 아니었다. 오랜 세월 미래의 길잡이로서 사람들을 가르치고 미래를 내다봐 온 풀러 박사의 용기에 대한 감사의 눈물이었다.

가수 존 덴버가 버키로부터 깊은 감동과 영감을 받은 후 그를 위해 헌정한 노래가 있다. 바로「한 사람이 할 수 있는 일」이다.

존 덴버가 노래를 통해 버키에게 보낸 찬사는 그날 나의 경험을 설명하고도 남는다. 내 짧은 어휘력으로 묘사하는 것보다 훨씬 더 훌륭하다.

언제나 나에게 감동을 주는 존 덴버의 노래는 다음과 같다.

진실을 말하기란 어려운 일이지

아무도 들으려 하지 않을 땐

아무도 진심으로 관심을 보이지 않을 땐

무슨 일이 일어나고 있는지에 대해

혼자 서 있기란 힘든 일이지

내 옆에 누군가를 필요로 할 땐

정신과 신념을

굳건히 다져야만 해

한 사람이 할 수 있는 일은 꿈을 꾸는 거

한 사람이 할 수 있는 일은 사랑하는 거

한 사람이 할 수 있는 일은 세상을 바꾸고

다시 젊어지게 만드는 거

지금 우리 눈앞에 그 한 사람이 있지

이 책은 인생의 두 번째 기회에 관해 다룬다. 내가 버키의 강연회에 참석했던 경험을 굳이 소개한 이유는 그것이 내 인생에 있었던 수많은 두 번째 기회 중의 하나였기 때문이다. 나는 예전과는 전혀 다른 사람이 되어 호놀룰루로 돌아왔다.

1981년 당시 나는 하와이와 타이완, 한국에 공장을 두고 음반 업계의 라이선스 제품을 생산하는 사업을 운영하고 있었다. 우리 회사에서는 핑크 플로이드, 듀란 듀란, 주다스 프리스트, 반 헤일런, 보이 조지, 테드 뉴전트, REO 스피드웨건, 더 폴리스 등과 관련된 제품을 생산했다. 나는 그 사업이 아주 마음에 들었다. 공장에서는 가수들의 얼굴과 로고가 실크 스크린 기법으로 인쇄되었고, 가수들과 관련된 모자와 지갑, 가방 등을 쉴 새 없이 만들어 냈다. 나는 가수들의 콘서트장에서 그 제품들이 열광적인 팬들에게 날개 돋친 듯이 팔려 나가는 광경을 지켜보았다. 그야말로 돈이 되는 사업이었다. 나는 와이키키 해변 근처에 톰 셀렉 같은 스타들과 이웃으로 지내는 돈 잘 버는 미혼 남성이었다. 그것으로 나는 충분히 행복했다.

문제는, 지겨운 줄로만 알았던 풀러 박사의 강연이 내 마음을 움직였다는 것이다. 내 안에서는 이미 섹스와 마약, 로큰롤, 돈으로 점철된 생활을 접어야 한다는 것을 알고 있었다. 그때 나는 스스로에게 자문했다. "보다 나은 세상을 만들기 위해 내가 할 수 있는 일은 무엇인가?", "나는 내 인생에서 무엇을 이루려고 하는가?"

1981년에 나는 34세였다. 그때까지 나는 세 가지 전문 직종을 경험했다. 뉴욕에 있는 미국 해양사관학교에서 이학사 학위를 받았고 유조선 3등 항해사 자격증을 취득했다. 해군비행학교에서는 전문적인 조종사 훈련도 받았다. 한때는 이러한 경험을 바탕으로 민간 항공사의 파일럿이 될까 고민한 적도 있었지만 베트남 전쟁에서 돌아온 후 나는 내 조종사 시절이 끝났음을 깨달았다. 그 후 나는 글로벌 제조 및 유통 사업을 이끌어 가는 기업가로 활동했다. 내가 만든 로큰롤 관련 제품들은 전국 유통망을 가진 JC페니, 타워레코드, 스펜서의 선물용품 코너에 진열되었다. 가수들의 콘서트장과 글로벌 유통 회사들을 통해서 다양한 제품이 전 세계 소매상점에서 팔려 나갔다.

이즈음 나는 버키를 만났다. 호놀룰루의 공장으로 돌아온 후에도 나는 틈만 나면 몬트리올에서 느낀 감정에 압도되곤 했다. 미국관 돔 내부를 보고 환상적인 느낌을 가졌던 것부터 당시에는 설계자 버키를 직접 만날 거라고 미처 상상하지 못했던 기억, 현실에서 그를 직접 만난 후 내 인생이 바뀌게 될 것 같은 직감까지…….

나의 정신적인 직업

그즈음 나는 로큰롤 음악보다는 존 덴버의 노래를 즐겨 들었다. 존 덴버가 버키를 위해 만든 노래를 들을 때마다 나는 끊임없이 자문했다. "나는 어떤 일을 하며 살아야 마땅한가?"

로큰롤 음악을 듣던 시절에는 온통 와이키키의 나이트클럽으로 가야 한다는 생각뿐이었다.

존 덴버의 노래에 귀를 기울이면서부터는 마음속에서 우러나는 사고를 할 수 있었다. 나이트클럽에서 밤늦게까지 즐기는 대신 혼자만의 시간을 많이 가졌고, 자연의 아름다움을 만끽하기 위해 서핑과 하이킹을 하기도 했다. 주말이면 자기 계발 워크숍에 참가해 감성과 정신 측면에서 보다 나은 사람이 되는 법을 배웠다. 나의 변화를 본 몇몇 해병대 동기들은 눈썹을 추켜올리며 의아해했다. 나는 로큰롤 관계자나 소매 사업 쪽 사람들과 어울리기보다는 내가 사는 지역 공동체의 사회적 문제 해결에 집중하는 사업가 집단과 점점 더 많은 시간을 보냈다.

나는 우리가 '직업'으로 알려져 있는 일종의 '재정적 전문성'을 취득하기 위해 학교에 간다는 사실을 서서히 깨닫게 되었다. 풀러 박사를 만난 후 나는 내가 '정신적 전문성', '정신적인 일', '정신적인 직업'과 연관된 삶의 목표를 찾고 있다는 사실을 깨달았다.

이후 1981년부터 1983년까지 나는 매년 여름 풀러 박사의 강연회에 참가했다. 여름이 지나면 강연회에서 만난 친구들과 스터디 그룹을 만들어 풀러 박사의 저서를 함께 공부했다. 그가 쓴 책들은 쉽게 이해할 수 있는 내용이 아니어서 한 주에 한 장씩 각자 공부한 다음 일주일에 한 번씩 모여 그 장에 담긴 풀러 박사의 생각을 토론하고 마인드맵으로 그려 보았다.

'마인드매핑(mind mapping)'이란 색과 스케치를 사용해 생각을 정리하면서 우선순위를 정하는 사고 기법이다. 마인드매핑의 핵심은 언어의 사용을 최대한 제한하는 것이다. 우리들은 커다란 플립 차트를 사용하여 스케치를 하면서 핵심 개념부터 그려 나갔다. 참가자들이 언어로 표현하고 싶은 것들을 그림으로 그리면서 학습과 토론의 과정을 심화해 나갔다.

한 사람보다는 두 사람 이상의 생각이 낫다는 것은 누구나 알고 있다. 단 학교에서는 예외다. 학교에서는 두 사람 이상이 답을 찾기 위해 협력하면 '부정행위'로 간주한다. 친구들과 함께하는 그룹 스터디는 매우 흥미롭고 자극적이었다. 도전 정신을 일깨웠고 조금도 지루하지 않았다.

나는 이제 유흥가에서 밤새 헤매는 대신 풀러 박사의 책을 공부하는 스터디 그룹에서 밤늦도록 공부하며 시간을 보냈다. 그것이 바로 내가 인생의 목표를 찾을 두 번째 기회임을 나는 직감하고 있었다. 유조선으로 오일을 운송하는 법, 하늘에서 폭탄을 떨어뜨리는 법, 더 많은 로큰롤 제품을 만들고 판매하는 법을 배우기 위해 학교에 다니는 대신, 나는 '학교에서' 보다 나은 인간이 되는 법, 세상을 변화시킬 수 있는 사람이 되는 법을 배우고 있었다.

1981년부터 1983년까지 나는 풀러 박사의 저서를 공부하는 데 많은 시간을 소비했다. 1983년 여름에 내가 풀러 박사의 강연회에 참석했을 때 그 강연이 마지막이 될 줄은 미처 몰랐다. 풀러 박사는 강연회를 마치며 "안녕히 돌아가십시오, 친애하는 여러분. 내년 여름에 다시 만납시다."라고 말했다. 그러나 그는 강연을 마친 후 3주일 뒤인 1983년 7월 1일에 세상을 떠났다.

변화의 조짐

1984년에 들어서면서 나는 어떻게든 변화가 필요하다는 생각을 갖고 있었다. 정작 무엇을 해야 할 것인가에 대해서는 잘 몰랐지만 일단 무엇이든 해 보기로 결심했다. 이런 말도 있지 않은가.

"때로는 자신이 하고 싶어 하는 일을 내려놓아야 한다. 그래야만 자신이

해야 할 일을 할 수 있다."

나는 1970년에 발행된 리처드 바크의 저서 『갈매기의 꿈』을 다시 읽었다. 다음은 위키피디아에서 『갈매기의 꿈』에 대해 설명한 것을 발췌한 글이다.

이 책은 매일 먹이를 구하며 사소하게 사는 일상에 지친 갈매기 조나단 리빙스턴 시걸의 이야기다. 날고 싶은 열정에 사로잡힌 조나단은 비행 기술을 익히기 위해 자신을 혹독하게 몰아붙인다. 갈매기 사회의 관습과 규범에 기꺼이 순응하지 못하던 그는 결국 무리로부터 추방당한다. 그럼에도 그는 배움의 과정을 중단하지 않는다. 그는 점점 평화롭고 행복한 삶을 영위하면서 자신의 능력에 만족하게 된다.

어느 날 조나단은 두 마리의 갈매기를 만난다. 그들은 조나단에게 이 세상에 천국이라는 것은 없고 다만 완전한 지식이 있는, 보다 나은 세상이 존재한다고 이야기한다. 그들은 그를 '초현실의 세계'로 안내한다. 그곳에서 조나단은 날기를 좋아하는 다른 갈매기들을 만난다. 조나단은 그 만남을 통해 배움을 향한 순수한 고집과 욕망이 자신을 '보기 드문 훌륭한 새'로 만들었다는 사실을 깨닫는다. 조나단은 현명한 갈매기 챙을 만난다. 챙은 시공을 초월해 세상 어느 곳이든 즉각적으로 이동할 수 있는 비행술을 조나단에게 전수한다. 챙에 따르면 그 비결은 '이미 도착해 있다는 사실을 자각하는 데서 시작하는 것'이다.

더 이상 새로운 생활에 안주하는 것에 만족하지 못한 조나단은 다시 세상으로 내려온다. 그는 추방당했던 자신의 무리를 찾아가 그동안 터득한 기술을 전수한다. 무리의 규칙에 순응하지 못한 갈매기들이 모여들면서 조나단의 사명은 성공을 거둔다. 결국 조나단의 첫 번째 제자인 플래처 린드 시걸이 교관으로 당당히 성장하고, 조나단은 그에게 자신이 해 왔던 임무를 맡긴 뒤 다른 무리를 가르치기 위해 길을 떠난다.

신념의 도약

『갈매기의 꿈』을 읽고 내가 얻은 교훈은, 때로는 모든 것을 내려놓고 인생의 흐름에 자신을 맡기면서 정해진 운명을 따라갈 필요가 있다는 것이다.

1983년 여름부터 1984년 말까지 나는 내가 하던 모든 일을 내려놓고 인생의 흐름에 나를 맡길 준비를 하기 시작했다.

첫 시작은 로큰롤 사업을 함께하던 두 파트너에게 나의 결심을 알리는 일이었다. 인생의 흐름에 나 자신을 맡길 것이라는 말을 그들은 선뜻 이해하지 못했다. 나는 "신념의 도약을 통해 미지의 세계로 들어간다."고 그들에게 설명해 주었다.

나는 1983년 10월부터 그 사업에서 손을 떼는 데 필요한 인수인계 작업을 개시했다. 그즈음 나는 킴을 만났다.

1984년 1월 하와이와 뉴욕, 타이완, 한국을 오가며 인수인계 작업의 미진한 부분을 마무리하던 와중에 여태껏 내가 본 중에 가장 아름다운 여인을 만났다. 그녀의 이름이 킴이었다. 처음에 그녀는 나에게 어떤 관심도 보이지 않았다. 나는 끈질기게 그녀에게 데이트 신청을 했지만 돌아오는 대답은 언제나 "싫어요."였다.

나는 포기하지 않았고, 6개월 후 마침내 그녀가 데이트 신청을 받아들였다. 우리는 저녁식사를 함께하고 동이 틀 때까지 긴 시간 동안 와이키키 해변을 산책했다. 그 시간 동안 나는 내내 버키에게 배운 인생의 목표, 사람의 정신적인 직업에 대해 이야기했다. 그녀는 내가 만난 여자 가운데 그런 주제에 관심을 보인 첫 번째 여성이었다.

이후로 몇 달 간 우리는 정기적인 만남을 이어갔다. 그녀는 내가 '하던 일을 내려놓는' 과정의 일부가 되었다. 내가 호놀룰루의 공장에서 함께 일한 파트너 및 근로자들과 눈물의 작별 인사를 나눌 때도 그녀는 함께했다. 나는 우리에게도 작별 인사를 나누게 될 날이 오리라 짐작했다. 그녀는 호놀룰루의 광고업계에서 경력을 쌓던 중이었고 나에겐 불확실한 미래 외에 아무것도 없었다. 심판의 날이 가까워지던 어느 날, 킴이 말했다.

"당신과 함께 가겠어요."

1984년 12월 킴과 나는 손을 마주 잡고 불확실한 미래를 향한 신념의 도약을 실행으로 옮겼다.

킴과 나의 여정이 별 다른 어려움 없이 근사했다고 말할 수 있다면 좋겠지만 현실은 그렇지 않았다. 의심할 것도 없이, 1985년은 우리 인생의 최악의 한 해가 되었다. 물론 당시의 우리는, 1985년은 그래도 비교적 쉬운 편이었다고 생각하게 만들어 줄 수많은 날들이 앞으로 더 많이 기다리고 있음을 미처 알지 못했다.

우리에게는 지옥과도 같은 현실이 자주 펼쳐졌다. 재정적으로나 직업적으로 소위 '성공'했다고 볼 수 있는 2014년에 이른 지금까지도 우리는 여전히 탐욕과 거짓말, 부정직, 골치 아픈 법률 문제, 범죄 등이 난무하는 현실 세계에서 갖가지 문제를 해결하며 살고 있다.

각종 어려움과 마음의 상처에도 불구하고 우리의 여정은 『갈매기의 꿈』에서 묘사하는 것과 흡사했다. 그 시간은 우리의 정신과 결심을 끊임없이 시험하는 과정이었다. 너무 힘들어질 때마다 포기할지 말지 끊임없이 질

세컨드 찬스

문하는 시간을 거쳤다.

물론 좋은 일도 많았다. 킴이 광고업계에 남고 내가 하던 사업을 계속했더라면 결코 마주칠 수 없었을 멋진 사람들을 우리들은 많이 만났다.

위키피디아는 『갈매기의 꿈』 제2부를 아래와 같이 요약한다. 우리가 삶의 항로를 바꾸었을 때 만나게 된 멋진 사람들을 이보다 더 훌륭하게 설명할 수는 없을 것이다.

조나단은 모든 갈매기들이 비행을 즐기는 사회로 넘어간다. 그것이 가능하게 된 이유는 그가 오랜 시간 열심히 연습을 해 왔기 때문이다. 고도로 숙련된 교관과 성실한 학생이 만나면 배움의 과정은 신성한 단계로 격상된다. 그들은 서로를 연결하는 아주 중요한 무언가를 공유하게 된다.

"어떤 갈매기든 무한한 자유의 상징이 될 수 있다는 점을, 그 자체로 신성을 가질 수 있음을 이해해야 해." 조나단은 스스로 정직해야 한다는 사실을 깨닫는다. "너에게는 진정한 자아를 가질 수 있는 자유가 있어. 그 무엇도 그걸 막을 순 없다."

1985년 킴과 나에게는 몸을 누일 집도, 밥을 먹을 돈도 없었다. 우리는 낡은 갈색 토요타 자동차 아니면 친구 집의 지하실에서 잠을 자며 버텼다. 앞서 말한 것처럼 우리의 신념이 시험당하던 시절이었다.

1985년 가을 인생의 흐름은 우리를 호주로 데려다 놓았다. 당시 우리가 가르치던 것을 열렬히 성원하는 사람들이 거기에 있었다. 우리는 게임을 활용해 '사회적 책임을 다하는 기업가 정신'과 '투자 방법'을 가르쳤다. 1985년 12월 우리는 시드니에서 개최한 세미나를 통해 적게나마 수익을 창출했다. 킴과 내가 지금까지 호주를 사랑하고 그곳 사람들에게 항상 감사해하는 이유가 여기에 있다. 호주는 우리가 누군가를 가르치는 사람으로 발전할 기회를 마련해 주었다.

필생의 소명

1986년 나는 존 덴버가 설립한 환경단체인 윈드스타 재단으로부터 갑작스러운 전화를 받았다. 그들은 나에게 콜로라도의 아스펜에서 열리는 행사에 초청 연사로 참여할 의향이 있는지 물었다. 벤앤제리스 아이스크림의 창업자인 벤 코헨과 제리 그린필드를 포함해 여러 명의 기업가들이 연사로 참여한다고 했다. 어떻게 마다할 수 있겠는가? 고민할 필요도 없었다.

아스펜에 있는 존 덴버의 커다란 텐트 안에 섰을 때, 몬트리올의 만국박람회장에 있는 버키의 돔 안에 온 것 같았다. 환상적이고 경이로운 느낌 그리고 미래의 가능성을 예측하던 떨리는 순간까지. 나는 교육과 학습을 주제로 연설했다. 그 자리에 적합하지 않은 주제였기 때문에 내가 몸담았던 로큰롤 사업에 관해서는 이야기하지 않았다. 대신 나의 고통스러웠던 학창 시절에 대해 이야기했다. 원하는 공부가 어떤 것인지 알면서도 전혀 관심 없는 분야를 공부해야 했던 순간은 괴로웠다. 고등학교 시절 글 솜씨가 없어 영어 과목에서 두 번이나 낙제했을 때 겪은 정서적 고통에 대해서도 이야기했다. 나는 배우는 것은 좋아하지만 학교는 싫어하는 나와 같은 학생들을 대변했다. 전통적인 배움의 과정에서 얼마나 많은 아이들의 영혼이 무참히 파괴되는지 설명했다. 연설을 마친 후 나는 청중들에게 눈을 감고 손을 맞잡아 보라고 했다. 우리는 휘트니 휴스턴의 「가장 위대한 사랑(The Greatest Love of All)」을 함께 감상했다. 노랫말의 첫 부분이 당시의 분위기와 내가 전달하고자 하는 메시지에 딱 맞았다.

"나는 아이들이 우리의 미래라고 믿어요."

내가 무대에서 내려왔을 때, 청중석에 앉은 많은 사람들이 눈물을 보였다. 그날의 청중들, 그 '갈매기'들은 버키의 강연회에 참석하여 눈물을 흘렸던 그날의 나처럼 서로를 감싸 안고 울고 있었다. 그들의 눈물은 슬픔이 아닌 사랑의 눈물이었다. 비난이 아닌 책임의 눈물이었고, 인생의 선물에 대한 감사의 눈물이었다. 그리고 그것은 용기의 눈물이었다. 세상을 바꾸는 일은 용기를 필요로 하고 그 용기는 각자의 마음에서부터 시작된다. 윈드스타 재단은 갈매기들의 모임이다. 그날 그 자리에 모였던 수많은 '갈매기'들은 용기(courage)의 어원이 심장을 뜻하는 프랑스어 '르 쾨르(le coeur)'라는 사실을 이미 알고 있었다. 그 갈매기 대부분은 이미 날아오르는 법을 알고 있었다. 날아오르기 위해서는 용기가 필요하다는 것도 알고 있었다.

무대를 내려오는 나를 킴은 따뜻한 포옹으로 맞아 주었다. 마침내 우리는 정신적인 직업과 인생의 목표를 찾았음을 깨달았다. 그때 우리는 필생의 소명이 어떤 것인지 비로소 알게 되었고, 지금도 여전히 그 일을 하고 있다.

학창 시절 "어른이 되면 무슨 일을 하는 사람이 되고 싶은가?"라는 질문에 몇 개의 답을 적어 목록으로 만든 적이 있다. 아이러니하게도 가르치는 사람은 거기에 포함되지 않았다. 교사보다는 변호사를 '보다 나은 천직'으로 여겼다. 나는 학교를 싫어했던 것이 아니다. 배우고 싶지 않은 것을 억지로 배워야만 하는 상황이 싫었다. 내가 배우고 싶은 것, 바로 돈에 대해 이해하고 나의 부자 아빠처럼 재정적으로 자유로워질 수 있는 법을 배울 수 없는 상황이 싫었을 뿐이다. 나는 나의 가난한 아빠처럼 봉급이나 안정적인 직장, 교원 연금의 노예가 되고 싶지 않았다.

사업의 발전

킴과 나의 머릿속에 우리의 정신적인 직업이 명확하게 정립되자 우리의 교육 사업은 뉴질랜드와 캐나다, 싱가포르, 말레이시아 등으로 확장되었고, 미국 내에서도 번창하기 시작했다.

10년이 지난 1994년 동업자에게 사업을 넘기면서 킴과 나는 재정적인 자유를 얻었다. 그때 킴은 37세, 나는 47세였다. 우리들은 정부의 지원이나 주식, 채권, 뮤추얼 펀드 같은 것들이 잔뜩 들어 있는 재정적 자유를 거머쥐었다. 이제 더 이상 우리에게 직업이 필요없었다.

사람들이 우리에게 투자 계획과 재정적 자유를 얻는 법에 대해 물어보기 시작했을 때, 킴과 나는 우리의 새로운 기회를 실행에 옮길 시기가 왔음을 직감했다.

버키의 '일반 원칙' 중 하나, 모든 상황에 예외 없이 적용되는 하나의 원칙에 입각하여 우리는 다음 사업을 시작했다. 그 사업이 바로 오늘날의 '리치대드컴퍼니(The Rich Dad Company)'다.

우리가 선택한 버키의 일반 원칙은 이것이다.

"보다 많은 사람에게 혜택을 나누어 줄수록 나의 유효성은 높아진다."

보다 많은 사람에게 혜택을 나누어 주려는 의도에서 나는 킴과 함께 캐시플로(Cashflow) 게임을 개발했고, 『부자 아빠 가난한 아빠』를 집필하기 시작했다.

리치대드컴퍼니는 나의 50번째 생일인 1997년 4월 8일에 공식 출범했다. 우리의 사명은 다음과 같았다.

"인류의 재정적 웰빙을 증진한다!"

리치대드컴퍼니를 위한 두 번째 기회

앞 장에서 이미 언급한 바와 같이 돈의 세계는 변하고 있다. 불행히도 사람들은 변화하지 않는다. 킴과 내가 굳이 돈을 벌어야 할 필요가 없음에도 리치대드컴퍼니를 운영하는 이유는 보다 많은 사람들에게 돈과 인생의 두 번째 기회를 제공하기 위해서다. 오늘날 전자 게임과 앱의 발전 덕분에 리치대드컴퍼니는 또 한 번의 기회를 맞이할 태세를 갖추었다. 정보화 시대가 가져다 준 도구와 기술을 활용해 더 많은 사람에게 혜택을 제공할 수 있는 기회가 생겼다. 두 번째 기회의 묘미는 원하는 만큼, 필요한 만큼 제한 없이 선택할 수 있다는 점에 있다. 우리는 과거에 그랬더라면 어떠했을까 생각하며 징징거리며 후회하는 대신 두 번째 기회를 추구할 선택권이 있다. 끊임없이 변화하는 세상에 대해 더 많이 깨달을수록 우리가 선택한 두 번째 기회의 성공 확률은 더 높아진다.

풀러 박사의 마지막 저서는 『자이언트 그런치(Grunch of Giants)』다. 그런치(GRUNCH)는 '보편적 총 현금강탈(Gross Universal Cash Heist)'을 의미한다. 1983년 그의 사후에 출간된 『자이언트 그런치』는 풀러 박사의 저서 중에서 부자 아빠의 관심사와 가장 일치하는 주제다. 보다 구체적으로 말하면 '우리의 부를 강탈하기 위한 통화 제도는 어떻게 고안되었는가?'라는 문제를 집중적으로 다루는 유일한 저서다.

『자이언트 그런치』는 나의 한계를 넘어서게 만들었다. 나는 더 이상 제조업을 운영하는 기업가가 될 수 없음을 깨달았다. 정작 뭘 해야 할지는 몰랐지만 뭐든 해야만 한다는 것도 알았다. 나는 지나치게 많이 알고 있었기 때문에 더 이상 침묵할 수 없었다. 풀러 박사는 우리에게 미래를 내다보는 법을 가르쳐 주었다. 그 덕분에 나는 이미 오래 전부터 우리의 교육 시스템에서 시작된 금융 위기가 곧 닥쳐 올 것임을 알 수 있었다.

다음 장에서는 그동안 내가 배운것은 무엇이며, 왜 우리가 오늘날과 같은 금융 위기를 겪게 되었는지 설명할 것이다.

현금강탈은 전에 없던 일이 아니다. 아주 오랜 기간 지속되어 온 현상이다. 풀러 박사가 명명한 '자이언트 그런치'를 이해하는 일은 두 번째 기회를 찾는 사람에게는 필수적이다. 당신과 당신의 가족을 위해 보다 밝은 미래를 만들고 싶다면 더욱 그렇다.

Chapter 3

나는 무엇을 할 수 있는가?

"나는 그저 새로운 것을 만들어 낸다.
그런 다음 사람들이 내가 만든 것이 필요하기를 바랄 뿐이다."
– 버크민스터 풀러

버키의 미래 예측 능력은 주식을 고르거나, 시장의 타이밍을 맞추거나, 경마에 판돈을 걸거나, 월드 시리즈 우승팀을 예상하는 일과는 아무런 관계가 없었다. 미래에 대한 그의 비전은 오히려 신의 영역에 가까웠다.

버키는 '신'이라는 단어를 가급적 사용하지 않았다. 왜냐하면 많은 사람들에게 '신'이란 그 자체로 수많은 '종교적 신조'와 감정, 논란거리 등이 포함되기 때문이다. 풀러 박사는 신이 백인이나 유대인 혹은 아랍인이나 아시아인일 거라고 생각하지 않았다. 그는 '신'이라는 말보다는 북미 원주민이 사용하던 '위대한 정령'이라는 단어를 더 선호했다. 위대한 정령이란, 단지 천국과 지상에 그치지 않고 '우주'의 모든 것을 서로 결속시키는 보이지 않는 에너지를 의미한다.

이 책에서도 '신'이라는 단어를 간간이 사용하지만 특정한 종교적 관점을 염두에 두고 쓰는 것은 아님을 밝힌다. 나는 인간의 선택권, 다시 말해 종교의 자유를 존중한다. 나는 신에 대한 믿음에 대해 선택할 수 있는 자유가 있어야 한다고 생각한다.

정치에서도 마찬가지다. 나는 공화당원도, 민주당원도 아니다. 나는 그런 정치 싸움판에 나의 개를 내보낸 적이 없다. 나는 대부분의 정치인들보다 내 개를 훨씬 더 좋아한다.

인류의 진화

풀러 박사는 돈의 무대에서만큼은 미래학자라 할 수 없다. 하지만 인류의 진화와 관련해서는 분명 미래학자가 맞다. 그는 신에게 인간은 장기 실험의 대상이라고 생각했다. 신은 인간을 이곳 '우주선 지구'에 살게 하면서 진화할 수 있는지 살펴보는 실험을 진행하는 중이라고 믿었다. 인간이 과연 지구 행성을 천국으로 만들 것인지 아니면 생지옥으로 만들 것인지 오랜 시간을 두고 관찰하는 중이라는 것이다.

풀러 박사는 위대한 정령은 모든 인간이 부자가 되기를 원한다고 생각했다. 그는 종종 이런 말을 했다. "이 지구상에는 60억 명의 억만장자가 살고 있습니다."(때는 1980년대였다. 현재라면 아마 "70억 명의 억만장자가 살고 있습니다."라고 했을 것이다.) 1980년대에 공식적으로 기록된 억만장자(여기서는 10억 달러 이상 보유자)의 수는 50명도 채 되지 않았다. 버키가 말한 '60억 명'과는 엄청난 격차가 있는 셈이다. 2008년에는 1,150명이 이름을 올렸고, 오늘날에는 1,645명으로 추정된다.

풀러 박사는 인류가 곧 중대한 진화의 기점에 도달할 것이라 예측했다. 만약 인류가 탐욕과 이기심에서 벗어나 관용과 풍요로 진화하지 않는다면, 인간은 지구에서의 실험 대상으로서 끝날 것이라 믿었다. 그는 '신이 선사한 풍요'를 오로지 자신의 배를 불리는 수단으로만 사용하는 부자와 권력자들을 '혈전'에 비유했다. 그는 인류가 스스로 '진화'하지 않으면 지구 생태계 전체를 파괴하는 결과로 이어질 것이라 믿었다.

풀러 박사가 일반 원칙들을 규명하기 위해 노력한 이유는 바로 그것이 '우주를 운영하는 보이지 않는 힘'이라 여겼기 때문이다. 다시 말해 일반 원칙은 위대한 정령의 운영 원칙이고, 위대한 정령은 인간을 비롯한 지구상의 모든 생명체가 번성하기를 원한다는 것이 풀러 박사의 생각이었다. 풀러 박사는 이 세상에 200~300가지의 일반 원칙이 있다고 믿었다. 세상을 떠나기 전까지 그가 발견한 원칙은 대략 50가지였다. 내가 알고 있고 또 실제로 사용하는 원칙은 그 가운데 다섯 가지 정도다.

풀러 박사는 많은 저서와 강연을 통해 사람들과 지구상의 자원을 오직 개인의 부를 늘리는 일에만 사용하는 몇몇 탐욕스러운 권력자들을 맹렬히 비난했다. 그는 인간이 '탐욕'에서 '관용'으로 진화하지 않는다면, 즉 모든 것을 위해 움직이는 지구를 만들어 놓지 않는다면, 인간은 '우주선 지구'에서 '퇴거'당할 것이라 믿었다. 그러면 위대한 정령의 실험은 몇 백만 년 전으로 되돌아가게 될 터였다.

신은 인내심이 많아서 인간이 진화할 때까지 기꺼이 기다려 줄 것이다. 하지만 불행히도 당신과 나에게는 우리의 동족들이 '제대로 알아들을 때까지' 또 다시 수백만 년을 기다려 줄 여유가 없다.

보다 많은 사람들에게 혜택이 돌아가게 하라

풀러 박사가 파악한 위대한 정령의 일반 원칙 중 하나는 이것이다.

"보다 많은 사람에게 혜택을 나누어 줄수록 나의 유효성은 높아진다."

나는 사업을 수행하면서 의사결정을 내릴 때마다 최선을 다해 이 일반 원칙을 지키려고 노력한다. 단지 나 홀로 더 큰 부자가 되기 위해 일하기보다는 나를 풍요롭게 하는 동시에 '타인'도 풍요롭게 만들 수 있는 방법을 고려해야 한다는 조건을 스스로 내걸기 시작한 것이다. 이 일반 원칙은 킴과 내가 시작했던 세미나 사업을 파트너에게 넘기는 과정에서도 중요한 역할을 했다.

세미나 사업은 성공적이었지만 혜택을 나누어 줄 수 있는 대상은 제한적일 수밖에 없었다. 1994년 각별한 애정을 쏟아부었던 세미나 사업을 매각하는 일은 실로 어려운 결정이었지만, 그럼에도 우리는 다음 단계로 넘어갈 시기가 되었음을 직감했다. 더 많은 사람들에게 혜택을 나누어 줄 수 있는 방법을 찾아 나설 때가 된 것이었다.

1994년 우리는 이미 재정적으로 자유로운 상태였다. 재정적으로 자유롭다는 것은 다음 사업을 준비할 수 있는 시간이 허락된다는 의미다. 1996년 판매를 목적으로 한 최초의 캐시플로 게임이 라스베이거스에서 시연되었고, 그로부터 일주일 후 싱가포르에서도 시연회를 가졌다. 다음 단계는 본격적인 판매를 위한 마케팅 계획을 수립하는 일이었다. 하지만 캐시플로 게임에는 두 가지 내재적 문제가 있었다.

첫 번째는 게임이 너무 복잡하다는 것이었다. 우리가 고용한 게임 전문가는 '게임의 수준을 낮추라.'고 조언했다. 그렇지 않으면 팔리지 않을 거라고 했지만 캐시플로 게임은 오락용이 아니라 교육용으로 고안된 것이기 때문에 우리는 그대로 유지하기로 결정했다.

두 번째는 상당히 높은 제작 비용에 있었다. 개당 소매 가격이 29.95달러 정도 되어야만 한다는 것이 전문가의 의견이었다. 소매가 29.95달러에

세컨드 찬스

맞추려면 제작에 투입되는 비용은 게임당 7달러를 초과해서는 안 된다. 문제는 중국에서 제작해 미국으로 운송한 후 창고에 보관할 때까지의 총 비용이 개당 50달러를 넘어선다는 것이었다. 게임 전문가의 조언에도 불구하고 우리는 캐시플로 게임의 소매 가격을 개당 195달러로 책정했다. 시장에 출시된 보드게임 중 최고가였다.

이와 같은 어려운 문제들은 우리를 혁신으로 인도했다. 개당 195달러에 이르는 캐시플로 게임을 판매하기 위해서는 혁신을 꾀할 수밖에 없었다. 킴과 나는 과거 세미나 사업의 고객들을 찾아갔다. 우리는 캐시플로 게임을 중심으로 한 500달러짜리 1일 세미나를 제안했다. 세미나는 참가자들이 총 2회의 게임을 하도록 구성되었다. 첫 번째는 게임에 익숙해지기 위한 과정이었고, 두 번째는 본격적으로 게임에 맛을 들이는 과정이었다. 1일 세미나는 성공적이었다. 참가자들은 매우 흥미로워했고, 대다수가 자신이 평생 동안 돈에 대해 배워 온 것보다 세미나에 참가한 하루 동안 배운 것이 더 많다고 말했다. 세미나 중에 사용한 중고 게임은 150달러 할인된 가격으로 판매한다는 말을 하자마자 순식간에 서로 사기 위해 경쟁을 벌이기도 했다.

효과적인 사업 모델 덕분에 '캐시플로 클럽'이라는 동호회도 생겨나게 되었다. 2004년 《뉴욕 타임스》는 「장난감 돈의 치솟는 가치」라는 제목으로 캐시플로 클럽 관련 기사를 실었다. 기사에 의하면, 전 세계에서 생겨난 동호회는 확인된 것만 3,500개가 넘었다. 그중 다수의 동호회는 현재까지도 여전히 활동 중이다. 게임을 이용해 다른 사람을 가르치며 보다 많은 사람들에게 혜택을 나누어 주고 있는 셈이다. 킴과 나, 두 사람의 힘만으로는 그렇게 많은 사람들을 가르칠 수 없었을 것이다.

Q 보다 많은 사람에게 혜택을 주고자 했다면 게임을 공짜로 제공할 수도 있지 않았나?

A 처음에 우리는 정부에 보조금을 신청해서 게임의 제조 비용을 조달하는 방안도 고려했다. 하지만 그것은 나의 가난한 아빠가 취했을 법한 사고방식이었다. 나의 부자 아빠라면 기업가다운 사고를 했을 것이다.

또한 사람들에게 공짜로 나누어 주는 것은 그들을 계속 가난하게 만들 뿐이다. 그것은 일종의 '권리 의식'을 부추겨 개인의 자주성과 책임감을 무너뜨리고 만다.

비록 초기 보드게임의 소매 가격은 상당히 비싼 것이 사실이지만 이제 그 온라인 게임은 수백만의 사람들에게 무상으로 제공된다. 캐시플로 동호회를 활용하면 게임 한 개로 수백 명을 공짜로 교육할 수 있다. 전 세계의 캐시플로 동호회 리더들은 "인류의 재정적 웰빙을 증진한다."는 리치대드컴퍼니의 사명을 지지하며 게임을 전파하고 있다. 그들에게 캐시플로 게임은 가르치는 보람을 느끼게 하는 일일 뿐만 아니라, 더 많이 가르칠수록 스스로 더 많은 것을 배우는 과정이기도 하다. 캐시플로 동호회 리더들과 대화해 보면 대부분 주는 것보다 훨씬 더 많은 것을 얻게 된다고 이야기한다. '베풀면 얻을 것'이라는 종교적 원칙을 따르고 있는 셈이다.

불행하게도 캐시플로 동호회가 다른 제품을 판매하거나 사업 기회를 홍보하기 위한 수단으로 활용되는 경우가 종종 있다. 만약 그런 경험을 하게 되더라도 이것만은 분명히 알아주기 바란다. 나는 무료 사업을 지지하지만 그렇다고 내가 만든 게임을 마케팅 수단으로 사용하는 사람들까지 지지하는 것은 아니다.

또 다른 시각

남부 애리조나의 비스비라는 예술가 마을에 있는 교도소 건물을 개조한 아파트에서 나는 6개월 정도 머물렀다. 비스비를 사랑한 배우 존 웨인이 임대 목적으로 소유한 적 있는 건물이었다. 그는 이곳에 대규모 목장을 소유하기도 했다.

6개월 동안 나는 조그만 목장에서 일하면서 지냈다. 나는 오래된 역마차 기지를 침실 한 개짜리 주택으로 개조하는 공사를 진행했고, 밤이면 교도소 감방에 앉아 책을 썼다. 낮에 일하고 밤에 글을 쓰는 과정은 매우 고통스러웠다. 글은 쓰다가 중단했다가 처음부터 다시 시작하는 과정의 연속이었다. 집필을 위한 개념 잡기부터 쉽지 않았다. 그러던 어느 늦은 밤, 마침내 나는 새로운 책의 첫 줄을 써 내려가기 시작했다.

"나에게는 부자 아빠와 가난한 아빠가 있었다."

『부자 아빠 가난한 아빠』는 그렇게 탄생했다. 대다수의 사람들은 '부자 아빠' 시리즈의 첫 번째 작품인 『부자 아빠 가난한 아빠』가 사실은 캐시플로 게임의 마케팅을 위한 '홍보용 책자'로 만들어졌다는 사실을 알지 못한다.

1997년 4월 8일 나의 50번째 생일에 『부자 아빠 가난한 아빠』가 세상에 나왔고, 리치대드컴퍼니가 설립되었다. 『부자 아빠 가난한 아빠』는 자비를 들여 출간한 대부분의 책처럼 2000년 초까지 독자들의 관심 밖에서 떠돌았다. 시간이 지나면서 어느 정도 입소문이 나기 시작하자, 책은 마치 바이러스가 퍼지는 것처럼 팔려 나가다가 어느 순간 《뉴욕 타임스》의 베스트셀러 목록에 올랐다. 자비로 출간한 책 중에서 베스트셀러 순위에 오른 유일한 책이었다.

그 후 유명 텔레비전 토크쇼인 「오프라 윈프리 쇼」의 제작 관계자로부터 연락이 왔다. 그는 먼저 나와 만나 이야기를 나누기 원했다. 내가 책에 썼던 부자 아빠, 가난한 아빠의 이야기가 정말 사실인지 확인하고 싶었던 것이다.

출연 제의를 받았을 당시 나는 호주에 머무르고 있었다. 거리상의 문제로 방송 출연이 고민될 수밖에 없었다. 그때 나의 결정에 도움을 준 것은 "보다 많은 사람에게 혜택을 나누어 줄수록 나의 유효성은 높아진다."는 버키의 일반 원칙이었다. 나는 여행 시간을 줄이기 위해 호주에서 시카고까지 직항 노선을 이용했다.

나는 오프라 윈프리와 나란히 앉아 금융 교육의 필요성을 역설했다. 그 한 시간으로 내 인생은 완전히 바뀌었다. 하루아침에 나는 금융 교육의 중요성을 대변하는 세계적인 인사가 되었다. "자고 일어났더니 유명인사가 되었다."라는 말을 실감하기까지 55년의 시간이 걸린 셈이다. 물론 그 55년 안에는 수많은 성공과 실패 그리고 수많은 두 번째 기회들이 들어 있었다.

내가 이 이야기를 하는 이유는 성공을 떠벌리며 자화자찬을 하기 위해서가 아니다. 버키의 일반 원칙을 따라 움직이거나, 부자 아빠가 가르쳐 준 돈에 대한 교훈을 실행에 옮기면 어떠한 결과가 발생하는지 알려 주기 위해서다.

부자는 관대하다

어느 기자가 「오프라 윈프리 쇼」가 나를 부자로 만들어 준 것이 아니냐고 질문한 적이 있다. 그때 이미 나는 재정적으로 부자였다. 당시 내가 하고 있었던 일은 나의 지식을 관대하게 나누는 것뿐이었다.

그 기자는 부자가 관대하다는 표현을 선뜻 받아들이지 못했다. 그의 시각에서는 부자가 되려면 탐욕스러워야 했다. 내가 "통합은 최소 둘 이상이 합쳐진 복수형이다."라는 일반 원칙에 대해, 다시 말해서 인간은 탐욕스러움으로 부자가 될 수도 있고 관대함으로 부자가 될 수도 있다는 사실에 대해 설명할 때 그의 눈에는 따분함이 역력했다. 그의 머릿속에는 부자가 되는 유일한 방법은 탐욕스러움이라는 생각이 확고히 자리 잡고 있었다. 그는 이미 관대함으로 부자가 되기란 사실상 불가능한 일이며, 이 세상의 부자들은 오직 한 가지 유형, 즉 탐욕스러운 부자가 유일하다고 결론을 내린 상태였다.

Q 당신이 유명 인사가 된 이후 모든 일이 순조로웠나?
A 그렇지 않다. 순조롭지 않았다. 명성과 돈은 삶을 더 힘들게 할 뿐이었다. 친구들은 나의 성공에 질투심을 느꼈고 파트너들은 탐욕스러워져 내가 가진 것을 빼앗으려 들었다. 많은 사람들이 도움을 주겠다며 모여들었지만 그들이 진심으로 사명 실현에 도움을 주려는 건지 우리가 이루어 놓은 것으로 '자신의 배를 불릴' 속셈인지 분간하는 일은 쉽지 않았다.
좋은 소식은 그럼에도 우리가 훌륭한 사람들과 친분을 나눌 수 있는 기회가 많았다는 사실이다.
다시 말하지만 "통합은 최소 둘 이상이 합쳐진 복수형이다." 우리는 좋은 것과 나쁜 것을 동시에 받아들이는 법을 터득해야 한다.

버키의 유언

풀러 박사는 1983년 7월 1일에 세상을 떠났다. 그의 부인 앤은 박사가 죽은 지 36시간 만에 눈을 감았다. 두 사람 모두 87세의 나이로 생을 마감했다. 그의 삶은 죽는 순간까지 초자연적이었다.

1983년 여름 풀러 박사는 강연 도중 갑자기 말을 멈추고 자리에 앉았다.

잠시 후 입을 연 그는 아내의 상태가 심상치 않기 때문에 강연을 짧게 끝내야 한다고 했다. 그는 며칠 전 자신과 아내가 한날한시에 죽을 것이라는 예감이 들었다고 언급했다. 자신들에게 죽음이 임박했다는 것을 직감한 그는 말했다. "아주 신비로운 일이 진행되고 있답니다." 그는 사람들에게 하던 일에 계속 정진하라고 했고, 언제나 그랬던 것처럼 "감사합니다. 친애하는 여러분."이라는 말로 강연을 마무리했다. 버키의 예상대로 그것이 그의 마지막 강연이었다.

나는 한참 후에서야 버키와 부인이 서로 죽는 모습을 보지 않겠다는 약속을 했다는 사실을 알게 되었다. 아내의 병상으로 달려간 버키는 혼수상태로 누워 있는 아내 곁으로 다가가 앉았다. 어떤 신호라도 받은 듯 아내 옆에 조용히 자신의 머리를 내려놓은 후 그는 생을 마감했다. 36시간 후에는 그의 부인도 영원히 잠들었다. 서로 죽는 모습을 지켜보지 않겠다는 약속이 지켜진 셈이다. 그는 자신과 아내가 어떻게 죽을 것인지 예측한 미래학자였다. 짐작건대 그는 이제 그만 집으로 돌아오라는 정령의 부름을 들었을 것이다.

두 사람의 사망 소식이 라디오 뉴스에서 보도될 때 나는 호놀룰루의 고속도로 위를 달리고 있었다. 나는 슬픔에 북받쳐 고속도로 갓길에 차를 세우고 울었다. 그 순간은 지금까지도 아주 선명하게 기억된다. 고속도로 갓

길에서 눈물을 흘리며 슬퍼하던 그날, 바로 내 인생의 한 장이 막을 내리고 새로운 장이 시작되었다. 나는 더 이상 제조업에 몸담은 기업가가 아니었다. 나는 교육 사업가로 태어났다. 그렇게 나의 두 번째 기회가 시작되었다.

자이언트 그런치

그로부터 몇 달 후 버키의 마지막 저서 『자이언트 그런치』가 유작으로 출간되었다. 앞서 말한 바와 같이, 그런치는 '보편적 총 현금강탈'의 머리글자로 만들어진 약어로, 이 책은 부자와 권력자들이 어떻게 돈, 정부, 은행 제도 등을 이용해 우리의 부를 강탈하고 있는가에 관해 설명한다.

작지만 강력한 책을 읽어 내려가는 동안 살면서 풀리지 않던 수수께끼들이 하나씩 해결되는 것 같았다. 내가 아홉 살이던 초등학교 4학년 때 교실에서 손을 높이 들고 선생님께 질문을 했던 기억이 떠올랐다. 그때 나는 이런 질문을 했다. "돈에 대해서는 언제 배우나요?", "어째서 대부분의 사람들은 가난한가요?"

『자이언트 그런치』를 읽어 나가자 그 해답들이 서서히 내 머릿속에서 정리되었다. 풀러 박사는 이 시대의 교육 시스템에 대해 매우 비판적이었다. 그는 학교에서 가르치는 내용뿐만 아니라 학생들을 가르치는 '교수법'에도 문제가 있다고 생각했다. 모든 아이들의 타고난 천재성에 대해 풀러 박사는 이렇게 말했다.

"모든 아이들은 천재성을 가지고 태어난다. 그러나 무심한 어른들과 불리한 물리적 환경 요인들로 인해 그들의 천재성은 급속도로 퇴화된다."

이렇게도 말했다.

"내가 관찰한 바에 의하면, 모든 아이들은 광범위한 호기심을 표출한다. 아이들은 모든 것에 흥미를 느끼며 순전한 호기심으로 부모를 끝없이 당황스럽게 만든다. 아이들이 태어나면 그들의 유전자는 주변의 모든 것을 파악하고, 이해하고, 조정하고, 받아들이도록 구성된다."

버키는 학생들이 스스로의 교육 과정에 대한 통제권을 가져야 한다고 주장했다. 요컨대 스티브 잡스처럼 할 수 있어야 한다는 이야기였다. 스티브 잡스는 자퇴생이 된 후 자신이 관심을 갖는 주제만으로 공부할 수 있는 자유를 얻었다. 스티브 잡스는 졸업장을 따기 위해서 학교로 돌아가지 않았다.

Q 버키가 모든 사람에게 모종의 천재성이 있다고 말했다는 것인가?
A 그렇다.

Q 하지만 나는 내가 그리 똑똑하다고 생각하지 않는다. 나에게는 천재성이 없는 것 같다.
A 버키의 말에 의하면 학교와 부모가 아이들의 천재성을 '퇴화'시키는 경우가 많다. 그는 학교를 다이아몬드 광산에 비유하곤 했다. 교사들이 '다이아몬드'를 찾기 위해 땅을 파는 광부처럼 자신들이 천재라고 생각하는 아이들만 골라낸다는 의미다. 교사의 눈에 잠재적 천재성이 없는 학생들은 '선광 부스러기', 즉 길가로 던져지는 진흙이나 자갈과 다름없게 된다. 그래서 그렇게나 많은 수의 학생들이 자신은 똑똑하지 않고, 영리하지 않고, 특별하지 않다고 느낀다. 일부는 학교와 학교 시스템에 분노를 느끼면서 학교를 떠난다.

Q 그럼 자신의 천재성은 어떻게 발견해야 하는가?

A 여러 가지 방법이 있다. 그중 하나가 환경을 바꾸는 것이다.

Q 환경과 천재성이 무슨 연관이 있다는 말인가?

A 몇 가지 예를 들어 보도록 하자. 교실에 앉아 있을 땐 자신이 멍청하다고 느끼지만 운동장에 나오면 천재성을 발현하는 아이들이 있다. 타이거 우즈의 천재성은 골프장에서 생기를 얻고, 비틀스의 천재성은 기타와 드럼이 있는 녹음실에서 살아났다. 스티브 잡스는 학교를 중도에 포기했지만 그의 천재성은 차고에서 발현되었다. 스티브 워즈니악과 함께 첫 번째 애플 컴퓨터를 개발했던 바로 그 차고에서 말이다.

Q 그렇다면 어째서 나는 스스로 똑똑하다고 느끼지 못하는 것인가? 왜 천재성을 찾아내지 못하는가?

A 대부분의 사람들이 가정에서 성장해 학교에 다니고 졸업과 함께 직장으로 간다. 그러는 가운데 천재성이 활짝 피어나기에 적합한 환경을 만나지 못할 수도 있다. 많은 사람들이 자신의 천재성이 꽃을 피울 수 있는 환경을 찾지 못했다는 이유만으로 충족되지 못하고, 검증되지 못하고, 인정받지 못한다는 느낌으로 살아간다.

천재(genius)라는 단어를 세 단어로 나눠서 생각하면 'genie-in-us', 즉 '우리 안에 있는 마법사'가 된다. 천재와 마법사, 영감 사이에는 어떤 연관성이 있다. 당신이 아는 사람 중에는 주방의 마법사가 있지 않은가? 평범한 재료들을 근사한 요리로 변신시키는 사람들 말이다.

Q 그렇다. 있다.

A 당신은 어쩌면 식물을 키우는 것에 재능을 타고난 사람도 알고 있지 않은가? 흙과 물과 씨앗으로 녹색의 정원을 만드는 재주를 가진 사람 말이다.

Q 물론이다.

A 신체적 장애를 가진 아이들을 위한 스페셜 올림픽 경기를 보고 감동을 느낀 적이 있는가? 출전 선수들이 신체적 장애와 어려움에도 불구하고 의연하게 온 마음을 다해 경기에 임하는 모습을 보며 진한 감동을 느낀 적이 있는가?

Q 그런 적이 있다.

A 그런 것들이 '우리 안의 마법사', 다시 말해 우리 안에 있는 천재성이 다른 사람의 마음을 움직인 사례다. 우리는 누군가에게 내재된 정신이 내 안에 있는 정신을 자극할 때 영감을 느낀다. 그것이 바로 천재성이다. 누군가가 우리에게 영감을 줄 때, 우리는 '우리 안의 마법사'를 상기하게 된다.

Q 대부분의 사람들이 자신의 천재성을 찾지 못하는 이유는 무엇인가?

A 천재가 되는 것이 쉬운 일은 아니기 때문이다. 예를 들어 차세대 타이거 우즈가 될 누군가가 있다고 가정해 보자. 그 사람이 자신의 천재성과 재능을 개발하는 데 평생을 바치지 않는다면 그 사람의 천재성은 결코 마법을 부리지 못할 것이다.

대답보다 더 많은 질문

『자이언트 그런치』를 읽자 많은 질문이 생겼다. 놀랍게도 내 생애 처음으로 다시 학생이 되고 싶었다. 다시 초등학교 4학년으로 돌아가서 그때 선생님께 했던 돈에 대한 질문들에 대한 해답을 찾고 싶었다. 나는 배우고 싶었고 내 질문에 대한 답을 얻고 싶었다. "왜 학교에서 가르치는 과목 중에 돈은 없는 것인가?", "무엇이 부자를 더 큰 부자로 만드는가?"

『자이언트 그런치』를 읽은 다음 교육에 관한 풀러 박사의 또 다른 저서를 읽으면서 깨닫게 된 것이 있다. 초등학교 4학년 때 내가 했던 돈에 대한 질문은 자연스러운 호기심에서 비롯되었다는 것이다. 이제 부자가 부자인 이유와 돈에 관한 것들은 나의 학습 과목이 되었다. 돈이라는 주제가 학교 교육에서 '멸균 처리한 박제된 무엇이 된 것'이 결코 우연한 일은 아니라고 확신한다.

1983년 나는 풀러 박사가 말한 대로 결심한 바를 실행에 옮겼다. 나는 나만의 학습 과목을 다시 찾아서 기꺼이 학생이 되었다.

수년간 내가 배우고 싶던 것을 학습하는 과정에서, 화폐 제도는 우리의 부를 강탈하고 부자를 더 큰 부자로 만들 뿐 당신과 나 같은 일반인에게 부를 가져다 주는 장치가 아니라는 것을 확신할 수 있었다. 타인을 노예화하고 다른 사람의 부를 빼앗는 일은 지구상에 인간이 발을 디딘 순간부터 지금까지 끊임없이 이어져 오고 있는 일이다. 풀러 박사는 동족을 노예화하려는 욕망과 강렬한 탐욕은 인류 진화를 관찰하는 신의 실험 대상이라고 믿었다. 그에 의하면, 신은 인간이 이 지구를 천국으로 만들어 낼 것인지 아니면 쓰레기로 가득 찬 생지옥으로 만들어 놓을 것인지 관찰한다고 한다.

『자이언트 그런치』에서는 부자와 권력자들이 자신들의 계획을 실행하기 위해 어떻게 돈과 은행, 정부, 정치인, 군사 지도자, 교육 시스템 등을 이용하는지 자세히 설명한다. 요약하면 돈은 돈과 화폐 제도를 통제하는 사람들을 노예로 묶어 두기 위해 고안되었다.

버키와 부자 아빠는 돈에 관해서는 정반대의 주장을 펴고 있지만, 두 사람 모두 돈이 사람들을 노예로 만들고 있다는 데에는 의견을 같이했다. 두 사람의 의견이 정반대인 것은 곧 "통합은 최소 둘 이상이 합쳐진 복수형"이라는 일반 원칙을 입증한 셈이다. 두 사람은 내용에서는 의견을 달리하지만 원칙에서만큼은 합치를 이루고 있었다.

지식의 힘

「오프라 윈프리 쇼」에 출연한 후 한 투자 회사에서 자신들이 판매하는 뮤추얼 펀드를 공개적으로 지지하면 나에게 4백만 달러를 주겠다고 제안했다. 나도 누구 못지않게 돈을 좋아하지만, 그 제안을 수락하는 것은 풀러 박사가 말한 '그런치' 세력에 굴복해 신념을 버리는 것이나 진배없었다. 금융 교육의 훌륭한 장점 중 하나는 사람들에게 선택권을 준다는 것이다. 돈에 영혼을 파는 일 따위는 하지 않아도 된다.

당신은 무엇을 할 수 있는가?

결국에는 이 질문이 이 책의 핵심이 될 것이다.

Q 그렇다면 내가 할 수 있는 일은 무엇인가?

A 문제점으로 넘쳐 나는 세상에서 우리가 할 수 있는 일은 아주 많다.

그렇다면 질문의 방식을 바꾸어 보자. 나는 어떤 문제점을 해결하고 싶은가? 신이 주신 나만의 독특한 능력은 어떤 문제를 해결할 때 필요한가? 당신이 관심을 두고 있는 문제 해결에는 혼자 힘으로 임할 수도 있고, 단체나 조직의 일원으로 나서는 방법도 있다. 문제 해결의 관점에서 이 세상을 바라본다면 해야 할 일도 많고 당신이 할 수 있는 것도 많다. 보다 중요한 질문은 바로 이것이다. 나는 문제 해결을 위해 기꺼이 노력할 것인가? 아니면 돈이라는 대가가 주어질 때만 기꺼이 노력할 것인가?

다음 장에서는 통화 제도를 통해 우리의 부가 어떻게 강탈되는지, 학교에서는 왜 금융 교육을 따로 하지 않는지 설명할 것이다.

지금 당신의 돈과 인생에서 두 번째 기회를 고려하고 있다면 다음을 명심하라.

'어떻게 하면 더 많은 돈을 벌 수 있을까?'보다는 '어떻게 하면 보다 많은 사람들에게 혜택을 나누어 줄 수 있을까?'를 생각해야 한다.

만약 당신이 어떻게 하면 더 많은 사람들에게 혜택을 나누어 줄 수 있는지 자문한다면 당신은 신의 일반 원칙 중 하나를 충실히 따르고 있는 것이다.

Chapter 4

강탈이란 무엇인가?

어둠의 시대가 인류를 지배하고 있다.
그 심도와 지속성은 오늘날 더욱 명확해지고 있다.
어둠의 시대라는 감옥에는 쇠창살도, 쇠사슬도, 자물쇠도 없다.
대신 그릇된 방향과 잘못된 정보가 있을 뿐이다.
- 버크민스터 풀러

풀러 박사의 두 번째 유작으로 출간된 『우주구조론(Cosmography)』에서 우리가 어둠의 시대에 갇혀 있다는 대목을 읽었을 때 나는 몹시 당황스러 웠다. 그런치 세력이 어떻게 우리를 어둠의 시대에 붙잡아 두고 있는가에 대해 나는 좀 더 자세히 알고 싶었다.

『자이언트 그런치』를 읽는 과정은 마치 1,000개의 조각으로 이루어진 조각 그림 맞추기에서 처음 100개의 조각을 조합하는 것과 같았다. 그 책 에서 도출한 100개의 조각은 수년 전 부자 아빠가 나를 위해 맞추어 놓은 또 다른 100개의 조각들과 맞물려 자리를 잡았다. 조각 그림의 형상이 조 금씩 드러나고 앞뒤가 맞아 떨어지기 시작하자, 나는 어떻게 우리의 부가 강탈되는지 차츰 이해하기 시작했다.

1983년에 나는 1,000개의 조각으로 이루어진 조각 그림 중 대략 200개 정도를 보유하게 되었다. 200개의 조각을 통해 그림이 형성되는 것을 알

86　　　　　　　　세컨드 찬스

수 있게 되자 나는 점점 더 많은 것이 알고 싶어졌다. 그때 나는 생애 처음으로 진정한 학생이 되었다. 더 많이 배우고 싶었다. 가만히 앉아서는 내가 필요로 하는 배움을 얻을 수 없었다. 나는 풀러 박사의 방법을 따르기로 결심했다. 1927년에 그가 그랬던 것처럼 불확실한 미래를 향한 신념의 도약을 감행했다.

Q 왜 불확실한 미래라고 말하는가?

A 미래에 어떤 일이 벌어질지 정말 알 수 없었기 때문이다. 당시 내 머릿속에는 한 가지 생각밖에 없었다. 버키가 1927년에 불확실한 미래로 도약해서 자신의 천재성을 발견했다면, 나도 그래야 하지 않을까?(어쩌면 나도 그럴 수 있지 않을까?) 학창 시절에 나는 그리 똑똑한 학생이 아니었지만 미지의 세계에서는 보다 똑똑한 사람이 될 수 있지 않을까?

Q 미지의 무언가를 위해 현재의 안락한 삶을 포기하는 결심을 하게 된 원동력은 무엇인가?

A 바로 불평등이다. 내가 성장하던 1960년대는 그야말로 격동의 시대였다. 베트남 전쟁을 반대하는 시위가 끊이지 않았고 인종 문제로 인한 폭동도 빈번했다.

1965년에 나는 지루하리만치 조용한 고향 마을인 하와이의 힐로를 떠나 뉴욕에 있는 해양사관학교에 입학했다. 당시 내 룸메이트는 아프리카계 미국인 톰 잭슨이었다. 고향 힐로에는 아프리카계 미국인이 한 명도 없었기 때문에 톰은 나의 첫 번째 흑인 친구가 되었다. 매일 밤 인종 폭동에 관련된 뉴스를 보던 나에게 그는 뉴스에는 나오지 않는 불균형

한 현실을 일러 주었다. 톰을 통해 일방적인 정보로 인해 생기는 지식의 공백을 메울 수 있었다.

우리는 누구나 인종 차별이 존재한다는 것을 알고 있다. 하와이에서도 마찬가지였다. 하울리(haoles)라 불리는 백인과 아시아계, 하와이 원주민 사이에도 분명 차별이 존재했다. 그러나 그것은 내 친구 톰이 경험한 수준과는 비교도 안 되는 것이었다.

Q 그런 인종 차별이 원동력이 되었다는 말인가?

A 그렇다. 하지만 그것이 전부는 아니다. 차별은 언제나 존재하기 마련이다. 나를 움직이게 만든 원동력은 차별이 아니라 불평등이었다.

1969년 킹스포인트의 해양사관학교를 졸업한 후 나는 플로리다에 있는 해군비행학교로 갔다. 그 시절 한 백인 친구가 버밍햄에 있는 자신의 집으로 나를 초대한 적이 있다. 버밍햄은 1960년대 인종 폭동의 진원지에 있는 도시였다.

Q 그곳에서 무엇을 알게 되었나?

A 인종 차별이 곧 재정적 차별이라는 것을 알게 되었다. 흑인들은 보다 나은 삶의 기회를 얻기 위해 투쟁하고 있었다. 백인과 흑인 양쪽 모두와 대화를 나눠 보면 그들은 모두 같은 이유로 싸우고 있었다. 누구나 할 것 없이 보다 나은 삶을 얻기 위해 발버둥 치고 있었던 것이다.

당시 시위와 폭동이 학교 통합 문제에서 촉발되었다는 것을 기억할 것이다. 백인과 흑인 모두 보다 나은 삶을 위한 보다 나은 교육을 원했을 뿐이다.

Q 그렇다면 불평등이란 무엇인가?

A 불평등이란 금융 교육이 없는 학교 교육이다. 사람들은 보다 나은 삶을 얻기 위해 학교에 다닌다. 그러나 학교에서는 돈에 대해 배울 수 있는 기회가 거의 없었다.

Q 오늘날에도 똑같은 문제가 여전히 존재한다. 사람들은 학교에 다니지만 돈에 대한 교육은 거의 받지 못한다. 불평등이 여전하다는 이야기라고 볼 수 있는가?

A 그렇다. 오늘날 인종이나 사회 경제적 계층(부유층, 중산층, 빈곤층 등)을 막론하고 모두가 돈을 벌기 위해 분투한다. 그래서 사람들은 자식들이 가능한 한 최고의 교육을 받게 만들려고 애를 쓴다. 최고의 교육을 받아야만 좋은 고임금 직장을 구할 수 있다고 믿기 때문이다. 하지만 아이러니하게도 우리 아이들은 학교에서 돈에 대해 배우는 것이 거의 없다.

Q 그렇긴 한데…… 나는 불평등이 무엇인지 아직 확실하게 감이 오지 않는다.

A 불평등은 금융에 대한 무지함을 낳는다. 오늘날 전 세계 대부분의 사람들이 금융 시스템과 화폐 제도로 자신의 부를 강탈당하고 있다. 그런데 대다수의 사람들은 자신의 부가 자신의 직업과 저축, 주식 투자 등을 통해 강탈되고 있다는 사실을 깨닫지 못한다.

이런 상황이 바뀌지 않는다면 1960년대의 폭동은 재현될 것이다. 유감스럽게도 이번에는 인종 폭동보다 더 큰 폭동이 일어날 것이다.

내가 열여덟 살일 때, 흑인 친구 톰 잭슨이 워싱턴 DC에 있는 자신의 집으로 나를 데려간 적이 있다. 그와 동행하는 동안 나는 내내 깊은 불안감을 느꼈다. 비행학교 시절, 인종 폭동이 일어난 직후에 앨라배마 주 버밍햄에 있는 백인 친구의 집을 방문했을 때 역시 같은 불안감을 느꼈다.

오늘날 우리는 그때와 똑같은 공포감과 빈곤으로 우리 사회 곳곳이 병들어 가는 모습을 목도하고 있다. 나는 도심의 빈민가에서 마약과 범죄가 하나의 직업으로 선택되는 이유를 알고 있다. 범죄는 직장보다 훨씬 나은 돈벌이 수단이고, 마약은 사람들이 느끼는 현실의 고통을 완화하는 완충제가 된다. 적어도 마약과 범죄가 끼니를 때우고 머리를 누이는 방편은 되어 준다는 이야기다.

오늘날 이와 같은 고통이 우리 사회 전반에 만연해 있다. 돈과 무지는 사람을 차별하지 않는다. 금융 교육의 부재는 곧 평등의 부재다.

풀러 박사가 말했다.

"덜 배우는 일은 없다. 다만 더 많이 배울 뿐이다."

1984년 킴과 내가 신념의 도약을 감행했던 이유도 바로 그 때문이었다. 우리는 무엇을 해야 할지 몰랐지만, 뭐든 해야 한다는 것만큼은 잘 알고 있었다.

봉급의 힘

부자 아빠가 말했다.

"봉급은 인간이 만든 가장 강력한 도구다. 봉급을 주는 사람은 받는 사람의 신체와 정신, 영혼까지 노예로 만들 수 있는 힘을 갖는다."

그는 이런 말도 했다.

"노예 제도가 폐지되었을 때 부자들이 만들어 낸 것이 바로 봉급 제도다."

『부자 아빠 가난한 아빠』에 나오는 첫 번째 교훈이 "부자는 돈을 위해 일하지 않는다."인 이유가 바로 여기에 있다.

Q 그렇다면 우리는 어떻게 이 불평등을 종식시킬 수 있는가?
A 우리가 사용하는 말에서부터 시작하면 된다.

말은 도구다

풀러 박사는 종종 "말은 도구다."라고 했다. 말은 우리의 정신에 지대한 영향을 미치는 만큼 인간이 발명한 가장 강력한 도구에 속한다는 것이 그의 생각이었다. 버키는 많은 사람들이 삶에 허덕이는 이유가 그들 스스로 자신의 영향력을 상실하게 만드는 말, 즉 자신을 나약하고 혼란스럽고 때로는 분노하게 만드는 말을 하기 때문이라고 믿었다.

부자 아빠가 나에게 "나는 그것을 살 여유가 없다."라는 말을 하지 못하게 한 것 역시 버키의 믿음에 공명한 결과다. 부자 아빠는 "그것을 살 여유가 없다."라고 말하는 대신 "내가 어떻게 하면 그것을 살 수 있을까?"라고 자문하고 머리를 짜내 방법을 강구하는 법을 가르쳤다.

우리가 선택하고 사용하는 말은 우리의 정신을 일깨울 수도 있고 마음이 닫히게 만들 수도 있다. 위력적이고 창의적인 사람으로 만들 수도 있고, 인생의 무기력한 희생자로 만들 수도 있다. 그것이 바로 말이 가진 힘이다. 부자 아빠는 금융 언어에 있어서 풀러 박사와 의견을 같이했다. 부자 아빠는 많은 사람들이 가난하게 사는 이유는 그들이 가난한 말을 하기 때문이라고 믿었다. 『부자 아빠 가난한 아빠』를 읽었다면, 가난한 아빠가 "내 집은 '자산'이다."라고 말했던 것을 기억할 것이다. 그러면 부자 아빠는 이렇게 말했다. "네 아버지는 학식이 높은 분이지만 그건 잘 모르고 하는 소리다. 집은 자산이 아니란다. '부채'일 뿐이지."

수백만 사람들이 재정적으로 가난하거나 어려움을 겪는다. 그 이유는 간단하다. 그들이 '가난한' 혹은 틀린 언어를 사용하기 때문이다. 수백만 사람들이 재정적 어려움을 겪는 이유는 자신의 '부채'를 '자산'이라 말하고 있기 때문이다.

부자 아빠가 내린 정의는 단순하다.

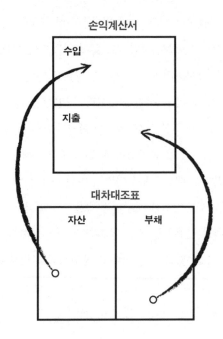

"자산이란 내 주머니에 돈을 넣어 주는 것."

"부채란 내 주머니에서 돈을 빼 가는 것."

부자 아빠는 재무제표를 단순한 그림으로 그려 자신이 내린 자산과 부채에 대한 정의를 설명했다.

그림에서 볼 수 있듯이 자산 혹은 부채를 결정하는 핵심 단어는 '현금흐름'이다. 현금흐름이라는 단어는 금융 교육에서 가장 중요한 용어라고 해도 과언이 아니다.

말은 당신을 부자로 만들 수 있다

나는 아홉 살 때 내가 부자가 될 것임을 짐작했다. 부자 아빠로부터 금융 용어의 의미를 배웠기 때문이다. 아홉 살 때 자산과 부채의 차이를 알게 되면서 자산을 확보하고 부채를 최소화하는 것이 내가 해야 할 일임을 알게 되었다.

이것은 고도의 지능을 요하는 어려운 학문이 아니다. 아홉 살 난 꼬마도 이해할 수 있는 개념이다. 내가 대다수 미국인들과 다른 점은 부자 아빠가 시간을 할애하여 나에게 금융 용어, 다시 말해 돈의 언어를 가르쳐 주었다는 것이다. 그 덕에 나는 돈이 내 삶을 통제할 만큼 큰 위력을 가지고 있다는 것을 알게 되었다. 당신 역시 이렇게 느껴야만 두 번째 기회를 이용할 수 있다.

부자 아빠의 금융 교육은 '모노폴리' 게임을 통해 용어를 습득 하는 것에서 시작되었다. 나는 초록색 집 한 채가 10달러의 현금흐름을 창출하는 경우 그것은 내 주머니에 돈을 넣어 주는 자산이라는 것을 알게 되었다. 초록색 집 두 채라면 20달러가 내 주머니에 들어오는 것이다. 금융 용어를 이해한다는 것은 한 사람의 인생을 바꿔 놓을 만큼 위력적이다. 나이가 들고 삶의 경험이 쌓이면서 나의 부는 금융 용어에 대한 지식이 늘어나는 만큼 증가했다.

앞서 말하지 않았는가.

"지식이 곧 힘이다."

지식은 말에서부터 시작한다. 그리고 무엇보다 좋은 것은 말의 힘은 공짜다.

풀러 박사의 말처럼 말은 도구다. 그것도 인간이 만든 가장 강력한 도구다. 말은 우리 두뇌를 움직이는 연료와 같다. 가난한 말을 사용하는 것은 자동차에 저급한 휘발유를 채워 넣는 것과 같아서 장기적인 성능에 영향을 끼친다. 결국 가난한 말을 사용하면 사람의 전 생애에 영향을 미칠 수 있다. 달리 표현하면 가난한 사람은 가난한 것이 아니라, 성능 좋은 자신의 두뇌를 가동하는 데 가난한 말들을 주입하는 것일 뿐이다.

돈만으로 빈곤을 종식시킬 수는 없다. 많은 사람들이 가난한 사람들에게 돈을 적선하는 친절을 베푼다. 대개의 경우 가난한 자에게 돈을 적선하면 그들을 더 오랫동안 가난하게 만들 뿐이다. 빈곤의 종식을 원한다면 가난한 사람들이 사용하는 말을 격상시키는 일부터 시작해야 한다.

권리 의식

어린 시절 주일학교에서 배운 교훈이 있다.

"물고기 한 마리를 준다면 하루의 양식을 주는 것이지만 물고기 잡는 법을 가르친다면 평생의 양식을 주는 것이다."

자립심을 키우려면 권한을 부여하는 말부터 사용해야 한다.

중산층의 상당수가 어려움을 겪는 이유는 그들 역시 가난한 말을 사용하기 때문이다. 중산층에 속한 많은 사람들이 "돈을 저축한다."라는 말을 사용한다. 은행과 정부가 고속 '인쇄기'로 돈을 찍어 내고 있는 현실을 감안한다면 그것은 웃기는 말이다.

수백만의 중산층은 주로 '장기 투자'를 하는 아마추어 투자자들이다. 전문 투자자들이 초단타매매(High-Frequency Trading, HFT) 기법을 사용해 1,000분의 1초 단위로 투자하는 것을 생각하면 도무지 말이 안 되는 바보 짓이다. 초단타매매 투자 전문가들에게 '장기'란 2분의 1초에 불과하다.

재정적 혼란

소위 '금융 전문가'들은 자신의 똑똑함을 과시하거나 고객을 혼란스럽게 만들기 위해 금융 용어나 전문 용어를 사용하는 경우가 많다. 어느 금융 세미나에서 한 '금융 전문가'는 추계학(stochastic), 이동 평균(moving average), 다크풀(dark pools) 등의 어려운 용어를 사용했다. 그때 다음과 같은 격언의 실례를 목도하는 것 같았다.

"만약 당신의 명민함으로 사람들에게 깊은 인상을 남길 수 없다면 아예 허튼소리로 이해하지 못하게 만들어라."

많은 사람들이 투자에서 손실을 보는 이유는 누군가가 금융의 허튼소리로 그들을 혼란에 빠뜨리기 때문이다.

부자 아빠가 재미있어 했던 단어 중의 하나는 바로 '브로커(broker)'였다. 누군가 그 단어를 사용할 때마다 부자 아빠는 이렇게 말하며 피식 웃었다.

"'주식 중개인(stock broker)'이나 '부동산 중개인(real estate broker)'이 '브

로커'라 불리는 이유는 그들이 대개 당신보다 '더 빈털터리(broker)'이기 때문이라오."

상품을 팔아야 이익이 생기는 누군가에게 투자 조언을 듣는 것은 너무 큰 위험 부담을 수반한다는 것이 부자 아빠의 생각이었다. 그는 종종 이런 말도 했다.

"대부분의 사람들은 부자가 아니라 세일즈맨으로부터 금융 조언을 얻는다. 그것이 거의 모든 투자자들이 손실을 보는 이유다."

부자 아빠가 세일즈맨을 업신여겼다는 뜻은 결코 아니다. 오히려 그는 이렇게 말했다.

"좋은 금융 조언과 단순한 구매 권유를 구분하는 것은 투자자가 판단할 몫이다."

워런 버핏 역시 이런 말을 했다.

"롤스로이스를 타는 사람이 지하철을 타고 다니는 사람에게 조언을 구하는 곳은 월스트리트밖에 없다."

말의 힘

부자 아빠는 내가 "무엇을 할 수 없다."라고 하거나 "그것을 살 여유가 없다."라고 하는 것을 절대 허락하지 않았다.

그는 종종 이런 말을 했다.

"'할 수 없다'는 말을 하는 사람은 '할 수 있다'고 말하는 사람을 위해서 일하게 된다."

부자 아빠는 "그것을 살 여유가 없다."라고 말하는 대신 "어떻게 하면 그것을 살 수 있을까?"라고 자문해야 한다고 했다. 그리고 "바란다."라는 말보다 "할 작정이다." 또는 "할 것이다."라는 말을 하라고 강조했다.

부자 아빠는 자신이 사용하는 말을 신중하게 선택했다. 독실한 교인은 아니었지만 그는 종종 주일학교의 교훈을 이용해 자신의 주장을 입증했다. 그는 말의 선택과 힘에 대해 상기할 때마다 요한복음의 구절을 인용했다.

"말씀이 곧 육신이 되었으니."(요한복음 1장 14절)

현금강탈

버키가 자신의 책 제목에 '강탈(heist)'이라는 단어를 사용한 것을 보고 나는 적잖이 놀랐다. '강탈'이란 단어는 아주 강한 인상을 남긴다. 나는 버키가 자신의 책 제목에 그런 단어를 포함시키기까지 얼마나 힘겨운 고민의 과정을 거쳤을까 생각했다.

나는 그가 그 단어를 선택한 순간에 화난 상태였는지 아니면 인간에게 주어진 시간이 제한되어 있음을 인지했기 때문인지 궁금했다. 여하튼 그가 '강탈'이라는 단어를 쓰면서까지 강력한 선언을 하고 싶었다는 것만큼은 분명하다.

1983년 『자이언트 그런치』를 읽은 후 나는 즉시 그런치(GRUNCH)의 원말인 Gross Universal Cash Heist 중 'Heist'라는 단어를 사전에서 찾아봤다. 단어의 간단한 사전적 정의는 이렇다.

1. 명사: 강도(강탈) 행위
2. 동사: 강탈하다, 빼앗다

다시 생각해도 그가 '강탈'이라는 단어를 사용한 것은 다소 강하고 직설적이며 위험해 보였다. 그 단어를 우리가 신뢰해 마지않던, 우리가 만들어 온 문화의 핵심에 위치한 기관들과 연관 지어 사용하고 있었기 때문이다.

풀러 박사가 『자이언트 그런치』를 집필하기 전까지 그에 대한 일반적인 인식은 '친절한 천재'였다. 그런 그가 '강탈'이라는 단어를 사용하는 순간, '자애로운 풀러 박사'라는 평판은 물 건너가는 셈이었다. 학교와 은행, 법조계, 정부, 정치인, 군대 등을 모두 싸잡아 '보편적인 현금강탈'의 주체로 비난하는 사람한테 누가 '친절한 천재'라고 말하겠는가.

버키가 지칭한 '강탈'의 주체에 대해 나름의 조사를 해 보기로 작정한 것도 바로 그때였다. 그렇게 알게 된 사실은 나를 매우 심란하게 만들었다. 과연 강탈이라 할 만했다.

교육의 강탈

내가 직접 제기한 질문은 두 가지였다.

누가 교육을 통제하는가? 학교에서 무엇을 가르칠 것인지 누가 결정하는가?

1903년 존 D. 록펠러는 일반교육위원회를 설립했다. 일반교육위원회 설립 목적을 두고 많은 논란이 일었다. 혹자는 교육 향상을 위해 설립했다고 말했고 또 다른 누군가는 미국 교육 체계를 장악하기 위해 설립했다고 말했다.

비슷한 시기에 앤드류 카네기는 '교수법 개선을 위한 재단(Foundation for the Advanced of Teaching)' 설립을 발기했다.

록펠러와 카네기는 미국 교육 어젠다에 영향을 미치며 학교에서 학생들에게 가르치는 내용을 통제하려 했던 것으로 보인다.

그들의 의도는 과연 무엇이었을까?

여기에서 다시 "통합은 최소 둘 이상이 합쳐진 복수형이다."라는 일반 원칙이 적용된다. 어떤 사람들은 록펠러와 카네기가 선의로 우리의 아이들을 위해 헌신한 것이라 말하고 또 다른 누군가는 그것과 정반대라고 말한다.

조사 과정에서 나는 60~100년 전에 작성된 보고서들을 우연히 발견하였다. 우리가 신뢰할 만한 사람들에 의해 작성된 보고서는 강한 분노를 유발시키기에 충분할 만큼 믿기 어려운 내용이 담겨 있었다.

오늘날 그 보고서들을 다시 들여다보면 록펠러와 카네기의 활동에 부정적인 입장을 보였던 부분에 타당성이 있어 보인다. 록펠러와 카네기에 대해 가장 크게 비판하는 사람들은 그 두 사람이 미국의 정신이 파괴되기를 원했다고 말한다. 그들은 교육 시스템을 이용해 그것을 실행하고자 했다.

미국인은 보다 나은 삶을 위해 자신이 나고 자란 조국을 떠나온 이민자들이다. 그들은 아메리칸드림을 향한 인생 최대의 시도를 감행하였다. 이런 경험들로 인해 부자와 권력자들에게 순종하기에는 너무 강하고, 독립적이며, 대망을 품는 기질이 있는 유전자가 미국인에게 심어졌다. 록펠러, 카네기 같은 부자와 권력자들은 미국의 부에 대한 지배권을 확대하기에 앞서 미국의 정신을 무력화시키고 미국인이 정부의 재정 지원에 의존하도록 만들 필요가 있었다. 그래서 교육에 개입했다. 이것이 카네기와 록펠러를 비난하는 사람들의 주장이다.

Q 그것이 학교에서 금융 교육을 하지 않는 이유인가?

A 그럴 가능성이 높다. 아래의 도표를 보면 그들의 주장에 어느 정도의 타당성이 있는 것처럼 보인다.

정부에 대한 의존

통계 자료를 반박하기란 쉽지 않다. 통계에 의하면 정부에 대한 미국인들의 의존도는 점점 더 증가하고 있는 것으로 보인다. 그것은 곧 권리 의식이 아메리칸드림을 대체하고 있다는 의미다.

이는 푸드 스탬프 수급자 현황과 미국 중산층 감소 추세, 사회보장기금 현황을 보면 잘 알 수 있다.

푸드 스탬프 수급자 현황

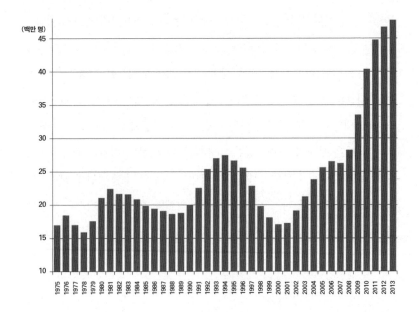

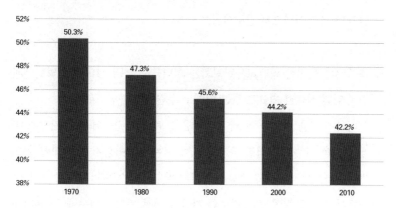

중산층 소득 가구 수의 감소 추이

1970년대 이후로 중산층 소득이 침체되었고 소득 가구 수 또한 점차 감소했다. 2010년 중산층에 속하는 가구 비율은 42.2퍼센트로, 1970년의 50.3퍼센트에서 8퍼센트가량 줄었다.

출처: 앨런 크루거, 「불평등의 증가와 그에 따른 필연적 결과」, 미국진보센터에서의 연설, 2012년 1월 12일

사회보장제도에 대한 의존

현재 미국에는 대략 7000만~8000만 명에 달하는 베이비붐 세대들이 은퇴를 앞두고 있다.

약 6500만 명(3800만 가구)은 은퇴 이후를 위한 준비가 미비하거나 전무하다. 이는 조만간 6000만 명의 미국인이 정부의 지원에 의존하게 될 것이라는 의미다.

Q 60~100년 전에는 교육 시스템을 이용해 미국의 정신을 약화시킨 부자들을 비난했던 사람들이 배척당했다는 말인가? 그들의 주장이 터무니없는 이교도의 헛소리로 취급당했다는 말을 하고 있는 것인가?

A 그렇다. 교육은 순수하고 신성하고 보다 높은 목표를 지향해야 한다

는 명분 아래 그런 일이 벌어졌다. 카네기와 록펠러 같은 노상강도 귀족들이 교육을 통해 의도적으로 미국의 정신을 약화하고자 했던 일을 비난하는 것은 이단으로 간주되었다.

록펠러가 설립한 일반교육위원회는 청년들을 농경 시대에서 벗어나게 하고 산업화 시대가 필요로 하는 인재로 훈련한다고 선언했다.

그러나 미국을 비롯한 전 세계 상황을 살펴보면, 정부의 생계 지원에 대한 국민들의 의존도가 점점 증가하고 있는 현상을 어렵지 않게 확인할 수 있다. 오늘날 미국은 민주주의 국가라기보다는 소수의 막강한 부자와 권력자들이 국가를 통치하고, 빈부의 격차가 점점 커지는 과두제 국가에 가깝다. 여러 측면에서 미국은 건국의 아버지들이 꿈꿨던 민주주의 국가가 아니라 과두제 집권층의 땅이었던 근대의 러시아처럼 변하고 있다.

당신이 록펠러나 카네기의 의도가 선의라고 믿든 악의라고 믿든 상관없

GDP의 백분율

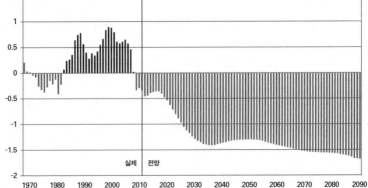

(사회보장 초과분/부족액)

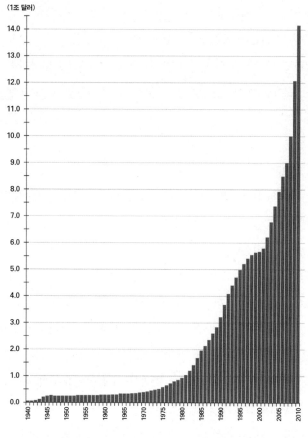

(1조 달러)

14.0

13.0

12.0

11.0

10.0

9.0

8.0

7.0

6.0

5.0

4.0

3.0

2.0

1.0

0.0

1940　1945　1950　1955　1960　1965　1970　1975　1980　1985　1990　1995　2000　2005　2010

출처: 미국 국가채무시계

다. 그러나 막강한 부자와 권력자들로 이루어진 과두제 집권층이 교육과 같은 국가의 주요 시스템에 대한 통제권을 장악하여 학교에서 금융 교육을 하지 않는 것은 분명하다.

프랭클린 D. 루스벨트 대통령은 대공황이 정점에 이른 1935년 사회보장제도를 도입했다. 오늘날 사회보장제도와 메디케어, 푸드 스탬프, 오바마케어까지 모두 미국 문화의 유전자로 자리 잡았다. 정부의 생계 지원 없이 생존할 수 없는 미국인들이 점점 더 많아지고 있다.

그렇다면 막강한 부자와 권력자들이 교육에 영향력을 행사하며 학교에서 금융 교육을 배제하는 이유가 무엇일까? 그 대답은 당신의 상상에 맡기겠다.

훌륭한 교사

1983년에 교육을 비판하는 일은 신성 모독과 다름없었다. 여러 면에서 교육은 종교와 동일한 차원이었다. 그럼에도 교회를 등지는 성직자처럼 교단을 떠난 교사들이 있었다.

그중 한 사람이 존 테일러 게토다. 그는 평범한 교사가 아니었다.

1989년에서 1991년까지 뉴욕 시에서 수여하는 '올해의 교사상'을 수상했고, 1991년에는 뉴욕 주의 '올해의 교사'로 선정되기도 하였다. 그는 1991년 《월스트리트 저널》에 게재한 공개서한을 통해 교직을 그만두겠다는 계획을 밝히며, 자신은 더 이상 '생계를 위해 아이들을 해치는 일'을 하고 싶지 않다고 말했다. 그는 『바보 만들기』와 『미국 교육의 알려지지 않은 역사(The Underground History of American Education)』를 비롯한 총 5권의 책을 썼다.

교육의 목적

미국에는 세 종류의 경제적 계층이 존재한다.

부유층(부자)

중산층

빈곤층

노예에게 글쓰기를 가르치는 일이 불법으로 간주되던 때가 있었다. 그 법대로라면 노예는 항상 가난하게 살아야 한다.

현대 교육의 목적은 가난한 사람들을 교육해 중산층의 규모를 대폭 늘리는 것이다. 교육받은 근로자, 경영 간부, 전문가 그리고 군인……. 보다 구체적으로 말하면, 피고용자, 소비자, 납세자를 많이 만드는 것이 목적이다.

현대 교육의 실상은 결코 중산층을 부자로 만드는 것이 아니다. 이것이 바로 학교에서 금융 교육을 하지 않는 이유라는 것이 내 생각이다.

앞서 보았던 아래의 도표가 꽤 흥미로운 이야기를 제공한다.

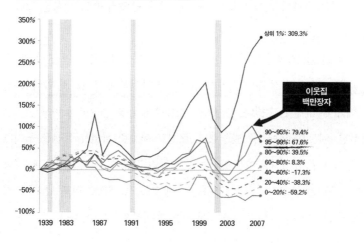

소득 계층별 자본 소득의 누적 변화(1979~2007)

상위 1%: 309.3%

이웃집 백만장자

90~95%: 79.4%
95~99%: 67.6%
80~90%: 39.5%
60~80%: 8.3%
40~60%: -17.3%
20~40%: -38.3%
0~20%: -59.2%

이 도표는 주택과 은퇴 자산의 가치 상승에 편승하여 백만장자가 된 중산층의 소득이 더 이상 늘지 않는다는 것을 보여 주고 있다.

그런치들이 우리의 부를 강탈하는 여러 방법 중 하나는 바로 금융 교육이 없는 학교에서 시작된다.

왜 저축하는 사람은 패배자인가

돈을 저축하기 위해 은행에 가는 일은 교회에 가서 그런치라는 금융의 신에게 헌금을 바치고 오는 일과 흡사하다.

금융 교육을 받지 못한다면 평범한 사람들이 저축으로 은행이 자신의 부를 빼앗아 간다는 사실을 인지할 재간이 없다. 그들은 절대 알아차리지 못할 것이다.

은행에 돈을 저축한 예금주의 부는 부분지불준비제도라고 알려진 금융 장치를 통해 강탈당한다. 부분지불준비제도의 개념은 수천 년 전부터 존재했다. 왜 학교에서 이것을 가르치지 않는가는 더 이상 수수께끼가 아니다. 이것은 은행이 돈을 만들어 내는 방식이다. 그리고 그 방식은 그다지 아름답지 않다.

수천 년 전, 전국을 돌아다니며 교역을 하는 상인들은 물건을 살 때 필요한 금과 은을 직접 짊어지고 다니는 대신 안전하게 보관하기 위해 '은행가'에게 수탁해 두곤 했다. 은행가는 소유주의 금을 증명하기 위해 문서로 작성된 '지불요구증서'를 발행했다. 도시로 이동한 상인은 물건을 구매하고 종이로 된 증서, 즉 '지불요구증서'로 물건 값을 치렀다. 물건을 판 사람은 그 증서를 들고 자신이 거래하는 은행으로 가 금으로 바꿔 달라는 '지불요구'를 하거나 다른 물건을 구매하는 데 사용할 수 있었다.

은행가들은 사람들이 금이나 은에 비해 들고 다니기에 편하고 일상적인 거래에 쉽게 사용할 수 있는 문서, 즉 '지불요구증서'를 선호한다는 사실을 간파했다.

얼마 지나지 않아 은행가들은 지불요구증서를 인쇄해 돈을 빌리고자 하는 사람들에게 빌려주기 시작했다. 모든 것이 순조롭게 돌아갔다. 보관 중인 금과 은의 실제 소유주가 자신의 금과 은을 돌려 달라고 하지 않는 이상 문제될 것이 없었다.

금과 은의 실제 소유주들이 은행가가 수탁받은 금과 은보다 더 많은 지불요구증서를 대출하고 있다는 사실을 알게 되면 '예금 인출 사태'가 발생한다. '예금 인출 사태'는 금과 은의 실제 소유주들이 더 이상 은행가를 신뢰하지 않고 자신의 금과 은을 돌려달라고 한꺼번에 '지불요구증서'를 제출할 때 벌어지는 상황이다. 만약 은행에 수탁된 금과 은보다 더 많은 '지불요구증서'가 들어오면, 은행은 붕괴되고 저축한 사람들은 패배자가 된다. 이런 일은 이론상으로만 존재하는 게 아니라 실제 현실에서 벌어지기도 한다.

이런 이유로 부분지불준비제도가 만들어졌다. 간단히 말하자면, 은행은 대출해 줄 수 있는 금액에 한계치를 정해 놓음으로써 은행 금고에 예치된 돈의 '일부'만 대출해 줄 수 있다.

부분지불준비의 기준을 10이라고 정한 경우, 예금주가 자신의 예금 계좌에 10달러를 예치하면 은행은 100달러(즉 예금주가 예치한 10달러의 열 배)까지 대출을 원하는 사람에게 빌려줄 수 있다.

다음 장에 나오는 간단한 그림을 보면 부분지불준비제도를 보다 쉽게 이해할 수 있다.

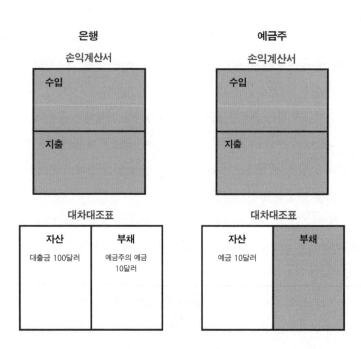

위의 그림은 두 가지 사실을 보여 준다.

1. 당신이 예치한 10달러는 당신의 자산이다.
2. 당신이 예치한 10달러는 은행의 부채다.

여기서 다시 "통합은 최소 둘 이상이 합쳐진 복수형"이라는 일반 원칙을 발견할 수 있다. 이 경우 자산이 있으려면 반드시 부채가 있어야 한다.

Q 어째서 나의 자산인 10달러의 예금이 은행의 부채인가?

A 자산은 내 주머니에 돈을 넣어 주는 것이고 부채는 내 주머니에서 돈

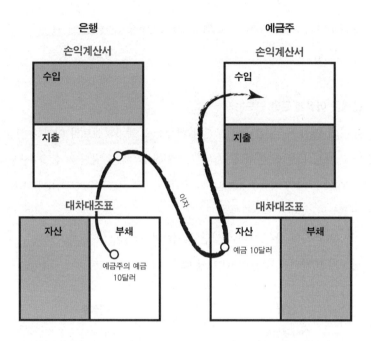

을 빼 가는 것이다. 당신이 10달러를 은행에 저축하면 은행은 당신에게 이자를 지급해야 한다. 따라서 현금, 즉 이자가 은행의 주머니에서 당신의 주머니로 흘러가는 것이다.

위의 그림은 그 과정을 설명하고 있다.

은행의 자산

만약 부분지불준비의 기준이 10이라면 은행은 당신이 예금한 10달러의 열 배에 해당하는 금액까지 대출해 줄 수 있다. 그리고 은행이 대출해 준 100달러는 은행의 자산이 된다.

Q 그렇다면 은행의 자산은 은행이 빌려준 대출금이란 말인가?

A 그렇다.

은행은 어떻게 돈을 만드는가

후하게 인심 써서, 은행이 당신이 예금한 돈에 5퍼센트의 이자를 지급한다고 가정해 보자. 은행이 그 돈을 대출해 줄 때는 '당신'의 돈을 '사용'하는 대가로 (일정 자격을 충족하는 대출자는 물론 고위험 대출자에게까지) 10∼50퍼센트의 이자를 징수한다.

이것은 다음과 같은 등식이 성립한다는 의미다.

당신의 10달러에 대한 5퍼센트의 이자 = 1년에 50센트

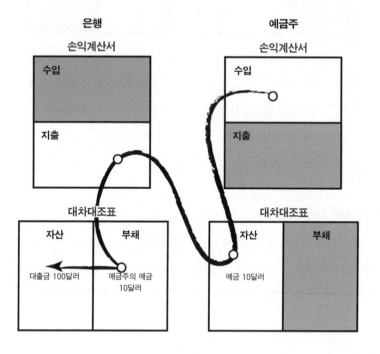

은행이 대출금 100달러(당신의 예금 10달러×10)에 대해 10퍼센트의 이자를 징수할 경우,

100달러×10퍼센트 = 10달러

Q 결국 은행은 내 돈 10달러로 10달러의 수입이 발생하는데 나에게는 50센트만 지급한다는 것인가?
A 그렇다. 극단적으로 단순화시킨 것이기는 하지만 이것이 바로 부분지불준비제도가 작동되는 방식이다.

Q 이것이 어떻게 나의 부를 빼앗아 간다는 것인가?
A 부분지불준비제도는 당신이 저축한 돈의 가치를 평가 절하시킨다. 당신이 저축한 10달러가 시장 경제에서 100달러 역할을 하기 때문에, 당신의 10달러로 구매할 수 있는 양이 줄어든다. 이른바 인플레이션이라는 현상이다.

Q 인플레이션은 나쁜 것인가?
A 인플레이션은 채무자에게는 기쁜 소식이고 은행에 돈을 저축한 예금주에게는 나쁜 소식이다. 저축하는 사람이 패배자인 이유가 여기에 있다. 오늘날 수많은 사람들의 생활이 더 힘들어진 원인도 바로 인플레이션 때문이다.

Q 왜 생활이 더 어려워진 것인가?
A 생활하는 데 더 많은 비용이 들기 때문이다.

Q 그것이 은행 체계를 통해 나의 부가 강탈되는 방식인가?

A 이것은 한 가지 예에 불과하다. 다른 많은 방식이 존재한다. 부분지불 준비제도의 다음 단계를 살펴보면 저축하는 사람이 실로 가장 큰 패배자인 이유를 이해할 수 있다.

Q 다음 단계? 100달러를 빌려 간 대출자가 100달러를 다시 은행에 예치하면 어떤 일이 벌어질 것인지를 말하는 것인가?

A 정확히 그렇다. 그렇게 되면 은행은 1,000달러를 빌려줄 수 있다.

Q 그렇게 되면 내가 예금한 10달러는 어떻게 되는 것인가?

A 그 가치가 점점 줄어든다.

Q 내 돈의 가치가 점점 줄어든다고?

A 그렇다. 오늘날의 통화 제도는 인플레이션에 기반을 두고 있다. 은행과 정부는 인플레이션을 원한다.

Q 왜 그런가?

A 여러 가지 이유가 있다. 그중 하나는 채무자가 더 싼 화폐로 채무를 갚을 수 있도록 하기 위해서다. 또 다른 이유는 소비자들이 가격이 더 높아질 것을 예상해 돈을 더 빨리 쓰게 하기 위해서다.

Q 어째서 그런가?

A 자동차 가격이 내년에 10퍼센트 오른다고 생각해 보라. 구매자는 올

해 자동차를 구입하려 할 것이다. 하지만 내년에 가격이 10퍼센트 내린다고 판단되면 내년까지 기다렸다가 구매할 확률이 높다.

Q 그렇다면 인플레이션은 사람들의 도박 심리를 자극하는 셈인데?
A 그렇다. 대다수의 사람들이 수익을 남기고 되팔 수 있을 거라는 기대로 주택을 구매한다. 주식이나 귀금속도 마찬가지다. 우리의 경제는 안정적이고 지속적으로 성장하는 생산적 경제라기보다 투기와 도박에 근거한 경제에 가깝다.

'투기성 주택 매매' 또는 '주식 거래'를 하는 사람들이 경제에 기여하는 바는 미미하다. '투기를 목적으로 구매하는 사람'들은 약간의 돈을 벌 수 있지만 그로 인해 다른 사람들의 생활은 더 힘들어진다.

어떤 사람이 10만 달러에 주택을 구매한 후 개조 비용을 한 푼도 들이지 않고 12만 달러에 되팔았다면, 그 사람이 경제에 기여한 것은 사람들의 생활을 더 어렵게 만든 것 말고는 없다. 10달러의 주식을 사고 이틀 후 15달러에 매도한 경우도 마찬가지다. 그들이 경제에 기여한 바는 거의 없다.

Q 그것이 나쁘다는 말인가?
A 아니다. 경제가 생산이 아닌 인플레이션에 기반을 두고 성장할 때 벌어지는 현상을 설명하는 것이다. 그러면 저축하는 사람은 패배자가 되고 가격이 상승함에 따라 생활은 점점 더 힘들어진다. 인플레이션은 대다수의 사람들을 투자자가 아닌 소비자가 되도록 부추긴다. 내일은 가격이 더 오를지 모르기 때문에 사람들은 오늘 당장 먹고, 마시고, 소비

한다.

빈부 격차를 점점 더 크게 벌어지게 하는 원인 제공자는 은행과 부분지
불준비제도 그리고 금융 교육을 하지 않는 학교다. 실제로 학생들에게
저축하라고 가르치는 학교가 비난을 받아야 마땅하다.

세금을 통한 강탈

많은 사람들이 세금을 잘 납부하는 것이 애국이라고 믿는다. 그러나 미
국의 역사를 돌이켜보면 미국의 독립 전쟁은 1773년 보스턴 차 사건으로
알려진 조세 불복 시위로 시작되었음을 알 수 있다. 그전까지 미국은 거의
세금이 없거나 아주 낮은 세금만 납부하면 되는 나라였다.

Q 왜 사람들은 납세가 곧 애국이라고 생각하는가?

A 제2차 세계대전 중이던 1943년, 미국 정부는 세금납부법을 통과시켰
다. 전쟁을 치를 돈이 필요했던 정부는 전비 조달을 위해 세수가 필요했
다. 1943년 이전까지는 정부가 납세자들이 세금을 납부할 때까지 기다
려야 했다. 이 문제를 해결하기 위해 세금납부법이 제정된 것이다.

Q 세금납부법이란 어떤 것인가?

A 근로자가 임금을 받기도 전에 정부가 먼저 세금을 받아 낼 수 있도록
만든 것이다. 세금납부법으로 인해 부자들이 근로자의 주머니에서 직접
돈을 빼갈 수 있게 되었다. 이 현금강탈은 정부 재정이 더 궁핍해지고
부자들이 탐욕스러워짐에 따라 그 규모 또한 점점 커지고 있다.

권리 의식은 빈곤층에서 시작된 것이 아니다. 은행, 정부, 세금을 통해

우리의 부를 강탈하기 위해 꼭대기 세력에서 그런치와 함께 시작된 것
이다.

세금납부법은 군산복합체가 생기는 계기가 되었다. 군 장성 출신인 드
와이트 D. 아이젠하워 대통령은 1961년 퇴임 연설에서 군산복합체의
위험성을 경고했다. 1943년부터 막대한 세금이 매월 정부로 쏟아져 들
어오는 상황이 되자 군산복합체는 언제든 전쟁을 선포할 수 있게 되었
다. 엄청난 액수의 세금이 대량 살상 무기 생산에 투입되었다. 그런치들
이 전쟁과 전쟁의 공포를 이용해 막대한 수익을 챙겼다는 것은 부정할
수 없는 사실이다.

그런치는 방송 매체를 동원해 이라크, 북한, 러시아, 탈레반, 알 카에다,
이슬람 국가 등의 잠재적 위협을 떠벌리며 국민을 자극하기만 하면 된
다. 그러면 미국의 납세자들은 세금 납부가 곧 애국이라 느낀다.

Q 그런 위협이 실제 존재하지 않는다는 말인가?

A 아니다. 분명 적은 존재한다. 전쟁이 수익성이 높은 사업이라는 면에
서 우리는 언제나 전쟁 상태에 있으려고 한다. 지난 수천 년간 전쟁은
한 나라가 다른 나라의 부를 강탈하는 수단이었다. 전쟁은 다양한 차원
의 거대한 현금강탈이다. 전쟁의 양쪽 진영에서 피와 땀과 세금을 통해
사람들을 강탈하는 것이다.

누가 세금을 납부하는가?

다음의 그림은 부자 아빠의 현금흐름 사분면이다.

E는 봉급 생활자(employee)를 의미한다.

S는 자영업자 또는 전문직 종사자(self-employed)를 의미한다.

B는 직원 500명 이상의 회사를 운영하는 사업가(business owner)를 의미한다.

I는 투자자(investor)를 의미한다.

세금과 사분면

세금은 아주 흥미로운 이야기를 들려준다.

각각의 사분면에서 납부하는 세율

E와 **S**: 학교를 열심히 다니고 직장을 구한 사람들로, 세율이 가장 높다.

B와 **I**: 그런치의 규칙에 따라 운영하는 사람들로, 세율이 가장 낮다.

다시 말하지만, 이것이 바로 『부자 아빠 가난한 아빠』의 첫 번째 교훈이 "부자는 돈을 위해 일하지 않는다."인 이유다. 돈과 봉급을 위해 일하는 사람들은 세금을 통해 자신의 부를 강탈당하고 있다. 오바마 대통령은 대통령에 당선된 후 부자 증세를 약속했다. 그러나 결과적으로 세금이 오른 사람들은 주로 E 사분면과 S 사분면에 속한 고소득자들이었다.

구제금융을 통한 강탈

벤 버냉키 전 연방준비제도 위원회 의장은 다음과 같은 말을 수도 없이 되풀이했다.

"사람들은 우리가 돈을 찍어 내고 있다고 생각한다. 그러나 우리는 돈을 찍어 내고 있지 않다."

1994년 G. 에드워드 그리핀의 대표작『제킬 섬의 괴물(The Creature from Jekyll Island)』이 출간되었다. 분량이 꽤 길긴 하지만 연방준비은행의 역사는 물론 은행 및 금융 산업 전반에 대해 쉽게 이해할 수 있는 책이다.

『제킬 섬의 괴물』은 조지아 주 제킬 섬에서 이루어진 비밀 회합을 통해 미국연방준비은행이라는 개념이 처음 도출되었다는 점에 착안해 붙여졌다. 미국에 중앙은행이 필요하다는 개념에 반대하는 세력이 만만치 않았기 때문에 연방준비은행은 비밀리에 추진될 수밖에 없었다. 미국 건국에 일조한 다수의 세력들은 영국은행처럼 국내 화폐 공급을 통제하는 중앙은행 설치를 격렬하게 반대했다. 중앙은행이 정부보다 더 큰 힘을 가지게 되는 것을 두려워했기 때문이다.

영국의 은행가 암셀 로스차일드는 이렇게 말한 바 있다.

"내게 한 나라의 통화 발행권을 달라. 그러면 누가 법률을 만들든 개의치 않겠다."

내가 생각하는 『제킬 섬의 괴물』의 핵심 주제는 이것이다.

"구제금융이 연방준비은행 설립의 가장 중요한 목적이다."

다시 말해서 '구제금융'은 그런치들이 우리의 부를 강탈하기 위해 이용하는 또 다른 수단이다. 이 점을 확실히 해 두자. 구제금융은 우연히 발생하는 사안이 아니다. 그런치들이 제도권 내에 교묘히 심어 놓은 장치다.

2008년 미국 금융 사상 최대의 구제금융이 투입되었다. 많은 사람들이 구제금융이 미국 경제를 살리기 위한, 예전에 없던 새로운 비상 조치라 생각했다. 이보다 더 진실과 거리가 먼 오해는 없다. 구제금융은 은행이 '그런치와 그들의 가족, 친구들'에게 돈을 빌려줄 수 있도록 허용하는 수단일 뿐이다. '그런치와 그들의 친구들'이 손실을 보면 납세자가 그 손실을 메워 주는 방식이다.

구제금융은 그런치를 보호하기 위한 장치다. 대형 은행들은 그들의 실수에 대해 어떤 책임도 지지 않고 손실액을 상환할 필요도 없다. 만약 당신이나 내가 재정적 실수를 저질렀다면, 우리는 파산 선고를 받거나 감옥살이를 하거나 아니면 모든 것을 잃고 빈털터리가 되는 지경에 이를 때까지 발생하는 모든 결과에 책임을 져야 한다.

부시 행정부의 구제금융

1980년대에 저축대부조합(Savings and Loan, S&L) 사태 해결을 위해 구제금융이 투입된 일이 있다. 그중에서 실버라도 저축대부조합에 지급된 구제금융은 보다 흥미롭다. 전직 대통령 조지 H. W. 부시와 바바라 부시의 아들 닐 부시가 덴버에 기반을 둔 실버라도 저축대부조합 이사회의 일원이었던 것이다. 당시 닐 부시의 아버지가 미국의 부통령이었던 만큼 닐 부시의 역할은 방송 매체들의 관심을 한몸에 받았다. 실버라도의 부실을 조사한 저축기관감독청(Office of Thrift Supervision, OTS)은 닐 부시가 '다수의 이해 상충 사건에 연루되어 이사로서의 신인의무를 위반한' 사례가 여러 번 있다고 최종 판단했다. '다수의 이해 상충 사건에 연루되어 이사로서의 신인의무를 위반'했다는 것은 고객에 대한 책임을 무시하고, 자신의 사업을 위해 친구들에게 무분별하게 대출을 해 주었다는 것을 의미한다. 닐 부시는 형사 사건으로 기소되지는 않았다. 연방예금보험공사(Federal Deposit Insurance Corporation, FDIC)는 닐 부시와 여타 실버라도 이사들을 상대로 민사 소송을 제기했다. 소송은 당사자 간의 합의로 마무리 되었고, 닐 부시는 합의금으로 5만 달러를 지불했다.

여기에서 내가 하고 싶은 말을 《덴버 포스트》가 대신 해 주고 있다.

"실버라도의 부실은 납세자들에게 10억 달러의 부담으로 남게 되었다."

또 다시 막강한 부자와 권력자 세력인 그런치의 승리다. 납세자는 패배자가 되었다.

트윙키 구제금융

2012년 달콤한 크림으로 속을 채운 스펀지케이크, 원더 브레드와 트윙키의 제조사인 호스티스 브랜즈가 문을 닫았다. 그 결과 호스티스 사에서 배달 트럭을 운전하던 직원들의 퇴직 기금에도 문제가 생겼다. 회사에서 운전기사들에게 연금을 지급하지 못하게 된 것이다.

2013년 오바마 대통령은 운전기사들의 연금을 지켜 주기 위한 구제금융 투입을 승인했다. 많은 사람들이 이 구제금융을 두고 운전기사들을 보호하기 위한 자비로운 조치였다고 두 팔 벌려 환호했다. 하지만 동전에는 세 가지 면이 존재한다는 사실을 잊으면 안 된다. 오바마의 구제금융은 실제로 누구를 구제한 것인가? 운전기사들인가? 아니면 140년 동안 제빵 기

업을 운영해 온 오텐버그 집안인가? 회사가 파산하면 오텐버그 집안이 연
금 계획의 유일한 출자자가 되어야 한다. 만약 그렇게 되었다면 오텐버그
집안은 파산했을 것이다.

Q 오바마 대통령의 구제금융이 운전기사들이 아닌 오텐버그 집안을 위
한 것이었다는 말인가?

A 그렇지 않다. 버키라면 "통합은 최소 두 개 이상이 합쳐진 복수형"이
라고 했을 것이고, 부자 아빠라면 "동전에는 앞면, 뒷면, 옆면이 있는데,
영리한 사람이라면 양쪽을 모두 볼 수 있는 옆면에 머무를 것"이라고
했을 것이라는 말이다.

그런치가 군사, 돈, 정신, 미디어(military, money, minds, and media), 즉 4M
을 모두 통제하고 있는 점을 감안하면, 대다수의 대중 매체 기사들은 동전
의 한 면 또는 일방적인 스토리만 다룰 것이라 짐작할 수 있다. 앞의 사례
에서는 운전기사들을 위한 구제금융 투입만 부각되었다. 동전의 양면 또
는 다방면의 기사를 전달하는 뉴스 보도는 거의 눈에 띄지 않는다.

권리 의식은 밑바닥이 아니라 꼭대기에서 시작되었다는 사실을 잊지 말
기 바란다. 그런치는 이와 같은 구제금융이 부자들이 아닌 '모든 사람들'
을 위한 것이라고 대중들이 믿도록 만든다.

Q 부시 가문의 구제금융이나 오텐버그 가문의 구제금융이나 다 같은
맥락으로 이해할 수 있다는 이야기인가?

A 부시 일가와 오텐버그 일가, 록펠러와 카네기, 클린턴 일가, 오바마,

롬니 등 이들 모두를 그런치와 같은 맥락으로 볼 수 있다. 지금까지 무수히 반복한 바와 같이, 나는 이것이 학교에서 금융 교육을 하지 않는 이유라고 믿는다.

금융 교육을 받지 못한 사람은 어려운 질문을 하지 않는다. 그들은 자신이 듣고 싶은 것만 듣고, 대다수는 정부가 자신을 보호해 줄 것이라 믿는다. 하지만 현실은 정부는 부자들을 보호하기 위해 존재한다. 그래서 연방준비은행이 주택 소유주들이 아닌 은행들에 구제금융을 지원하는 것이다. 아래의 도표에서 알 수 있듯이 버냉키 전 연방준비제도 위원회 의장이

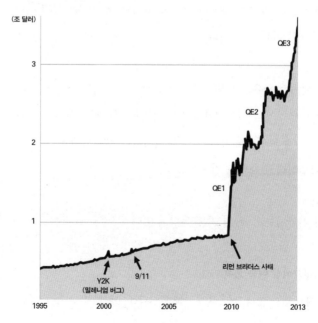

연방준비제도의 통화 기반 확장
사상 최대의 돈 찍어 내기!

수조 달러를 찍어 내기 시작한 이유도 바로 그것이다.

Q 그렇다면 버냉키 의장은 거짓말을 한 것인가?
A 반드시 그런 것은 아니다. 다만 그는 진실을 전부 말하지는 않았다.
모든 진실에는 적어도 두 가지 측면이 있게 마련이다. 통화에는 변화가
없다는 말은 사실이다. 왜냐하면 그가 찍어 낸 돈은 은행을 위한 구제금
융일 뿐 통화에 편입될 것은 아니기 때문이다.
2014년 대형 은행은 현금을 두둑이 보유하고 있었다. 그러나 그 돈을
소기업이나 '모든 평범한 사람들'에게 빌려주지는 않았다. 다시 말하지
만 버냉키가 구제한 것은 대형 은행이다. 그 대형 은행 때문에 직장과
집, 부 그리고 미래까지 빼앗긴 주택 소유주들을 구제한 것은 아니다.
이것은 풀러 박사가 자신의 마지막 저서의 제목으로 '강탈'이라는 단어
를 사용한 이유 중의 하나다.

Q 은행 구제금융과 트윙키 구제금융 간의 차이점은 무엇인가?
A 트윙키 구제금융은 구제금융의 범위를 확대시켜 새로운 선례를 만들
었다. 은행 구제금융이 엄청난 금액이라고 생각한다면 퇴직 기금 구제
금융이 시작될 때까지 기다려 보라.

퇴직 기금에는 두 가지 기본 유형이 있다.

1. 확정급여형 연금 계획(Defined Benefit plan, DB)
퇴직자는 남은 여생 동안 매월 정해진 연금을 수령한다.

2. 확정기여형 연금 계획(Defined Contribution plan, DC)

퇴직자는 고용 기간 중 자신과 회사가 기여한 금액에 한해서 연금을 수령한다. 이런 기금을 종종 401(k)(미국의 401(k) 퇴직 연금, 매달 일정량의 퇴직금을 회사가 적립하되, 그 관리 책임은 직원에게 있다.), IRA(개인 연금 계좌), 로스 IRA(비과세 개인 연금 적금) 등으로 부른다. DC의 경우 퇴직자가 기여한 금액이 소진된 이후까지 생존하면 연금으로 지급할 돈이 더 이상 없다는 문제가 있다. 시장의 붕괴로 인해 그들의 퇴직 기금도 함께 붕괴될지 모르는 문제도 있다.

'트윙키 구제금융'은 DB 연금 계획을 위한 구제금융이었다. 이론적으로 DB는 전문 관리자가 있는 반면, DC는 퇴직자 스스로 관리한다.

트윙키 구제금융은 월스트리트가 스스로를 보호하는 또 다른 사례로 볼 수 있다. 일류 학교를 졸업한 고학력자가 대다수인 이들 '전문 자금 관리인들'은 근로자, 즉 연금 수령자들을 위해 일하고 그들을 보호해야 할 의무가 있다. 그러나 이들은 실제로 월스트리트를 위해 일하고 있었던 것이다.

'전문적 관리'를 받는 DB 퇴직 기금 중 얼마나 많은 수가 부실하게 운영되고 있는지 제대로 아는 사람은 아무도 없다. 또 하나의 DB 퇴직 기금을 구제함으로써 오바마 대통령은 문제가 있는 다른 DB 기금에 대한 구제금융 투입의 선례를 강화한 셈이다. 경제 사정이 악화되거나 주식 시장이 붕괴할 경우, 다음번 구제금융의 규모는 수조 달러에 이를 수도 있다.

Q 확정기여형 연금 계획에 가입한 근로자들은 구제받게 될 것인가?

A 가능한 일이지만 확신할 수는 없다. 확정기여형 연금 가입자의 대다수는 월스트리트를 위해 일하지도 않을 뿐더러 막강한 부자 집안 출신도 아니다.

Q 퇴직 연금은 정부로부터 보호를 받지 않는가?

A 반드시 그런 것은 아니다. 연금보장공사(Pension Benefit Guarantee Corporation, PBGC)는 보험회사다. 연금 기금이 파산하면 연금보장공사가 개입하게 된다. 문제는 연금보장공사가 지불 의무를 모두 이행할 만한 여력이 없다는 것이다.

2014년 연금보장공사의 손실액은 356억 달러 이상으로, 그 액수는 점점 커지고 있다. 정부는 조만간 연금보장공사를 '구제'해야 할지도 모른다.

오바마케어라고 불리는 건강보험료적정부담법(The Affordable Care Act, ACA)에서도 이와 동일한 구제 조항을 찾아볼 수 있다. 이 프로그램에 참여한 보험회사는 '정부의 구제금융' 조항에 의해 보호를 받는다.

'구제금융'이란 부자와 권력자들이 돈을 버는 수단이라는 점을 잊지 말기 바란다. 부자와 권력자들이 손실을 보는 경우, 다름 아닌 납세자들이 그들을 위한 구제금융을 보장한다.

닉슨에 의한 강탈

닉슨 대통령은 오늘날의 금융 위기에 아주 많은 기여를 한 인물이다.

1971년 닉슨은 금본위제를 폐지했다. 이것은 가난한 사람, 노인, 고정 수입으로 생활하는 모든 사람들에게 타격을 입혔다. 금본위제의 폐지는 글로벌 경제에 엄청난 호황을 일으키기도 했다. 중산층 '이웃집 백만장자'들까지 급여 인상, 주택 가치 상승, 은퇴 자산 가치의 수직 상승 등으로 인해 부자의 반열에 들어서게 되었다.

1972년 중국을 방문한 닉슨 대통령은 중국과의 교역을 위한 문을 개방했다. 생산 시설을 중국으로 옮길 수 있었으니 공장주들에게는 희소식이었지만 이제 값싼 중국 노동력과 경쟁해야 했으므로 미국 근로자들에게는 좋은 일일 수 없었다.

1974년 닉슨 대통령은 워터게이트 사건에 연루되어 8월 8일 불명예 퇴진했다. 그로부터 며칠 후인 1974년 9월 2일 종업원퇴직소득보장법 (Employee Retirement Income Security Act, ERISA), 일명 에리사 법이 제럴드 포드 대통령에 의해 제정되었다. 이후 에리사 법은 401(k) 은퇴 계획으로 변모했고, 많은 미국 근로자들이 여기에 가입하고 있다.

'건강보험료적정부담법'과 같은 정부 법안의 명칭을 다시 한 번 자세히 들여다보면, 명칭이 의미하는 것과 정반대인 경우가 많다. 이 법안은 실제로 많은 근로자들에게 훨씬 더 많은 건강보험료를 내게 했다. '종업원퇴직소득보장법'의 경우도 마찬가지다. 종업원의 퇴직 소득 보장이 이전보다 훨씬 덜 안정적인 상태가 되었다는 이야기다.

확정급여형 연금 계획은 평생 동안 연금 수령을 보장한다. 확정기여형 연금 계획은 종업원의 확정기여형 연금 계획에 잔액이 남아 있는 경우에 한해 수령할 수 있다. 수백만의 근로자들은 이제 안정된 은퇴 생활에 대한 희망과 꿈을 유지하기 위해 주식 시장에 의지한다. 하지만 그것은 투자가 아니라 도박이다.

다음 장의 도표를 보면 몇 가지 의문이 생긴다. 가까운 장래에 어떤 일이 일어날 것인가? 주식 시장은 계속 상승세일까? 현상을 유지할까? 혹은 다시 하향세로 돌아설까? 주식 시장이 붕괴되면 확정기여형 연금 계획에 가입한 수백만의 베이비붐 세대에게 어떤 일이 벌어질 것인가? 과연 정부는 그런치 세력인 부자와 권력자를 구제한 것처럼 그들도 구제해 줄 것인가?

도표의 음영 부분은 미국 경제의 침체기를 의미한다.

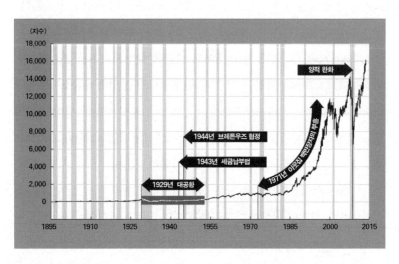

출처: S&P 다우존스 지수

Q 시장이 붕괴된다면 또 한 번의 대공황이 온다고 볼 수도 있는가?

A 그 질문에 대한 대답은 스스로 찾아보는 것이 좋겠다. 내가 보기에는 이미 수백만 명이 대공황 상태에 있다. 이미 정부의 지원에 전적으로 의존하고 있는 사람들과 근로 빈곤층에 속한 수백만 명이 그렇다. 중산층의 감소 추세로 압박을 느끼는 사람들도 여기에 속한다. 이들 모두가 좋은 교육을 통해 자신과 자신의 아이들을 구할 수 있기를 바라고 있다.

어둠의 시대

나는 버키가 말한 '어둠의 시대'가 언제 시작되었는지 궁금하다. 우리는 어떻게 쇠창살도, 족쇄도, 자물쇠도 없는 지금의 감옥에 갇히게 된 것인가? 그 이유 중 하나는 분명 금융 교육의 부재일 것이다. 우리는 아주 오래 전부터 경고를 받아 오고 있었다. 1802년 토머스 제퍼슨은 이렇게 말했다. "나는 우리의 자유를 억압하는 데 있어 은행 제도가 상비군 제도보다 훨씬 위험하다고 생각한다. 민간은행이 통화 발행을 통제한다면 처음에는 인플레이션을, 다음에는 디플레이션을 이용하여 국민의 재산을 박탈하고, 아이들은 자신들의 선조가 개척한 땅과 터전을 잃고 떠돌게 될 것이다."

어둠의 시대는 여전히 우리에게 드리워져 있다. 2014년 전 세계의 중앙 은행들은 수조 달러를 찍어 내는 방법으로 디플레이션과 사투를 벌였다. 디플레이션은 인플레이션보다 상대하기 더 힘들다. 중앙은행들은 주식 시장과 경제의 붕괴를 막기 위해 돈을 찍어 내고 있다. 이것이 바로 오늘날 우리가 겪고 있는 위기가 세계 역사상 가장 위험한 이유다.

어떻게 어둠의 시대에서 벗어날 수 있는가?

중산층 이웃집 백만장자들은 인플레이션으로 인한 벼락 경기 덕을 톡톡히 봤다. 만약 시장이 디플레이션 상태에 빠지면 그들은 어떻게 될 것인가? 주택 가격과 주식 가격의 상승, 임금 인상이 없다면 어떤 일이 벌어질 것인가? 그들은 무엇을 할 수 있는가?

이런 현금강탈이 우리의 학교 시스템에서 시작된다면 어떤 결과를 초래할 것인가?

Q 교육이 문제라면 어떻게 되는 것인가?

A 교육 개혁을 통해 일부 사람들의 문제는 해결할 수 있을 테니 좋은 소식일 것이다.

Q 일부? 모든 사람을 위한 해결은 아니란 말인가?

A 모든 사람을 위한 해결은 될 수 없다. 모든 사람이 기꺼이 배우려 들지 않기 때문이다. 대부분은 변화를 원치 않는다. 그들은 내일이 오늘과 같기를 바랄 뿐이다. 그렇게 하루, 한 주, 1년을 견디려고만 한다.

Q 그들에게는 내일도 오늘과 다를 바 없다는 말인가?

A 그 질문에 대한 답은 당신 스스로에게 맡겨 두겠다.

미래를 내다보기 위해 과거를 돌아보는 풀러 박사의 예언 프로세스를 사용하면, 우리의 과거는 마치 계급투쟁의 역사처럼 보인다.

1971년 미국에서 금본위제가 폐지되었을 때 빈곤층과 노동자 계층의 부가 강탈되었다.

2007년 중산층에 속한 수백만 명이 직장, 집, 은퇴를 대비해 저축한 돈을 모두 잃고 부를 빼앗기는 일이 벌어졌다.

Q 다음은 누구 차례인가? 부자인가? 제퍼슨의 경고대로 아이들이 선조가 개척한 땅과 터전을 잃고 떠돌게 될 것인가?

A 그 질문에 대한 답은 다음 장에서 자세히 살펴보도록 하자.

Chapter 5

다음 번 붕괴

"내 아이디어는 비상사태에 의해 출현하고 부상한다.
상황이 절박할 때 비로소 내 아이디어는 수용된다."
– 버크민스터 풀러

버키로부터 배운 미래 예측법을 실전에 적용하는 차원에서 2002년『부
자 아빠의 미래 설계』를 출간했다. 이 책은 버키의『자이언트 그런치』에서
얻은 교훈과 부자 아빠의 경고가 조합되어 있다. 기본적으로 두 사람은 부
자들이 돈의 게임을 하고 있고 우리에게 가공할 심판의 날이 다가오고 있
음을 예견한다. 이들은 우리의 부를 빼앗아 가는 부자들의 게임이 도를 넘
고 있고, 부자들조차 필연적인 결말을 막아 낼 수 없을 것이라고 말한다.

2002년『부자 아빠의 미래 설계』에서 나는 2016년경에 거대한 주식 시
장의 붕괴가 발생할 것이라고 예견한 바 있다. 또한 그 대붕괴에 앞서 부
차적인 시장 붕괴가 먼저 일어날 것이라고 내다봤다.

다음 장의 다우존스 산업평균지수 도표를 살펴보면『부자 아빠의 미래
설계』에서 내다본 주식 시장의 붕괴가 실제로 일어날 가능성이 있는지 직
접 판단할 수 있을 것이다.

도표의 음영 부분은 미국 경제의 침체기를 의미한다.

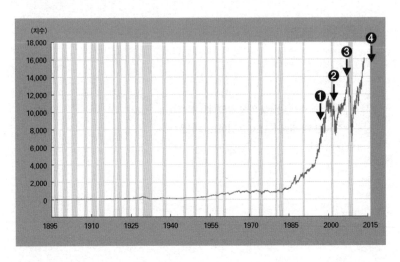

출처: S&P 다우존스 지수

도표에 표시한 주요 날짜를 짚어 보면 다음과 같다.

❶ 1998년 『부자 아빠의 미래 설계』 집필 시작

❷ 2002년 『부자 아빠의 미래 설계』 출간

❸ 『부자 아빠의 미래 설계』에서 2016년경의 주식 시장 붕괴에 앞서 부차적 붕괴가 발생할 것으로 예측했는데, 그 붕괴가 2007년 일어났다.

❹ 『부자 아빠의 미래 설계』에서 대붕괴가 일어날 것으로 예측한 시점이다.

Q 당신은 2016년경에 주식 시장 붕괴가 일어날 것이라 생각하는가?

A 도표를 보고 당신이 자의적으로 판단하기를 권한다. 풀러 박사가 세

계적으로 훌륭한 미래학자로 간주되는 이유 중의 하나는 과거를 되돌아 보고 미래를 예측했기 때문이다. 당신도 이 도표를 보고 그렇게 생각할 수 있다. 《이코노미스트》가 역사상 최대라고 했던 1929년의 주식 시장 붕괴를 들여다보라.

1929년의 거대한 시장 붕괴는 대공황으로 이어졌고, 이후 25년 간 지속 되었다. 『부자 아빠의 미래 설계』에서 내다본 미래가 현실로 다가온다 면 그것은 과연 향후 얼마 동안 지속될 것 같은가?

Q 당신의 말이 맞는다고 가정하자. 그렇다면 이 모든 일들이 나와 무슨 상관이 있단 말인가?

A 만약 예측이 맞는다면 현금강탈의 규모가 상상을 초월할 정도로 거대 해질 것이다. 풀러 박사와 부자 아빠의 주장이 옳다면 부를 강탈당하는 다음 번 희생자는 자신의 부를 주식 시장에 묶어 두고 있는 부자들이다. 다시 말하지만 과거를 돌이켜 보면 미래가 보인다.

1971년 닉슨 대통령의 금본위제 폐지로 말미암아 가난한 사람들이 부를 빼앗 겼다. 가난한 사람들이 패배한 것은 그들이 힘들게 일해서 번 돈의 가치가 점 점 더 감소했기 때문이다. 이들이 더 많은 돈을 벌면 더 높은 세율로 세금을 내 야 한다. 버는 돈의 가치는 떨어지는데 물가는 계속 올라가는 것이다. 결국 열 심히 일할수록 더 멀리 뒤처지게 된다. 2016년 전 세계의 근로 빈곤층에 속한 사람들은 '최저 생계 임금'을 요구하고 있다. 불행하게도 최저 임금이 상승하 더라도 가난한 사람은 여전히 가난할 것이다. 왜냐하면 그들이 버는 돈은 더 이상 돈이 아니기 때문이다.

2007년 중산층에 속한 사람들은 그들의 '가장 큰 자산'인 집을 빼앗겼다. 신용카드를 사용하는 중산층의 생활은 그리 나쁘지 않았다. 주택 가치가 상승하던 시절, 그들은 주택담보대출을 받아 신용카드 채무를 상환할 수 있었다.

2014년 주택 가격은 여전히 낮은 가운데 주택담보대출과 신용카드 부채, 학자금 대출 등이 중산층의 목을 옥죄고 있다. 주택 가격의 하락 역시 현금강탈의 수단이 되었다.

2016년『부자 아빠의 미래 설계』에서 말한 예측이 현실로 나타난다면 주식이 재산의 상당 부분을 차지하는 부자들은 '거대한 주식 시장의 붕괴'로 인해 부를 강탈당할 것이다.

『부자 아빠의 미래 설계』에서 예측한대로 2007년 막대한 규모의 주식 시장 붕괴 사태가 발생했다. 그것은 앞으로 다가올 거대한 붕괴에 앞서 일어난 부차적 붕괴에 지나지 않았음에도 가공할 수준의 경제적 비상사태를 불러 일으켰고, 수백만 명의 희생이 뒤따랐다.

오늘날 세계는 여전히 경제적 비상사태에 놓여 있다. 가난한 사람은 더 가난해지고 중산층은 줄었다. 수백만에 이르는 고학력 소지자들이 직장을 구하지 못하고 있다.

어떤 사람들에게는 2007년의 경제적 비상사태가 인생 최대의 희소식이 되기도 했다. 그들은 더 부유해지고 더 강해지고 미래를 더 낙관할 수 있는 상태로 비상사태에서 벗어났다.

문제는 앞으로 다가올 경제적 비상사태가 당신에게 최고의 사건이 될 것인가 아니면 최악의 사건이 될 것인가에 있다.

버키에 의하면, '비상사태'는 매우 강력한 힘을 가진 말이지만 잘못 사용되거나 이해되는 경우가 많다. 그는 이렇게 말한 바 있다. "'비상사태 (emergency)'라는 단어 속에서 찾을 수 있는 최고의 말은 '부상(emerge)'이다." 그는 "비상사태로부터 새로운 것, 새로운 사람, 새로운 사회가 부상한다."라고 말했다.

인생의 두 번째 기회를 찾고 있는 사람들에게 좋은 소식이 있다면, 비상사태를 겪으면 더 강하고 더 부유해진 모습으로 부상하는 사람들이 꽤 많다는 사실이다. 나쁜 소식은, 모든 사람들이 재정적 비상사태로부터 벗어나지는 못하고 상당수는 휩쓸려 사라지고 만다는 것이다.

이제 닥쳐올 경제적 비상사태에서 당신은 어떻게 빠져나올 것인가?

다가오는 비상사태

풀러 박사는 인류가 앞으로 예사롭지 않은 비상사태에 직면할 것이라 생각했다. 그는 인류가 '진화론적' 비상사태라는 벼랑에 몰려 있다고 믿었다. 무엇보다 중요한 것은, 우리에게는 아직 선택의 기회가 남아 있다는 사실이다. 그는 우리가 새로운 인류의 모습으로 '부상'할 것인지 아니면 '사멸'할 것인지 선택해야 한다고 말했다.

풀러 박사는 우리 사회의 리더들이 이와 같은 비상사태에 주목하지 않는 것에 대해 우려를 나타냈다. 리더들은 직면하는 비상사태를 다루기보다는 오히려 감추기에 급급하고 있다. 그들은 문제 해결을 뒤로 미루어 다음 세대에 고스란히 떠넘기려 한다. 당면한 비상사태를 무시하는 행위는 재앙, 재난, 파멸이라는 이름으로 알려진 거대한 위기를 발생시키는 장을 마련하는 것과 다름없다.

인간은 너무 오랜 기간 동안 돈과 권력, 무기 개발에 열중해 왔다. 이제 변화가 필요한 때다. 우리 모두가 의식적인 이동을 감행하여 '죽이는 것 (killingry)' 대신에 '살리는 것(livingry)'에 보다 집중해야 한다. 우리가 그와 같은 변화를 만들어 내지 못한다면 인류는 공룡들이 그랬던 것처럼 결국 멸종하고 말 것이다.

협력할 것인가 경쟁할 것인가

진화론적 변화의 과정으로 한 걸음을 떼기 위해서 우리는 '경쟁'이 아닌 '협력' 방법을 습득할 필요가 있다.

인간은 천성적으로 경쟁적이다. 인간은 동굴 생활을 하던 선사 시대 이후로 줄곧 싸움과 전쟁을 통해 살아남는 법을 터득해 왔다. 오늘날 인간은 수조 달러를 전쟁과 무기에 쏟아붓는다. 한편 한쪽에서는 수백만이 기아에 허덕이고 있다.

풀러 박사는 우리가 '경쟁하는' 대신 '협력만 해도' 얼마나 많은 글로벌 비상사태를 해결할 수 있는지 이야기했다. 그러나 인간을 서로 '협력'하게 만드는 것보다 '경쟁'하도록 만드는 것이 훨씬 쉽다는 것을 나는 경험을 통해 이미 알고 있다.

어릴 적 부자 아빠가 하던 말이 있다. "나는 경쟁을 필요로 하지 않는다. 직원들은 매일 같이 서로 싸운다. 내가 하는 일 중에 가장 힘든 것이 직원들을 협력하게 만드는 일이다. 사람은 누구나 자신만의 '영역', '자신만의 방식', 특히 '자신의 의견'을 중요하게 생각한다. 조직 내에서 구성원 간의 협력을 늘리고 경쟁을 줄인다면 모두가 더 많은 돈을 벌 수 있다."

풀러 박사의 강연을 들으면서 나는 인간이 협력하도록 만드는 데 왜 글로벌 비상사태와 같은 대형 사건이 필요한지 그 이유를 깨닫게 되었다. 비상사태가 발생하지 않는 한, 사람들은 경쟁하고, 더 나쁘게는 아무것도 하지 않으려고 한다.

풀러 박사가 염려한 것은, 다가오는 비상사태는 인간이 마침내 협력한다 해도 감당할 수 없는 재앙이 될지도 모른다는 점이었다.

성적을 위한 경쟁

버키의 강연을 들으며 나는 문득 학교에서 학생들에게 '협력'하지 말고 '경쟁'하라고 가르친다는 것을 깨달았다. 학창 시절, 나는 종종 협력하기를 원했지만 그것은 종종 '부정행위'로 간주되었다.

여러 측면에서 교실은 네안데르탈인이 살던 동굴과 크게 다를 바 없다. 교실이라고 부르는 동굴 안에서 학생들은 좋은 성적을 얻기를 원한다면 같은 반 친구와 경쟁해야 한다는 가르침을 받고 있다. 'A' 학점을 받은 학생이 반드시 더 똑똑하다는 의미는 아니다. 여기서 'A'는 그저 네가 이겼다는 의미고, 네가 같은 반 친구를 눌렀다는 의미다. 힘이 약한 친구를 괴롭히고 왕따시키는 아이와 전혀 다를 바 없다. 많은 수의 학생들이 학교를 좋아하지 않는 것이 그리 놀랍지 않은 이유다. 만약 'A' 학생이 경쟁이 아닌 협력을 하고 같은 반 친구를 돕는다면 그 학생은 부정행위를 했다는 이유로 처벌을 받게 된다.

부모들은 이와 같은 원시적인 학업 행위를 자식에게 오히려 부추긴다. 부모들은 손에 든 몽둥이를 이리저리 휘두르는 네안데르탈인들이 같은 반 친구의 머리통을 내려치기를 원한다. 대부분 인정하지 않겠지만, 부모들은 자신의 자녀가 좋은 성적을 받고, 훌륭한 직장을 구하고, 많은 봉급을 받기를 원한다. 결국 성적 또한 돈에 관한 이야기로 귀결된다.

최고의 성적으로 학교를 졸업한 후에는 'A' 학생이 진입해야 할 다음 단계의 동굴이 있다. 바로 회사라는 세계다. 고용된 이후 젊은 직원이 해야 할 일은 '기업 내 계층 사다리를 오르는 일'이다. 이는 '동료 죽이기'라는 말로도 잘 알려져 있다. 그들은 서로 협력할 엄두를 내지 못한다. 왜냐하면 꼭대기에는 오직 한자리밖에 없고 누구나 그 자리에 자신의 명패가 놓이기를 원하기 때문이다.

기업 간의 협력이 과도하면 우리는 그것을 독점이라고 부른다. 그보다 비공식적이지만 여전히 경쟁 관계를 지양한다면 그것은 결탁이 될 수 있다. 대개의 경우 두 가지 모두 불법적 행위다.

정치의 세계에서 협력은 반역으로 간주된다. 공화당은 감히 민주당과 협력하려 들지 않는다. 정치인이 '상대편 진영으로 손을 뻗으면' 그 정치인이 속한 정당은 아예 그 팔을 잘라 버리는 사례가 적지 않다. 정부 조직 내에서 '교착 상태'가 만연한 이유도 바로 이 때문이다. 아무것도 해결되지 않는 사이에 비상사태는 점점 악화되어 재난으로 발전한다.

풀러 박사의 말처럼 인류가 직면한 진화론적 도전 과제는 서로 협력하여 글로벌 문제의 해결 방법을 찾는 법을 배우는 것이다. 문제는 우리 인간이 오직 경쟁하는 법만 알고 있다는 것이다. 우리는 아직 협력하는 법을 제대로 터득하지 못했다. 협력하는 법을 배우는 것은 그 자체로 하나의 진화 과정이다.

Q 학생들이 서로 경쟁하지 않고 협력하는 교실도 있다.

A 물론이다. 내 개인적인 경험 두 가지를 이야기하겠다.

1. 팀 스포츠에서는 협력이 필수적이다. 팀(team)에는 '나(I)'가 없지만

승리(win)에는 '나(I)'가 있다. 많은 수의 학생들이 팀으로서 '우리가 승리한다.'가 아니라 승리에 '나'가 있다는 것만 기억한 채 학교를 떠난다. 팀 스포츠에서는 구성원 개개인이 최대의 역량을 발휘할 수 있도록 팀 전체가 서로 지원한다. 그렇지 않으면 팀은 승리할 수 없다. 반면 교실에서는 다른 학생이 최대의 역량을 발휘하기를 원하는 학생이 없다. 모든 학생이 자신이 최고이기를 원한다.

2. 해병대 장교후보생학교(OCS)에서는 소속 팀이 몇 번이나 승리했느냐가 아니라 팀의 협력이 어느 정도였느냐를 기준으로 후보생을 평가한다. 경우에 따라서는 승리 또는 패배는 언급하지도 않는 평가 기준도 있다.

다시 말해 해병대에서 승리란 협력만큼 중요하지 않다. 해병은 서로 협력하면 승리한다는 것을 알고 있다. 해병대원이 해병대를 최고의 병과라고 믿는 이유도 바로 여기에 있다. 그들은 해병대가 모든 병과 중 최고라고 믿지만 결코 어떤 해병이 다른 해병보다 더 우월하다고 생각하지 않는다. 해병은 계급을 막론하고 항상 나 아닌 다른 해병을 존중하고 소중하게 여기도록 훈련받는다. '한 번 해병은 영원한 해병'이란 말이 있는 것도 이 때문이다. 해병들 사이의 유대감은 재정적인 것이 아니라 정신적인 것이다.

이렇듯 협력적인 환경에서도 배움은 이루어질 수 있다. 그러나 학교 교실에서라면 그것이 언제나 정답인 것은 아니다. 학교는 '죽느냐 혹은 죽임을 당하느냐?'의 세계다. '적자생존'의 세계이며 '승자와 패자'의 세계다. '나는 똑똑하지만 너는 그렇지 않다.'의 세계이며 '우리가 이겼다.'가 아니라 '내가 이겼다.'가 정답인 세상이다. 그곳에서 '협력은 부정행위'다.

Q 지금 당장 협력을 시작해야 하는 것인가?

A 반드시 그런 것은 아니다. 여기서도 일반 원칙이 적용된다. "통합은 최소 둘 이상이 합쳐진 복수형이다." 해병대는 개인으로서도 팀의 일원으로서도 강한 해병이 되도록 훈련한다. 하지만 돈의 문제라면 이야기가 달라진다. 개인은 개별적으로는 약하다. 그래서 아무도 약한 사람을 재무팀의 일원으로 받아들이고 싶어 하지 않는다.

세계의 갑부들은 정예팀을 운용하는 반면 대다수의 개인은 개별적으로 움직인다. 대다수 사람들이 돈의 게임에서 패배하는 이유가 바로 여기에 있다. 당신의 두 번째 기회를 최대한 활용하려면 개인적으로 강해져야 함은 물론 팀을 이뤄 협력하는 법도 배워야 한다.

문제는 타인과 협력하지 못하는 인간의 특성이 당면한 비상사태를 거대한 글로벌 비상사태로 키운다는 사실이다. 풀러 박사는 점점 커지는 비상사태를 지금 당장 다루지 않으면 결국 우리가 그것에 제압당하고 인간이 감당할 수 없는 엄청난 위기를 맞이하게 될 것이라고 우려했다.

지금부터 우리가 당장 다루지 않으면 엄청난 재난으로 변모할 몇 가지 비상사태에 대해 살펴보겠다.

환경적 비상사태

풀러 박사가 지구 온난화에 대해 경고한 시점은 1950년이다.

오늘날 우리의 리더들은 환경 문제를 해결하기보다 환경 문제를 부정하는 데 급급하고 있다. 지구 온난화 이론을 믿든 믿지 않든, 극지방의 만년설이 녹아내리고, 해수면이 상승하고, 토사 유출로 인해 바다가 오염되고, 전 세계 수십억 인구의 식량 자원인 물고기의 개체수가 격감하는 것은 엄연한 사실이다.

지구의 기상 여건이 점점 난폭해지는 것 역시 부정할 수 없다. 최근 수년간 우리는 가공할 위력의 허리케인을 비롯해 미국 중서부를 휩쓴 초대형 토네이도, 뉴올리언스와 애틀랜타를 포함하여 주요 도시를 마비시킨 눈보라 폭풍 등 수많은 재난을 겪었다. 전 세계적으로도 마찬가지다. 어떤 지역은 극심한 가뭄으로 또 어떤 지역은 엄청난 쓰나미로 막대한 피해를 입었다.

이와 같은 비상사태 상황은 점점 악화되고 있다.

핵 비상사태

1950년대에 풀러 박사는 원자력 에너지에 대한 반대 의견을 공개적으로 밝혔다. 인간이 원자력 에너지에 접근할 수 있는 가장 가까운 거리는 9300만 마일, 즉 지구와 태양 사이의 거리 만큼이나 멀다는 것이 그의 생각이었다.

핵에너지 기업들은 그것을 청정에너지라고 주장하지만 핵폐기물이 치명적이라는 사실에 대해서는 함구한다. 핵폐기물은 깊은 지하 동굴에 묻힌다. 문제는 핵폐기물이 비활성 상태 또는 추가적 피해를 일으키지 않는 불능 상태로 변하기까지 수십만 년의 시간이 소요된다는 것이다. 그 독성 물질을 안전하게 보관하는 일에도 수십억 달러의 세금이 투입된다.

2012년 일본을 덮친 지진 해일로 인해 핵폐기물이 해류를 타고 전 세계

로 퍼져 나갔다. 우리는 단 한 차례의 비상사태로 인한 여파를 향후 수천
년 동안 감내해야 한다.

군사적 비상사태

냉전이 정점에 다다른 1970년대와 1980년대에 풀러 박사는 이런 말을
했다. "종국에는 전쟁이 쓸모없게 되거나 아니면 인간이 그렇게 될 것이
다." 인간의 지능으로 개발된 대량 살상 무기의 파괴력은 매우 심각한 수
준이어서 핵전쟁이 일어나면 지구상에 살아남을 생명체는 바퀴벌레밖에
없을 것이라는 의미다. 승자도 패자도 없는 상태 아니 오직 패자만 존재할
뿐이다.

불행하게도 서로 죽이는 인간의 행위는 끊임없이 계속된다. 오늘날 테
러리스트들은 세계 최강의 군대와 대적할 만한 힘을 갖고 있다. SNS를 이
용해 싸움을 선동하고 새로운 전사를 모집한다. 민간 항공기를 무기로 사
용하고 여행 가방만 한 핵폭탄이나 생화학 무기를 만드는 정보에 접근한
다. 미국은 수조 달러를 군사 비용으로 지출하지만 뉴욕이나 런던, 도쿄,
베이징과 같은 도시에서 터지는 조잡하고 저렴한 '더티밤(dirty bomb, 방사
능 물질을 포함한 재래식 폭탄으로 불순물을 제대로 제거하지 않고 만들어졌다.)' 하
나로 세계 경제가 휘청거릴 수도 있다.

1972년 나는 전우들이 타고 있던 헬기가 중국산 SA-7, 일명 스트렐라
라고 불리는 열 추적 지대공 로켓의 공격으로 격추되는 것을 목격했다. 그
로켓을 어깨 위에 올려놓고 발사한 베트콩 군인은 특별한 훈련을 받을 필
요도 없었다. 목표물을 조준하고 방아쇠를 당기기만 하면 끝이었다. 수백
만 달러에 이르는 CH-53, 일명 졸리 그린 자이언트라는 헬리콥터를 격추

시키고, 해병 62명의 목숨을 앗아가는 것은 그리 어려운 일이 아니었다. 2014년 말레이시아 항공 여객기도 이와 동일한 무기에 의해 격추되었다.

오늘날 미국은 수조 달러를 들여 군대를 훈련시키고 새로운 무기를 개발한다. 이와 동시에 별다른 훈련도 받지 않은 채 고작 1만 달러짜리 열 추적 로켓으로 무장한 한 명의 테러리스트가 민간 항공기를 격추시키며 세계 경제를 휘청거리게 만들 수도 있다.

불행히도 테러리즘과의 싸움은 제2차 세계대전과 같은 일반적인 전쟁을 치르는 것과는 사뭇 다르다. 미국은 베트남에서 이 교훈을 아주 어렵게 터득했다. 테러리스트들은 군복을 입지 않고, 전통적인 전쟁에 적용되는 교전 수칙을 따를 필요도 없다.

테러리스트들에게는 상대가 타격 대상으로 삼을 만한 공장이나 항구, 공항, 도시가 없다. 그들이 승리하는 이유는 잃을 게 별로 없기 때문이다. 그들은 언제 어디서든 영원히 싸울 수 있다. 테러리즘과의 전쟁은 한 나라를 상대하는 것이 아니라 이데올로기를 상대하는 것이다. 우리가 테러리스트를 처단하는 데 초점을 맞출수록 더 많은 테러리스트가 생긴다고 생각하는 사람들도 많다.

전쟁을 멈출 생각을 하지 못하고 우리는 계속해서 싸움만 벌이고 있다. 테러리즘으로 인한 비상사태가 점점 악화되는 이유는 바로 이 때문이다.

전염병 비상사태

수세기 전에는 벼룩이나 쥐들이 전염병을 옮겼다. 오늘날 에볼라 바이러스는 여객기를 타고 퍼져 나간다.

경제적 비상사태

전쟁을 치르는 데는 돈이 들기 마련이고 그것은 엄청난 경제적 비상사태의 원인이 된다. 돈을 쏟아부어 치르는 전쟁의 총구 끝에 어린아이와 노인 등 무고한 사람들이 있다는 것은 말할 수 없이 비극적인 현실이다.

오늘날 수십억의 사람들이 하루하루 경제적 비상사태를 겪으며 살아가고 있다. 풀러 박사가 『자이언트 그런치』를 집필하게 된 동기도 커져만 가는 경제적 비상사태 때문이었다.

매슬로의 욕구 단계

미국인 심리학자 에이브러햄 매슬로는 1943년 심리학 개관 학술지《사이콜로지컬 리뷰》에 「인간 동기 부여 이론」이라는 논문을 발표했다. 비록 매슬로의 논문에서는 삼각형을 활용해 개념을 설명하지 않았지만, 오늘날

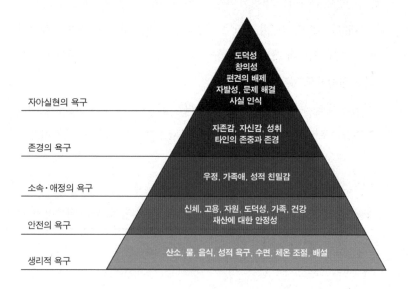

자아실현의 욕구 — 도덕성 창의성 편견의 배제 자발성, 문제 해결 사실 인식

존경의 욕구 — 자존감, 자신감, 성취 타인의 존중과 존경

소속·애정의 욕구 — 우정, 가족애, 성적 친밀감

안전의 욕구 — 신체, 고용, 자원, 도덕성, 가족, 건강 재산에 대한 안정성

생리적 욕구 — 산소, 물, 음식, 성적 욕구, 수면, 체온 조절, 배설

세컨드 찬스

그의 '욕구 단계'는 앞의 그림에서처럼 피라미드로 표현되고 있다.

매슬로의 욕구 단계는 경제적 비상사태가 어떻게 사람들의 생활에 영향을 미치는지 설명하고 있다.

매슬로는 알베르트 아인슈타인, 제인 애덤스, 앨리너 루스벨트, 프레데릭 더글러스 등과 같은 소위 '모범적 인물'을 연구 대상으로 삼았다. 매슬로가 연구 대상을 모범적 인물로 선정한 이유는 무능력하고, 미발달하고, 미성숙하고, 건강하지 못한 표본은 심리학과 철학을 훼손하는 결과로 나타날 뿐이라고 생각했기 때문이다. 욕구 단계 피라미드를 볼 때는 저층에 위치한 생리적 욕구와 안전의 욕구가 소속·애정의 욕구, 존경의 욕구, 자아실현의 욕구까지 상부에 있는 세 가지 욕구에 영향을 미친다는 사실을 인지하는 것이 중요하다.

현실의 붕괴

1973년 내가 베트남에서 하와이로 돌아왔을 때 가난한 아빠는 실직한 상태였다. 아버지는 교육감 자리에서 사임한 후 당시 민주당 소속의 주지사였던 자신의 보스에 대항하여 공화당 후보로 부지사 선거에 출마했다. 아버지는 선거에서 패배했다. 당시 주지사는 그에 대한 보복으로 주 정부 내에서 어떤 직책도 맡을 수 없도록 블랙리스트에 아버지의 이름을 올려놓았다.

그 후 아버지는 생계를 위해 평생 동안 저축한 돈과 은퇴 자금을 모두 털어 전국적 체인망에 속하는 아이스크림 가맹점을 하나 인수했다. 아이스크림 장사는 1년이 채 지나지 않아 실패로 돌아갔다. 가난한 아빠는 무직에 빈털터리인 박사 학위 보유자가 되었다.

매슬로의 피라미드가 아버지 위로 허무하게 무너져 내리는 것을 지켜보는 일은 고통스러웠다. 피라미드의 아래쪽에 있는 생리적 욕구와 안전의 욕구가 휘청거리기 시작하자 자연히 그 위의 모든 욕구 단계가 무너져 내렸다.

어머니는 아버지가 선거에서 패배한 직후 돌아가셨다. 2년 후 아버지는 재혼을 하셨지만 곧 다시 이혼하셨다. 50대 초반에 아버지는 자식들이 위로의 말조차 건네기 어려울 정도로 애정이나 소속감이 결여된, 비탄에 빠진 독신남이 되었다.

아버지는 강한 자부심과 자신감으로 평생을 살아오신 분이었다. 하지만 선거에서 패배하고 아내와 사별하면서 사회적 직함과 권력, 직장까지 모두 잃어버리자 자존감마저 붕괴되었다. 넘어진 자리에서 일어나 옷에 묻은 먼지를 툭툭 털고 다시 세상으로 돌아가는 것이 아버지에게는 불가능한 일이 되었다.

아버지는 '자아실현의 욕구'를 충족하기 위해 더 이상 노력하지 않았다. 집안에 틀어박혀 텔레비전과 술로 시간을 보내며 친구들의 성공에 분개해했다. 아버지는 점점 분노와 억울함만 남은 사람으로 변했다.

매슬로의 피라미드 맨 위에는 '도덕성'이 있다. 아버지는 끝내 도덕성만은 상실하지 않았다. 아버지의 과거 명성과 업적을 이용하고자 의심스러운 제안을 해 온 사람들이 많았지만 아버지는 모두 거절하셨다. 아버지는 자신의 도덕성을 팔아넘기느니 차라리 재정적 빈곤과 싸우는 편을 택했다.

기본적인 욕구 단계인 '생존'과 '안전'을 위협받을 때 도덕성을 팔아넘기는 경우가 아주 많다. 이때 많은 사람들이 범죄와 마약 거래, 매춘, 절도, 거짓말, 속임수 등으로 눈을 돌린다. 사람들이 절박한 상황에 놓이면 터무니없는 소송 건수가 증가하고 '악덕 변호사(ambulance-chasing attorneys, 구급차를 쫓아다니는 변호사, 사고 피해자들에게 소송을 하도록 유도하여 돈을 버는 변호사)'만 부유해지는 법이다.

많은 사람들이 생산적이고 자립적인 삶을 추구하기보다 자신에게 정부의 지원을 받을 권리가 있다고 믿는다. 그들의 재무 계획이란, 복권에 당첨되거나 사고 피해자가 되어 그 합의금으로 살아가는 것이다.

'생존'과 '안전'이라는 기본적 욕구 충족에 실패하면 도덕적, 윤리적, 법적 정의를 수호하는 문명사회가 그 첫 번째 피해자가 된다.

경제적 비상사태에 놓여 있는 지금 이쯤에서 우리는 이런 질문을 해야 한다. 누가 경제적 비상사태에서 빠져나와 부상할 것인가? 누가 자아실현의 욕구를 추구하며 돈과 삶을 위한 두 번째 기회를 거머쥘 것인가?

Q 매슬로가 말한 자아실현이란 무엇을 말하는가?

A 자아실현의 욕구를 충족한 사람은 거칠 것이 없다. 매슬로가 알베르트 아인슈타인, 제인 애덤스, 엘리너 루스벨트, 프레데릭 더글러스와 같은 위인들을 연구 대상으로 삼은 이유도 이 때문이다. 그는 정신적으로 문제가 있거나 신경과민에 시달리는 사람들을 연구하지 않았다.

자아실현에 성공한 사람들은 눈앞에 어떤 장애물이 있더라도 해야 할 일을 멈추는 법이 없다.

Q 그렇다면 자아실현에 성공한 사람들에게는 동기 부여가 필요 없다는 말인가?

A 그렇다. 돈과 직업, 재정적 문제에 관해서라면 대다수의 사람들이 동

기 부여를 필요로 한다. 그들은 대부분 이런 질문을 할 것이다. '내가 당신을 위해 일한다면 나에게 얼마를 줄 것인가?', '나에게 어떤 보너스가 주어지는가?', '내 봉급은 언제 인상되는가?', '나에게 어떤 혜택이 주어지는가?'

사람들은 '칭찬'을 필요로 한다. 이것은 '나의 자존감을 치켜세워 주면 더 열심히 일하겠다.'는 의미다. 많은 사람들이 이렇게 생각하기도 한다. '내 기분을 언짢게 하면 당장 회사를 그만두거나 직장에서 당신을 괴롭힐 것이다. 뒷담화를 하고 소문도 퍼뜨릴 것이다.'

어떤 사람들은 '처벌'을 필요로 하기도 한다. 상담을 받거나 호된 질책을 받은 후에야 다시 일을 시작하는 사람들도 있다. 업무 수행을 위한 '업무 성적 평가'가 필요한 사람도 상당수 있다.

Q 이런 것은 가정에서부터 시작되는 것 아닌가?

A 그렇게 믿는다. 나는 성적표에 받아 오는 'A'학점 수만큼 100달러를 준다고 말하는 부모들을 많이 봤다. 아이가 책을 읽으면 용돈을 주거나, 집안일을 돕게 하고 용돈을 주는 부모도 있다. 내가 볼 때 이런 부모는 돈을 위해 일하도록 아이를 훈련시키는 것이다. 부자 아빠가 나에게 일한 대가를 지불하지 않았던 이유는 바로 이것이다. 부자 아빠는 말했다. "아이에게 일한 대가로 돈을 주는 것은 아이를 직원이 되도록 훈련시키는 것과 다름없다."

부자 아빠는 나를 '기업가'가 되도록 훈련시켰다. 수익을 창출하고 일자리를 만들어 내는 자산을 구축할, 자력 구동이 가능한 아이로 키웠다. 부자 아빠는 나를 안정된 직장인으로 성장시킬 의도가 전혀 없었다. 부자 아빠는 "어른이 되어서 하고 싶은 일이 그런 것이라면 학교에 다녀라. 그 후에 나 같은 사람을 위해서 일하면 된다."라고 했다.

명성, 성공, 돈 vs. 위대함

대다수의 사람들은 성공해서 명성을 얻고 부자가 되는 것만으로 충분히 만족한다. 그러나 이와 같은 성취는 위대함과는 분명 다르다.

매슬로에 의하면 위대함은 오직 '자아실현'을 통해서만 얻을 수 있다. 당신이 자아실현에 성공했다면 당신을 가로막을 것은 아무것도 없다. 당신 수중에 돈이 없더라도, 훌륭한 직장을 얻지 못했더라도, 좋은 교육을 받지 못했더라도, 전문가 자격증이 없더라도, 몸이 건강하지 않더라도, 기거할 집이 없더라도 상관없다.

당신이 인생의 두 번째 기회를 고려 중이라면 이렇게 자문해 보길 권한다.

"나를 자력으로 움직이게 만드는 원인은 무엇인가?"

만약 당신이 자력 구동이 가능한 사람이라면 다가올 비상사태를 이겨내고 더 강한 존재로 부상할 가능성이 높다.

피라미드의 정점

매슬로 피라미드의 정점에 '도덕성'이 있다. 많은 경우 도덕성이 명성과 성공, 돈을 쫓는 여정에서 가장 먼저 희생된다. 야심만만하고 성공적인 무수한 사람들이 위대하지 못한 이유는 명성, 성공, 돈에 대한 욕망이 너무나 강렬한 나머지 그것을 얻기 위해서라면 무슨 일이든 불사하기 때문이다. 설령 그것이 자신의 가치와 도덕성을 희생시키는 일일지라도 마찬가지다. 이런 사람들을 우리는 아주 잘 알고 있다. 텔레비전에도 나오고 뉴스에도 등장한다. 함께 일하는 사람 중에도 있고, 심지어 같은 교회에 다니기도 한다.

명성이나 성공, 돈을 얻지는 못한 위대한 인물은 얼마든지 있다. 그들은 바로 수십억 명의 이름 없는 영웅들이다. 삶이 궁핍해질지언정 도덕성을 팔아넘기기를 거부한 가난한 아빠와 같은 사람들이 여기에 해당된다.

당신에게 주어진 두 번째 기회를 잘 붙잡아 이 위대한 인물 가운데 한 사람이 되길 바란다. 비록 명성과 성공과 돈을 얻지는 못하더라도 위대함에 대한 열망만큼은 버려서는 안 된다. 이 세상은 더 많은 위대한 인물을 필요로 한다. '내가 이긴다.'가 아니라 '우리가 이긴다.'를 토대로 움직이는 사람들이 필요하다.

위대함에 관한 퀴즈

자신에게 다음과 같이 질문해 보자.

Q 명성은 얻었지만 위대한 인물이 아닌 사람은 누구인가?

A _____

Q 성공은 했지만 위대한 인물이 아닌 사람은 누구인가?

A _____

Q 부자이지만 위대한 인물이 아닌 사람은 누구인가?

A _____

Q 위대한 인물이지만 명성, 성공, 돈을 얻지 못한 사람은 누구인가?

A _____

Q 위대한 인물에게 당신은 위대하다고, 당신이 하는 일이 당신을 위대하게 만든다고 말한 적이 있는가?

A _____

만약 당신이 위대한 인물들과 교류하며 그들의 위대함에 대해 알려 줄 수 있다면 그 또한 위대한 일일 것이다. 그들이 어떻게 위대한지 구체적으로 말해 주어도 좋다. 단순히 "당신은 위대한 인물입니다."라고 말하는 것도 나쁘지 않지만 명확성과 전달력을 더하려면 보다 구체적인 이유가 필요하다.

당신이 다른 사람의 위대함을 알아준다면 그 사람은 물론 당신에게 내재된 위대함까지 향상된다. 한 명의 위대한 인물이 다른 열 명의 위대함을 인지하고, 그 열 명이 각각 또 다른 열 명의 위대함을 인지한다면 매슬로가 말한 자아실현의 욕구 충족에서 비롯되는 위대함의 힘이 전 세계로 퍼져 나가게 된다.

위대함이 세상에 퍼져 나간다면 비상사태를 해결할 힘을 우리 스스로 가지게 될 것이다. 그러면 더 이상 리더들이 해결해 주기를 기다리지 않아도 된다.

물론 '내가 이긴다.'라는 생각을 가진 그런치 세력들이 좋아할 리 없겠지만, 이제 그런 사람들은 옆으로 비켜서서 '세상'이 승리하도록 놓아두어야 할 때다.

다가올 경제적 비상사태

앞으로 닥쳐올 경제적 비상사태 국면에서는 풍요를 누리는 수백만 명의 욕구 단계가 붕괴될 가능성이 매우 높다. 지금부터 수면 위로 모습을 드러내는 경제적 비상사태의 구체적 증거를 제시하고, 다음 번 희생자는 누가 될 것인지, 왜 그렇게 생각하는지에 대해서 살펴보고자 한다.

빈곤층

1971년 닉슨 대통령이 금본위제를 폐지하면서 빈곤층은 빈곤과의 전쟁에서 패배했다. 은행과 정부가 돈을 찍어 내기 시작하면서 세금과 인플레이션, 빈곤이 늘어났다. 불행하게도 이들 대부분은 경제적 비상사태에서 빠져나오지 못할 것이다.

중산층

2007년 중산층 역시 직장과 집, 은퇴 자금을 강탈당하면서 중산층과의 전쟁에서 패배했다.

2014년 4월 22일자《뉴욕 타임스》1면 헤드라인은 이렇다.

"미국의 중산층은 더 이상 세계에서 가장 부유한 중산층이 아니다."

미국의 중산층에 비해 캐나다 중산층의 수입이 더 높고 거의 모든 유럽 국가의 빈곤층은 미국의 빈곤층에 비해 더 많은 돈을 번다.

경제적 비상사태에서 벗어나 부상했다고 볼 수 있는 미국의 중산층은 거의 없다. 고학력 청년층은 물론이고 경력과 학력을 모두 갖춘 장년층의 실업률 역시 떨어질 줄 모른다. 실업자들 중 3분의 2는 직장을 구했지만 2007년 서브프라임 모기지 사태 이전에 비해 수입이 현저하게 감소한 것으로 추정된다.

다음은 누구 차례인가?

2002년에 출간된『부자 아빠의 미래 설계』는 정부, 돈, 은행에 관한 부자 아빠의 교훈과 그런치와 일반 원칙, 미래를 내다보는 법에 대한 버키의 조언이 중심을 이룬다.

『부자 아빠의 미래 설계』에서는 2016년경에 역사상 최대의 주식 시장 붕괴가 발생할 것이라고 예언한 바 있다. 당시 월스트리트의 매체들은 그들이 할 수 있는 최선을 다해 내가 쓴 책에 대한 불신을 조장하며 맹렬한 공격을 퍼부었다.《스마트 머니》와《머니》,《월스트리트 저널》등은 부자 아빠의 예언에 대해 결코 너그럽지 않았다. 시장의 붕괴가 일어날 것이라고 예측한 시점이 10년도 넘게 남아 있었는데도 그랬다.

Q 언론 매체가 왜 공격적이었다고 생각하는가?

A『부자 아빠의 미래 설계』는 수백만 근로자가 매달 적립하는 401(k) 은퇴 연금의 결함에 관해 설명한다. 부자 아빠가 2016년을 전후로 사상 최대의 주식 시장 붕괴가 발생할 것이라고 예측하는 데 이러한 결함이 큰 영향을 미쳤다.《스마트 머니》기자는 그런치에 속하는 잡지 광고주들을 보호해야 하기 때문에 내가 쓴 책의 신뢰도에 흠집을 낼 필요가 있다고 판단했을 것이다.

물론 광고주를 보호할 수는 있다. 그렇다고 거짓말을 해서야 되겠는가? 왜 도덕성을 돈과 맞바꾸는가?《월스트리트 저널》과《머니》는 부자 아빠의 예언을 반박하기는 했지만 최소한 거짓말은 하지 않았다. 그래서 나는 그들의 반응을 존중한다. 동전에는 두 개의 면과 옆면이 존재한다.《월스트리트 저널》과《머니》는 그들 나름의 입장을 대변했다. 나 역시 그들이 나와 의견을 같이할 것이라 기대하지 않았다.

Q 누구의 주장이 옳다고 생각하는가?

A 부자 아빠와 버키의 주장이 이미 옳은 것으로 입증되었다. 지난 10년 동안 내가 종종 하던 말이 있다.

"예언자가 해야 할 일은 예언을 비켜 가는 것이다."

Q 왜 틀려야 하는가?

A 예언자는 경고의 소리를 내는 것일 뿐 예언이 맞아떨어지기를 원하는 것이 아니다. 예언자는 예언이 실현되기 전에 사람들이 행동에 나서고, 대비하고, 변화하기를 바라는 것이다.

Q 그래서 예언처럼 되었는가?

A 유감스럽게도 아직 그렇게 되지는 않았다. 그런치와 우리의 정부는 다가오는 경제적 비상사태를 악화시키고 점점 현실로 드러나는 예언을 더 파괴적으로 만들고 있을 뿐이다.

Q 부자 아빠의 예언은 얼마나 정확한가?

A 다음의 도표를 보고 직접 판단하기 바란다.

❶ 1929년 거대한 주식 시장 붕괴 사태가 발생했다. 심지어《이코노미스트》조차도 1929년의 시장 붕괴는 역사상 최대의 규모였다고 공식적으로 표명한 바 있다.

❷ 대공황은 실제로 25년간 지속되었다.

❸ 화살표가 1997년을 가리키고 있다는 점에 주목하라. 『부자 아빠 가난한 아빠』가 출간되었고, 책에서 "집은 자산이 아니다."라고 선언한 시점이다.

❹ 2002년 『부자 아빠의 미래 설계』가 출간되었다.

❺ 2007년 다우존스 산업평균지수가 정점에 이른 10월을 가리키고 있다. 나는 『부자 아빠의 미래 설계』에서 2016년경에 일어날 가공할 참사에 앞서 또 한 번의 거대한 시장 붕괴가 발생할 것이라고 명시한 바 있다.

나의 예측대로 2007년에 시장 붕괴가 이뤄진 셈이다. 주식 시장의 붕괴는 수백만 주택 소유주를 일거에 쓸어 버리며 중산층과 수많은 이웃집 백만장자들을 전멸시켜 버렸다. 그들 대다수는 자신의 집이 자산이 아니라는 교훈

다우존스 산업평균지수(DJIA)

도표의 음영 부분은 미국 경제의 침체기를 의미한다.

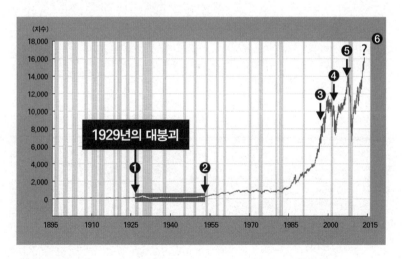

출처: S&P 다우존스 지수

을 고통스러운 방법으로 터득했다.

❻ 『부자 아빠의 미래 설계』에서 전대미문의 엄청난 시장 붕괴 사건이 발생할 것이라고 예측한 시점이다.

Q 그 예언은 실현될 것인가?

A 누가 알겠는가? 다만 실현되지 않기를 바랄 뿐이다.

Chapter 6

1000조 달러는 도대체 얼마나
많은 돈인가?

"눈에 보이지 않으면
당신을 향해 다가오는 것을 피할 수도 없다."
– 버크민스터 풀러

앞으로 많은 사람들이 금융 위기라는 거대한 난관에 봉착할 것이다. 문제는 우리가 그것을 볼 수 없다는 것이다. 눈으로 볼 수만 있다면 우리는 그것을 피할 수 있을지도 모른다.

보이지 않는 시대

근로자 수백만 명의 재정적 미래가 바뀐 사건이 있다. 1974년 미국 의회는 종업원퇴직소득보장법, 일명 에리사 법을 통과시켰다. 지금의 401(k)를 이끌어 낸 바로 그 법이다. 오늘날 대부분의 선진국에서는 근로자를 위한 확정기여형 연금을 두고 있다. 예를 들면 호주의 퇴직 연금제(Superannuation), 캐나다의 퇴직 연금저축(Registered Retirement Savings Plan), 일본의 확정기여형 연금계획(Defined Contribution Pension Plan) 등이 그것이다.

확정기여형 연금계획은 말 그대로 근로자가 연금계획에 기여하는 방식이다. 확정기여형 연금계획의 운용 자금은 가입자가 기여한 금액이 전부다. 피고용인이 은퇴한 이후에 해당 기금이 고갈되면 그 사람은 운이 없는 것이고 재정적 곤경에 처할 가능성이 높아진다.

확정기여형 연금계획은 정보화 시대의 연금계획이다. 정보화 시대에는 시장을 주시하기가 용이하다. 텔레비전과 라디오, 인터넷이나 휴대폰 앱을 통해 주식과 시장을 1년 365일 언제라도 확인할 수 있다. 주식 시장이 호황이면 사람들은 기분이 좋아지고 시장이 불황이면 걱정부터 앞세운다.

눈에 보이지 않는 거인

금융 교육이 없으면 주식 시장보다 훨씬 더 큰 금융 시장의 존재를 인식할 수 없다. 이 거대한 시장은 금융 교육을 받지 못한 사람 눈에는 보이지 않는다. 금융 시장의 거인들 중에 하나라도 감기에 걸려 기침을 하면, 편안한 노후에 대한 수백만의 꿈과 희망이 한순간에 사라질 수도 있다.

이번 장에서는 파생상품 시장으로 알려진 금융 시장에 대해 한 걸음 더 들어가 살펴볼 예정이다. 파생상품 시장은 2007년 세계 경제를 거의 파산 직전으로 몰고 갔던 보이지 않는 거인이다.

그 거인을 집중 조명하기에 앞서 풀러 박사가 했던 말을 이해하는 것이 무엇보다 중요하다.

"눈에 보이지 않으면 당신을 향해 다가오는 것을 피할 수도 없다."

내가 풀러 박사로부터 배운 더 중요한 교훈은 대다수의 사람들이 보지 못하는 것을 볼 수 있도록 자기 자신을 훈련시켜야 한다는 것이다.

보이지 않는 것을 보는 방법

풀러 박사가 어렸을 때, 그는 난생 처음으로 자동차를 보았다. 사람들은 자동차를 두려워했고 마차를 끌던 말들에게도 자동차는 공포의 대상이었다. 많은 사람들이 자동차는 부자들을 위한 신기한 물건이고 곧 사라질 일시적 유행일 뿐이라고 생각했다. 하지만 우리 모두가 알고 있듯이 자동차는 단기간에 마차를 대체한 주요 대중교통 수단으로 자리 잡았다. 세상이 바뀐 것이다. 자동차는 사람들의 삶을 보다 편리하게 만들었고 많은 사람들에게 막대한 부를 안겨 주었다. 더 이상 부자들의 전용 물건은 자동차가 아니다.

자동차는 농경 시대의 교통수단인 '말'에서 산업화 시대의 교통수단인 '말 없는 마차'로 세상을 바꾼 신기술이다.

지금까지는 우리의 삶을 바꿔 놓는 변화를 눈으로 확인할 수 있었다. 그러나 정보화 시대에는 우리 삶을 바꾸고 있는 변화가 눈에 보이지 않는다. 여러 측면에서 정보화 시대는 보이지 않는 시대다.

실업의 증가

정보화 시대에 이르러 실업률이 증가하고 고소득 직장이 줄어든 이유는 산업화 시대에서 정보화 시대로 변모했기 때문이다. 일례로 사진과 관련된 일을 들 수 있다. 한때 사진은 필름에서부터 인화까지 모든 과정이 인간의 손을 거쳐야 했다. 웬만큼 나이든 성인이라면 누구든 사진기에서 필름을 꺼내 사진관에 맡겼던 기억이 있을 것이다.

디지털 사진술은 수만 개의 일자리를 없애 버렸을 뿐만 아니라 이스트먼코닥 사를 초토화시켰다. 얼마 전까지만 해도 이스트먼코닥은《포춘》이

선정한 500대 기업 중의 하나였다. 산업화 시대의 거인이 파산에 이른 이유는 산업화 시대의 기업에서 정보화 시대의 기업으로 변모하는 데 실패했기 때문이다.

이스트먼코닥은 디지털 사진술이라는 신기술에 의해 한물간 기업이 되었다. 아이러니하게도 1975년에 디지털 사진술을 개발한 회사가 바로 이스트먼코닥이었다. 당시 수십억 달러를 쏟아부어 디지털 사진술을 개발했지만 불행히도 구식의 노동력 중심 사업 모델은 신기술과 양립할 수 없었다. 결국 코닥은 2012년 파산 보호를 신청했다.

수십 년 전 풀러 박사는 정보화 시대가 발전할수록 일자리의 수가 계속 줄어들 것이라고 예견한 바 있다. 문제는 인간을 대체하는 기술이 우리 눈에 보이지 않고, 미래의 신기술 또한 다가오는 게 보이지 않는다는 것이다. 행복한 직장인 수백만 명이 내일 갑자기 보이지 않는 무언가에 떠밀려 직장을 잃게 될지도 모르는 상황이다.

장님을 인도하는 장님

더 큰 문제는 우리의 리더들이 앞으로 일어날 변화를 보지 못하는 것이다. 그들 또한 우리 못지않은 장님이다. 극단의 대립적 입장이 맞부딪히는 워싱턴 정가에 정체 현상이 나타나는 이유는 이러한 '변화의 불가시성' 때문이다. 전 세계적으로도 마찬가지다. 리더들은 변화를 보지 못한다. 그들의 눈에는 오직 상대방만 보인다. 그래서 문제를 공략하지 못하고 서로를 공격한다.

오늘날 리더들은 무수한 약속을 남발하고 있다. 그들이 하는 약속은 다음과 같다.

'일자리 창출', '근로자 교육', '일자리 창출에 기여할 인프라 구축', '글로벌 경제의 경쟁력 있는 인재 양성', '학교 교육의 연장', '학교 교육에서 수학과 과학의 비중 확대', '최저 임금 인상', '은행에 대한 구제금융 중단', '부자 증세', '법인세 인하' 등등.

이밖에도 그들은 수많은 정책과 약속, 아이디어를 제시한다. 리더들은 자신이 무엇을 하고 있는지 정확히 알고, 자신이야말로 '미래에 대한 분명한 계획'을 가지고 있으며, 작금의 혼란으로부터 사람들을 벗어나게 인도할 것이라고 믿는다. 그러나 현실은 장님이 장님을 인도하는 것과 다를 바 없다.

우리 눈에 '보이지 않는' 변화를 '볼 수 있는' 능력은 정보화 시대의 숙제가 아닐 수 없다. 당신의 두 번째 기회는 보이지 않는 것을 보는 법을 배우는 능력에 달려 있다.

Q 보이지 않는 것을 보는 법을 배워야 하는 이유는 무엇인가?
A 미래는 보이지 않는 것을 볼 수 있는 사람만 누릴 수 있다. 그들은 눈으로 볼 수 없는 것을 생각의 힘으로 볼 줄 안다.

두뇌 vs. 생각
풀러 박사는 인간의 두뇌와 생각의 차이점에 대해 자주 언급했다.

두뇌는 '유형의 물체'를 보는 데 사용된다. 생각은 '보이지 않는 것'을 보는 데 사용된다. 풀러 박사에 의하면, 두뇌는 '물체'를 보지만 생각은 눈에 보이지 않는 '물체들 간의 관계'를 본다. 그는 우주에 있는 행성들 간의 관계를 예로 들었다. 두뇌는 행성 자체를 보고 생각은 중력의 존재, 즉 행성들이 일정 궤도를 유지하게 하는 보이지 않는 힘을 감지한다.

골프 경기를 보면 선수들은 퍼팅 전에 두뇌를 이용해 공과 홀, 그린의 기복을 읽는다. 최고의 골프 선수라면 공이 그린 위를 타고 홀로 들어가는 보이지 않는 라인을 볼 것이다. 보이지 않는 라인을 제대로 볼 수 있는 골프 선수가 최후의 승자가 되고, 가장 큰 몫의 상금을 차지한다.

단순화해 보자면 인간의 지적 능력은 두뇌가 아니라 생각에 있다. F. 스콧 피츠제럴드가 다음과 같이 말한 이유도 그 때문이다.

"1급 지적 능력의 척도는 두 가지 상반되는 생각을 동시에 품고 여전히 생각할 수 있는 능력을 보유하는 것에 달려 있다."

불행하게도 우리들 대다수는 생각 사용법이 아니라 두뇌 사용법만을 배운다.

정답은 하나뿐이라는 명제의 한계

학교는 학생들에게 정답은 오직 하나라고 가르친다. 정답이 한 개밖에 없을 때는 논쟁과 의견 충돌, 이혼, 싸움, 살인, 법정 다툼, 전쟁이 벌어진다. 학교는 생각의 힘으로 탐구할 수 있는 관계를 가르치는 것이 아니라

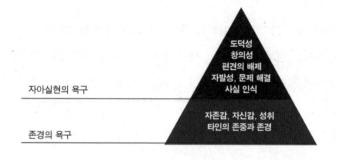

두뇌가 기억할 수 있는 '해답'만을 가르치고 있다.

부자 아빠는 이렇게 말했다.

"당신이 멍청이와 논쟁을 벌인다면 두 명의 멍청이가 되는 것이다."

두 명의 멍청이는 정답이 오직 하나라고 믿는 멍청이 둘이 만날 때 드러나는 모습이다.

부모와 학교가 아이들에게 정답은 하나밖에 없다고 가르친다면, 매슬로의 욕구 단계 상층부가 파괴되고 개인의 자아실현 욕구는 지체된다.

인생의 두 번째 기회

인생의 두 번째 기회를 거머쥐기 위해서는 대다수의 사람들이 보지 못하는 것을 볼 수 있는 눈이 필요하다. 두 번째 기회는 창의적이고 자발적인 사람, 문제 해결의 다양한 답을 제시할 수 있는 사람, 편견을 배제하고 사실을 있는 그대로 인식할 수 있는 사람에게 허락된다.

두 번째 기회는 자존감, 자신감, 성취, 타인에 대한 존중과 존경을 필요로 한다. 한마디로 자존감에는 용기가 필요하다. '용기(courage)'라는 단어는 '심장'이라는 의미를 가진 프랑스어 '르 쾨르(le coeur)'에서 유래되었다. 용기는 두뇌에서 나오는 것이 아니다. 이 세상에는 높은 수준의 교육을 받은 '두뇌'들이 잔뜩 있지만 미지의 세계를 향해 모험하거나 위험을 무릅쓸 용기는 부족하다. '용기'란 두뇌가 아닌 심장에서 나온다.

두 번째 기회는 두뇌가 볼 수 있는 것과 생각으로 볼 수 있는 것의 차이를 알아야 얻을 수 있다. 두 번째 기회란 옳은 것이나 정답을 찾는 것이 아니라 행동을 취하고 실수를 범하고 방향을 수정하고 성공에 이를 때까지 실패를 딛고 일어서는 것이다.

불행하게도 이와 같은 행동 방식은 우리의 학교에서는 지적인 것으로 인정받지 못한다. 사실 지적인 것과는 정반대로 인식된다.

보이지 않는 불가사의

풀러 박사는 우주의 99퍼센트가 우리 눈에 보이지 않는 것들로 이루어졌다고 믿었다. 만약 그게 사실이라면, 인간의 존재는 1퍼센트의 실체에 근원을 두고 있다는 말이 된다.

인간은 언제나 보이지 않는 것을 인지한다. 수천 년간 인간은 눈에 보이지 않는 것들의 존재와 불가사의, 힘을 감지해 왔다.

인간이 신을 숭배하고, 성지를 축성하고, 동물의 형상이나 상징을 신성시하고, 예수와 아브라함, 무함마드, 붓다 등의 성인을 숭상하는 이유도 여기에 있다. 이와 같은 물리적 화신을 통해 인간은 보이지 않는 불가사의와 힘에 접근하고자 한다.

그 옛날 전염병이 만연하여 곳곳에 사망자가 발생했을 때, 인간은 재앙을 몰고 온 악마의 존재를 찾기 위해 '마녀사냥'에 나섰다. 현미경의 발명은 루이 파스퇴르와 같은 과학자들에게 보이지 않는 것을 볼 수 있는 능력을 선사했다. 그 후 사람을 죽이는 세균이나 박테리아를 눈으로 볼 수 있게 되었다.

현대판 마녀사냥

오늘날에는 소위 '계급투쟁'이라 불리는 금융 마녀사냥이 진행되고 있다. 많은 사람들이 자신이 가난한 이유가 부자들이 그렇게 만들기 때문이라고 믿는다. 물론 타인을 상대로 범죄를 저지르는 '부유한 마녀들'이 존재하는 것도 사실이지만, 대다수의 부자는 올바른 방식으로 부자가 되었다.

프랑스 대혁명 기간 중에 가난한 사람들은 마리 앙투아네트를 포함한 귀족들의 목을 잘랐다. 그들은 기업가들 또한 가차 없이 처단했다. 프랑스 경제를 책임졌던 혁신가와 위험을 무릅쓰는 모험가, 일자리를 창출하는 기업가들을 모조리 참수했다. 이런 것이 바로 부자와 빈곤층, 중산층 사이의 격차가 과도하게 벌어질 때 발생하는 일이다.

오늘날 프랑스 경제는 단두대의 시대로부터 완전히 회복되었다고 볼 수 없다. 한때 세계의 열강으로 간주되던 프랑스는 현재 부자가 되고자 하는 욕망을 비난거리로 생각하는 사회주의 국가에 지나지 않는다.

Q 미국에서도 계급투쟁이 진행 중인가?

A 그렇다. 빈곤층과 중산층이 부자들 때문에 어려움을 겪는 것이라고 계속 불만의 목소리를 낸다면 그들 사이는 더욱 벌어지기만 할 것이다.

Q 어째서 그러한가?

A 두 가지 이유가 있다.

첫째는 부자들이 그들의 부를 점점 더 찾을 수 없게 감추어 두기 때문이다. 부자는 자신의 부를 이동시킬 수 있는 자원을 보유하고 있다. 부자가 자신의 부를 이동시킬 때는 경제적 투자를 줄이기 때문에 빈곤층과 중산층의 생활은 더욱 힘들어진다. 애플과 같은 미국 기업의 상당수가 미국이 아닌 해외에서 수십억 달러의 수익을 올리지만, 그 돈은 미국으로 들어오지 않는다. 미국의 법인세율이 적용되면 벌어들인 수익 중 꽤 많은 몫이 세금으로 나가기 때문에 기업이 해외에서 벌어들인 수입을 굳이 들여오지 않는 것이다. 만약 법인세율이 낮아진다면 기업의 해외 소득이 미국으로 돌아올 확률이 높고 그렇게 되면 미국 내 경제 사정이 좀 더 나아질 것이다.

둘째는 부자들에게 분노를 느끼면 그들이 부를 창출하기 위해 어떤 일을 하는지 아는 것이 더 어려워지기 때문이다.

Q 내가 화가 나면 부자들이 무엇을 하는지 배우고 행하기가 어려워진다는 말인가?

A 그렇다. 두 번째 기회를 거머쥐기 위해서는 부자들을 부자로 만드는 것이 무엇인지 아는 것이 중요하다. 분노와 질투심으로 가득 차면 부자들이 무엇을 하는지 볼 수 없게 된다. 지식은 우리에게 볼 수 있는 힘을 준다. 분노와 무지는 눈뜬 장님을 만들 뿐이다.

부자와 사람들 간의 격차를 잘 이해하기 위해서는 인류의 발전 과정에서 드러난 부의 진화 과정을 살펴보는 것이 도움이 된다.

부의 진화 – 수렵 채집의 시대

수렵 채집의 시대에는 모든 인간이 평등했다. 오직 하나의 계층만 존재했고 부유층, 중산층, 빈곤층이란 것이 없었다. 부족의 우두머리는 다른 구성원들과 마찬가지로 동굴이나 오두막, 천막에서 기거했다. 족장이라 해서 따뜻한 물과 차가운 물이 나오는 시설이 있던 것도 아니고, 자가용 비행기를 타고 다닌 것도 아니다. 모든 사람이 하나의 공동체, 부족, 지역 사회 내에서 평등한 삶을 꾸려 가는 진정한 공산주의였다. 누구도 그 어떤 것도 소유하지 않았다. 족장은 부족의 구성원들과 똑같이 생활하고, 먹고, 이동했다. 족장에게 더 나은 의료 서비스가 주어지는 것도 아니었고, 족장의 자녀들이 더 좋은 학교에 다니는 것도 아니었다. 모든 것이 공정했고, 사람들은 평등했다. 한 장소에서 식량이나 사냥감이 부족해지거나 날씨가 변하면 다른 곳으로 이동하면 그만이었다. 그 시대에는 토지가 아무런 가치가 없었다.

부의 진화 – 농경 시대

농경 시대는 인간이 가축을 기르고 작물을 재배하면서부터 시작되었다. 토지에 재산적 가치가 부여되었고, 부유층과 빈곤층, 즉 토지를 소유한 사람과 그렇지 않은 사람으로 계층이 나뉘었다. '부동산(real estate)'이라는 말은 '왕실 소유의 땅(royal estate)'이라는 의미를 가진 스페인어에서 유래되었다. '소작농(peasant)'은 프랑스어 'pays'와 'sant'에서 파생된 단어로, '토지의 사람'이라는 뜻이다. 토지가 가치를 지니면서 '세금'과 그것을 '납부하는 사람'이라는 개념도 생겨났다. 소작농은 왕의 땅에서 살며 그 땅을 경작하는 혜택을 누리는 대가로 세금을 납부했다. 소작농이 납부하는 세금의 대가로 왕은 주변의 다른 왕들로부터 소작농을 보호해 주었다.

소작농을 자신의 통제 하에 두기 위해 왕은 자신의 친구들에게 넓은 땅을 하사하고 '귀족(barons, lords)'이라 칭했다. '지주(landlord)'라는 말은 그렇게 생겨났다. 토지의 주인은 소작농에게서 거두어들인 세금에서 일정 부분을 떼어 왕에게 상납했다. 세금으로 왕과 귀족들은 성에서 호의호식하는 반면 소작농들은 오두막에서 살았다. 귀족들은 말을 타고 다녔고, 소작농들은 걸어 다녔다.

전쟁이 일어나면 귀족들은 자신의 소작농들을 모아 무기를 쥐여 주고 훈련을 시켜 전투에 내보냈다. 부자들의 재산을 지키기 위한 싸움이었다.

농경 시대에 이르러 부자와 가난한 자, 왕족과 소작농의 '2계층 사회(two-class society)'가 시작되었다. 왕족은 더 큰 부자가 되었고, 소작농은 정복과 영토 확장을 위한 왕의 전쟁에서 싸웠다.

자, 오늘날과 그리 다를 바 없지 않은가?

부의 진화 – 산업화 시대

산업화 시대는 우리를 부유층과 중산층, 빈곤층의 '3계층 사회(three-class society)'로 안내했다.

산업화 시대에는 새로운 종류의 토지가 가치를 갖게 되었다. 농경 시대에는 비옥한 토지가 가치 있는 땅이었지만 산업화 시대에는 농경에 적합한 비옥한 토지는 공장 부지로 적합하지 않았다. 바위가 많아 농경에는 부적합하지만 가격은 저렴했던 땅(지금의 디트로이트)을 헨리 포드가 자동차 공장 부지로 선택한 것도 그런 이유에서였다. 공장을 중심으로 중산층의 주거지인 교외 지역이 형성되었고, 중산층이 주택 소유주가 되었다.

산업화가 농경 사회를 추월하면서 왕과 귀족들은 자신들이 소유하고 있던 부동산을 조금씩 팔기 시작했다. 중산층은 땅을 소유할 수 있도록 '담보대출'을 제공하는 은행가로 변신했다. 오늘날 주택담보대출 상환금은 중산층 가정의 지출 중 가장 큰 비중을 차지한다.

빈곤층은 여전히 집주인에게 임대료를 지불해야 한다.

산업화 시대는 은행가와 기업가로 알려진 새로운 왕족의 출현을 야기했다. 몇몇 야심찬 미국의 은행가와 기업가들은 '노상강도 귀족(robber baron)'으로 변모하기도 했다.

위키피디아는 '노상강도 귀족'을 다음과 같이 정의한다.

'노상강도 귀족'은 19세기 사회 비평 및 경제 관련 문헌에서 미국의 부유하고 힘 있는 사업가들을 일컫는 경멸적인 용어로 사용되었다. 이 단어가 문헌에 처음 등장한 것은 북미 지역의 정기 간행물 《애틀랜틱 먼슬리》의 1870년 8월호로 보인다. 1800년대 말에 접어들며 이 용어는 자신의 부를 축적하기 위해 타인에 대한 착취로 간주되는 행위를 서슴지 않는 사업가들을 지칭하게 되었다. 타인에 대한 착취로 간주되는 행위에는, 국가 자원에 대한 통제권 행사와 정부 관료들에 대한 영향력 축적, 극도로 낮은 수준의 임금 지급, 경쟁사를 인수하여 독점을 확보함으로써 경쟁 구도를 무너뜨리고 궁극적으로 가격을 인상하는 행위, 주식의 가격을 부풀린 후 순진한 투자자들에게 매도하여 결국 기업을 파산으로 몰아가고 투자자들을 궁핍하게 만드는 계책 등이 포함되어 있다.

사람들은 산업화 시대에 '탐욕'이 기하급수적으로 증대되었다고 믿는다. 사실이 그렇다. 탐욕과 야망이 증대된 것은, 가난한 사람이 막대한 부자가 될 수도 있는 능력이 산업화 시대에 극적으로 증가했기 때문이다. 그결과 가난한 사람에서 출발하여 농경 시대의 왕이나 여왕보다 더 부유해진 노상강도 귀족들이 다수 출현했다.

산업화 시대에 등장한 노상강도 귀족 몇몇을 소개하면 다음과 같다.

- **철강** 앤드류 카네기(피츠버그, 뉴욕)
- **담배·에너지** 제임스 듀크(더럼, 노스캐롤라이나)

- **금융·오일** 앤드류 M. 멜론(피츠버그)

- **금융·기업 인수 합병** J. P. 모건(뉴욕)

- **오일** 존 D. 록펠러(클리블랜드, 뉴욕)

- **철도** 릴런드 스탠퍼드(샌프란시스코, 캘리포니아)

- **해상 운송·철도** 코넬리우스 밴더빌트(뉴욕)

버키는 노상강도 귀족 몇몇이 미국 일류 대학의 설립자라는 사실을 지적했다. 카네기, 듀크, 멜론, 스탠퍼드, 밴더빌트 등과 같은 노상강도 귀족들은 자신의 이름을 딴 학교를 세웠다. 버키는 하버드 대학교를 J. P. 모건의 회계학교라고 불렀다. 존 D. 록펠러는 1891년 시카고 대학교를 설립했고, 1903년에는 일반교육위원회를 창립했다.

록펠러는 농경 시대를 살고 있는 농촌의 영리한 소년 소녀들을 산업화 시대에 걸맞은 인재로 육성할 목적으로 일반교육위원회를 출범시킨 것이라 주장했다. 영리한 소년 소녀들 중 일부는 노상강도 귀족을 위한 '귀족'이 되었다. 오늘날 우리가 CEO(최고 경영자), CFO(최고 재무 책임자), 회계사, 변호사로 칭하고 있는 사람들이다.

일반교육위원회를 설립한 록펠러의 진짜 목적은 무엇이었을까? 국가의 교육 커리큘럼을 통제하기 위해서는 아니었을까?

우리 교육 시스템을 '강탈'하기 위해 일반교육위원회가 설립되었다. 록펠러는 똑똑하고 영리한 인재들을 피고용인이나 기업 임원이 되도록 교육하는 것일 뿐 자신과 같은 기업가로 육성할 의도는 전혀 없었다. 현재 다수의 대학에서 기업 임원이나 피고용인이 아닌 기업가가 되기를 꿈꾸는 학생들을 위한 프로그램을 제공한다는 것은 희소식이다. 금융 교육의 대규모 통합이라는 변화가 느리게나마 진행 중인 셈이다.

오늘날에는 전 세계에 걸쳐 계급투쟁이 진행 중이다. 많은 사람들이 부자들 다수가 노상강도 귀족의 환생이며 사기꾼이나 도둑들보다 나을 것이 없다고 생각한다.

그러나 당신이 인생의 두 번째 기회를 찾고 있다면 동전의 옆면에 서서 앞면과 뒷면을 동시에 보는 것이 중요하다. 동전의 한쪽 면만 본다면 노상강도 귀족들이 어떻게 옛날의 왕족들보다 더 부유한 갑부가 되었는지 제대로 이해할 수 없을 것이다. 결국 점점 커지고 있는 계급투쟁에서 빈곤층에 남게 될지도 모를 일이다.

위키피디아에서는 저널리스트 존 스토셀의 논평을 인용해 노상강도 귀족에 대한 동전의 이면적 견해를 소개하고 있다.

- 그들은 다른 사람에게 무언가를 강탈한 적이 없으니 노상강도가 아니다. 가난하게 태어났기 때문에 귀족이라 할 수도 없다.

- 여행과 운송을 보다 저렴하게 할 수 있는 방법을 창안한 밴더빌트는 사람들을 즐겁게 함으로써 부자가 되었다. 더 크고 빠른 배를 사용했고 배 안에서 음식을 먹을 수 있게 했다. 그는 뉴욕에서 하트포드까지의 운임을 8달러에서 1달러로 떨어뜨렸다. 그 어떤 '소비자 단체'가 했던 것보다 더 큰 혜택을 소비자에게 제공했다.

- 록펠러는 기름을 팔아서 부자가 되었다. 처음에는 경쟁사들과 정부까지 나서서 그를 독점 자본가라고 몰아세웠지만 실제로 그는 독점 자본가가 아니

었다. 당시 록펠러에게는 100개 이상의 경쟁 기업이 있었다. 록펠러는 누구에게도 기름을 사라고 강요하지 않았다. 록펠러는 보다 저렴한 가격으로 소비자를 유인했을 뿐이다. 그것이 경쟁자들이 그를 싫어한 이유다. 원유의 채굴에서부터 소비자가 사용하는 주유 펌프에 이르기까지 전 과정에 소요되는 비용을 대폭 절감한 록펠러의 방식은 수백만 명의 생활을 보다 윤택하게 만들었다. 밤이 되면 어쩔 수 없이 잠자리에 들었던 노동자 계층이 등불을 켜고 밤늦은 시간까지 독서를 할 수 있을 정도로 연료의 가격이 낮아졌다. 록펠러의 탐욕은 고래에게도 구원의 손길이었다. 그가 등유와 휘발유의 가격을 떨어뜨리면서 고래 기름의 수요까지 제거해 버렸기 때문이다. 그로 인해 고래의 대량 학살이 어느 순간 멈추었다.

자본가들이 행한 훌륭한 업적에도 불구하고 많은 사람들이 부유한 자본가를 우리의 생활을 보다 윤택하게 만든 사람으로 보지 않고 노상강도 귀족이라는 경멸적 호칭으로 일컫는다. 하지만 노상강도 귀족들 다수는 탐욕스럽지 않았다. 그들은 관대했다. 만약 당신이 부자가 되고 싶다면 보다 많은 사람들에게 혜택을 나눠 줄 수 있는 방법을 찾아야 한다.

부의 진화 – 정보화 시대

1957년 소련은 지구 궤도를 도는 최초의 인공위성 스푸트니크를 쏘아 올렸다. 많은 사람들이 이 사건을 정보화 시대 및 보이지 않는 시대의 출발점으로 간주한다. 인공위성이 거기에 있다는 건 모두가 알고 있지만, 우리 눈으로 직접 볼 수 있는 건 아니다. 오늘날 수천 개의 인공위성이 하늘에 떠다니며 우리 생활의 여러 측면에 관여하고 있다.

오늘날에는 새로운 유형의 부동산이 존재한다. 바로 '보이지 않는' 부동산이다. 일부에서는 이를 '사이버 부동산'이라고 부른다. 사이버 부동산은 학교도 졸업하지 않은 19세 청년을 갑자기 억만장자로 만들고, 대졸 임원이던 59세의 직장인을 한순간 백수로 만들기도 한다.

사이버 부동산은 스마트폰이나 아이패드 등의 모바일 기기와 컴퓨터에서 찾을 수 있다. 구글이나 아마존에 접속하는 것은 모노폴리 게임판 위의 가장 비싼 땅인 파크플레이스(Park Place)나 보드워크(Boardwalk)에 서는 것과 다름없다.

학교 교육을 중도에 포기했지만 보이지 않는 시대의 기업가로, 다시 말해서 새로운 노상강도 귀족에 등극한 몇몇 사람을 예로 들어보자면 다음과 같다.

- **애플 컴퓨터** 스티브 잡스
- **애플 컴퓨터** 스티브 워즈니악
- **마이크로소프트** 빌 게이츠
- **오라클** 래리 엘리슨
- **마이스페이스** 톰 앤더슨
- **텀블러** 데이비드 카프
- **페이스북** 더스틴 모스코비츠
- **페이스북** 마크 저커버그
- **델 컴퓨터** 마이클 델

여러 측면에서 당신은 부유층과 빈곤층, 중산층 간의 격차가 점점 커진 것에 대해 이 사람들을 비난할 수 있다. 실업률이 높은 것도 모두 이들 때문이라 비난할 수 있다. 심지어 정부의 생계 지원 프로그램에 의존하는 사람들이 늘어가는 것도 이들 때문이라고 비난할 수 있다. 그리고 우리 자신을 비난할 수도 있다.

앞서 말한 바와 같이 인간은 변화를 보지 못할 때, 그것이 보이지 않는 변화이기 때문에 다른 사람을 비난의 대상으로 삼는다. 마녀를 불에 태우고 단두대에 참수한다. 보이지 않는 문제를 해결하기 보다는 정치인처럼 상대방을 공격하는 데 열을 올린다.

왜 부자는 더 부유해지는가?

1967년 나는 친구 앤디와 함께 히치하이킹으로 캐나다 몬트리올에 다녀왔다. 그때 우리의 여행은 단순히 버키의 돔과 '엑스포 67'의 미국관을 보기 위한 것만은 아니었다. 우리는 "신은 모든 인간이 부자가 되길 원했다."라는 버키의 주장을 보다 깊이 있게 이해하고 싶었다. 버키는 1981년 발표한 저서 『중대 경로(Critical Path)』에서 이렇게 언급한 바 있다. "기술적으로 말하자면 현재 우주선 지구에는 60억 명의 억만장자가 탑승하고 있다." 스물 살짜리의 머리로는 도무지 이해할 수 없는 비현실적인 주장이었다. 적어도 내가 학교에서 배운 내용과는 상당한 거리가 있었다. 학교에서는 세상에 극히 일부만 부자가 될 수 있다고 가르쳤기 때문이다.

몬트리올 박람회장의 미국관 안에서 몇 시간을 서 있어 봤지만 우리가 찾고자 했던 대답을 얻을 수는 없었다. 우리가 볼 수 있었던 것은 거대한 구조물, 우주 공간에 매달려 있는 것 같은 공 모양의 형상, 눈에 띄는 지지물이 거의 없는 거대한 돔이 전부였다. 그것은 여태껏 우리가 봐 왔던 건물들과 전혀 다른 구조였다. 돔의 내부 공간의 부피는 엄청나게 컸지만 마치 깃털처럼 가볍게 느껴졌다.

비록 우리의 '두뇌'로는 찾고자 했던 대답을 얻지 못했지만 우리의 '생각'은 풀러 박사가 내다보았던 미래 세계의 가능성을 감지할 수 있었다. 몬트리올을 떠날 때 우리의 마음속에는 모든 사람에게 혜택이 주어지는 세상에 대한 믿음, 승자와 패자 또는 너 아니면 나로 양분될 필요가 없는 세상에 대한 가능성이 깊이 자리 잡았다. 내가 살기 위해 타인을 해치거나 빼앗지 않아도 되고, 당신과 나, 우리 모두에게 유리한 세상이 가능할 것이라는 확신이 가슴에 아로새겨졌다.

기꺼이 배우고, 행동을 취하고, 실수를 저지르고, 그 속에서 교훈을 얻으며, 누구도 막을 수 없는 기세를 유지한다면 누구라도 자신의 재정적 미래를 통제할 수 있다. 나는 학교에서 공부로 두각을 나타내지 못한 아이도 불리함을 극복하고 성공할 수 있음을 입증해 왔다. 그러니 당신도 할 수 있다. 스스로를 믿고, 터득하고, 지식을 기꺼이 행동으로 옮긴다면 당신을 위한 두 번째 기회가 분명 있을 것이다.

부자들의 일반 원칙

부자는 '효율 극대화(ephemeralization)'의 원칙을 따른다. 단순하게 정의하면, '더 적은 것으로 더 많은 것을 하는 능력'을 의미한다.

농경 시대의 왕들은 더 적은 것으로 더 많은 것을 해냄으로써 부자가 되었다. 식량을 찾아 이곳에서 저곳으로 옮겨 다니는 대신, 이동을 멈추고 식량을 생산하기 시작했다. 토지를 가꾸고 경작함으로써 갈수록 많은 식량을 생산해 냈고 갈수록 많은 사람을 먹여 살렸다.

산업화 시대의 미국 노상강도 귀족들도 이와 동일한 효율 극대화 원칙을 따랐다. 그들 또한 더 적은 것을 사용해 더 많은 것을 도출해 냈다.

앞서 존 스토셀의 논평을 소개하면서 왜 노상강도 귀족들이 관대한 사람들이라고 했는지 기억해 보라. 스토셀은 다름 아닌 '효율 극대화'의 일반 원칙을 설명했다.

Q 어떤 사람들은 노상강도 귀족이 탐욕스럽다고 하고 또 다른 사람들은 관대하다고 한다.

A 다시 말하지만 동전에는 세 개의 면이 존재한다. 동전의 옆면, 즉 아이디어나 논쟁의 중심에서 양쪽 면을 동시에 볼 수 있는 능력이 바로 지능이다.

Q 스티브 잡스, 데이비드 카프, 마크 저커버그 등과 같은 기업가들이 새로운 노상강도 귀족이라는 말인가? 그들 또한 효율 극대화의 일반 원칙을 따른 것인가?

A 그렇다. 정보화 시대에서 인간은 눈에 보이지 않는 기술에 의해 대체되고 있다.

오늘날 아마존이나 알리바바 등과 같은 사이버 부동산 소매업자들이 전통적인 '부동산', 즉 시어스(Sears)와 J. C. 페니컴퍼니 등과 같은 소매상을 파괴하고 있다. 전 세계 모든 도시에서 수백만 명이 일자리를 잃고 있다.

Q 부유층, 빈곤층, 중산층 간 격차가 점점 커지는 이유도 그 때문인가?

A 그 이유 가운데 하나에 해당한다.

Q 어떤 사람은 여전히 산업화 시대의 방식으로 살아가는 반면 어떤 사람은 정보화 시대의 방식으로 살아가고 있다.

A 그렇다. 높은 수준의 교육을 받은 실직 상태의 기업 임원들은 여전히 고소득과 각종 혜택이 보장되는 산업화 시대의 일자리를 찾고 있다. 불행하게도 대다수의 학교와 교사들 역시 비즈니스와 고용에 관한 한 산업화 시대의 관점에서 벗어나지 못하고 있다. 대부분의 교사들은 보다 적은 수의 학생을 가르치며 보다 높은 봉급을 받기를 원한다. 이것은 효율 극대화의 일반 원칙과 상반된다. 교사들은 더 적은 것으로 더 많은 것을 할 수 있는 (보다 나은 교수법으로 보다 많은 학생에게 혜택을 나누어 주고 보다 나은 결과를 도출하는) 방법을 찾아야 한다.

Q 일부 교사들이 인터넷을 활용해 더 낮은 비용으로 더 많은 학생을 가르치고 있다.

A 그렇다. 몇몇 교사들은 그런 방법으로 수백만 달러의 수입을 얻고 있다. 그것은 옳은 방법이다. 그런 교사들은 효율 극대화의 원칙을 따르고 있다. 그들은 보다 적은 것으로 보다 많은 것을 한다.

Q 효율 극대화의 원칙을 따르지 않는 교사 혹은 사람들에게는 어떤 일이 벌어질 것인가?

A 그 질문에는 당신 스스로 대답할 수 있을 것이다. 더 적은 일을 하면서 더 높은 대가를 원하는 사람들은 오래가지 못한다. 수많은 실업자 혹

은 능력 이하의 일을 하고 있는 사람들이 여전히 산업화 시대의 관점으로 자신의 '두뇌'를 작동시키고 있다. 그럼으로써 '생각의 힘'이 주변의 기회를 포착하지 못하게 만들고 있다.

Q 우리의 리더들도 그와 같은 문제를 안고 있다는 말인가?
A 그렇다. 그래서 앞으로 다가올 위기는 1000조 달러의 위기가 될 것이라고 말하는 것이다.

보이지 않는 거인

오늘날 세계 최대 규모의 시장에는 이런 것들이 속해 있다.

1. 파생상품 시장
2. 통화 시장
3. 채권 시장
4. 주식 시장
5. 생필품 시장
6. 부동산 시장

이중에서 파생상품 시장, 통화 시장, 채권 시장에서 취급하는 돈의 규모가 가장 크다.

나머지 시장들, 즉 주식, 생필품, 부동산 시장의 규모에 따른 순위에 대해서는 이견이 있다. 하지만 이들 모두가 거대한 시장이고 종종 서로 겹쳐지는 경우가 있어서 그 크기를 정확하게 가늠하기는 힘들다. 예를 들어 많은 사람들이 리츠(REITS), 즉 부동산투자신탁(Real Estate Investment Trusts)을 통해 부동산에 투자하는데, 이는 사실상 주식의 형태로 투자하는 것이다. 생필품, 주식, 채권의 경우도 마찬가지다. 혼동이 생길 수 있다.

파생상품 시장

세계 최대의 시장은 파생상품 시장이다. 파생상품 시장은 나머지 모든 시장들을 왜소하게 보이도록 만든다. 소수의 사람들만 알고 있고 이해하는, 극히 일부만 볼 수 있는 괴물과도 같다.

Q 얼마나 큰가? 왜 그것이 그토록 중요한가?

A 주식 시장이 붕괴하기 전까지 파생상품 시장의 규모는 700조 달러로 추정되었다. 2007년 시장 붕괴는 사실 부동산 시장이나 주식 시장의 붕괴가 아니라 파생상품 시장의 붕괴였다.

Q 그렇다면 파생상품이란 무엇인가?

A 그 질문에 대답하기 전에 파생상품에 관해 해박한 지식을 갖춘 소수 전문가들의 의견을 인용하고자 한다.

워런 버핏은 이렇게 말했다. "파생상품은 금융계의 대량 살상 무기다."

세계에서 가장 성공한 투자자 중 한 명으로 손꼽히는 조지 소로스는 이렇게 말했다. "그것이 어떻게 작용되는지 정확히 알지 못하기 때문에 안 하는 것이다."

펠릭스 로하틴은 1970년대 금융 대란에서 뉴욕을 구원한 투자 은행가다. 그는 파생상품을 이렇게 묘사한다. "금융계의 수소 폭탄!"

동전의 이면

물론 파생상품을 옹호하는 사람들도 있다. 전 연방준비위원회 의장 앨런 그린스펀은 4명의 대통령(레이건 대통령, 41대 부시 대통령, 클린턴 대통령, 43대 부시 대통령) 재임 기간 동안 그 자리를 지킨 인물로, '마에스트로'라는 별칭으로 통했다. 그는 금융 파생상품에 대해 좋은 말만 했다.

"리스크가 한곳에 집중되면 보다 쉽게 포착될 수 있다. 리스크의 집중 현상이 중개인의 리스크 감수 욕구를 초과하면, 파생상품을 비롯한 리스크 도구들은 잠재된 리스크를 다른 주체에 이전하는 데 이용할 수 있다.
결과적으로 잠재적 리스크 요인의 충격에 대한 개별 금융 기관의 취약성이 감소하고 금융 시스템 전반 역시 보다 강한 회복력을 누리게 된다."

2005년 앨런 그린스펀에 이어 차기 연방준비위원회 의장으로 지명된 벤 버냉키 후보자는 인사청문회의 질문에 다음과 같이 응답했다.

Q 워런 버핏은 파생상품이 시한폭탄과 같다고 경고한 바 있다.《파이낸셜 타임스》는 지금까지 폭탄이 실제로 터진 일은 없지만, 급속하게 성장하고 있는 파생상품 시장의 위험성은 여전히 실존한다는 내용의 기사를 실었다. 이런 우려들에 대한 당신의 입장은 무엇인가?
A 나는 당신이 제시한 견해보다 더 낙관적으로 파생상품을 보고 있다. 사실 나는 파생상품이 매우 가치 있다고 생각한다. 파생상품은 리스크를 공유하거나 분할할 수 있고, 기꺼이 리스크를 감수할 용의가 있는 사람에게 이전할 수도 있다. 나는 파생상품이 다양한 측면에서 금융 체계

의 유연성을 높이는 데 일조한다고 믿는다. 안전성에 관해서 말하자면, 파생상품은 대부분의 경우 고도로 전문화된 금융 기관이나 상품에 대한 충분한 이해와 적절한 활용 능력을 가진 개인에게 거래되고 있으므로 문제가 될 게 없다고 본다. 연방준비위원회의 의무는 파생상품의 포트폴리오를 제대로 관리하고, 과도한 리스크가 생성되지 않도록 적합한 시스템과 절차를 확고히 갖추도록 지도하는 데 있다.

2007년에 일어난 일

2007년 주식 시장과 부동산 시장이 갑작스럽게 무너지면서 수백만 명이 일자리와 집, 은퇴 자금을 모두 잃어버렸다. 문제는 그런 일이 서브프라임 모기지 대출자나 부실 부동산 혹은 사기성 서브프라임 모기지 부채에 의해 유발된 게 아니라는 사실이다. 진정한 문제는 신용부도스왑(Credit Default Swaps, CDS)과 부채담보부채권(Collateralized Debt Obligations, CDO)이라는 이름의 파생상품이었다.

워런 버핏은 파생상품과 관련해서 공개적으로 이렇게 말했다.

"파생상품은 지금 당장은 잠복 중이지만 잠재적으로 치명적인 위험을 항상 수반한다."

서브프라임 모기지 부채 폭탄이 폭발하자 파생상품의 위험성은 '잠복 단계'에서 '치명적 단계'로 격상되었다.

파생상품은 금융 시장의 보이지 않는 흑사병과 같다. 리먼 브라더스, 베어 스턴스 등과 같은 은행계의 거인들을 한순간에 몰락시키며 수백만 명의 일자리와 집, 미래를 앗아 갔다.

Q 파생상품이란 무엇인가?

A 아주 단순하게 말하면, 파생상품은 당신이 주택이나 자동차를 위해 가입하는 보험상품과 같은 것이다.

서브프라임 모기지 대출자들이 감당할 수 없게 된 집에 대해 대출금 상환을 중단하자, 금융계의 대량 학살 무기가 터지기 시작했다. 그 폭발은 뉴욕과 뉴저지를 휩쓴 태풍 샌디에 버금가는 위력을 뿜냈다. 보험회사는 당국의 규제가 미치는 범위 내에서 청구되는 보험금을 확보해 놓고 영업을 하지만 파생상품 취급 회사는 그렇지 않았다.

세계 최대의 금융 시장인 파생상품 시장은 상당 부분 감시자가 없으며 법적인 규제도 사실상 없다. 파생상품에 부실이 발생하면 그 손실을 메우는 주체는 상품을 판매하고 이득을 취한 은행이나 관계자들이 아니다. 성실한 납세자들이 그 손실을 떠안게 되는 것이다.

진정한 노상강도 귀족

진정한 노상강도 귀족은 미국연방준비은행 총재들과 재무장관, 대형 은행의 CEO들이었다. 그들은 효율 극대화라는 일반 원칙을 이용해 세계 경제를 재물로 삼아 자신의 부를 늘렸다. 그들은 가급적 많은 사람들에게 혜택을 나눠 주는 관대함을 보인 게 아니라 그저 탐욕만 부렸다. 그들은 타인의 것을 빼앗는 데 자신들의 부를 사용했다. 오늘날 부자와 부자가 아닌 사람들 간의 격차는 점점 벌어지고 있다. 많은 사람들이 모든 것을 잃어버렸다. 꿈마저도 잃어버린 상황이다. 비극적인 것은 지금까지 그 사건으로 기소된 은행가는 단 한 명뿐이라는 사실이다. 그린스펀과 버냉키는 안락한 은퇴 생활을 즐기며 고액의 강연료까지 챙기고 있다.

Q 이와 같은 파생상품 위기의 책임은 누구에게 있는가?
A 2000년 빌 클린턴 대통령은 상품선물현대화법(Commodity Futures Modernization Act, CFMA)에 서명함으로써 훨씬 더 큰 파생상품 시장이 조성될 수 있는 길을 닦아 주었다. 2000년부터 2007년 사이에 파생상품 시장은 100조 달러에서 700조 달러 규모로 성장했다. 그런 후에 폭발이 시작된 것이다.

Q 오늘날 파생상품 시장의 규모는 어느 정도인가?
A 《웰링턴 레터》의 발행인 버트 도먼에 의하면, 2014년 기준 파생상품 시장은 1200조 달러 규모로 커진 상태다.

Q 1000조 달러라면, 도대체 얼마나 큰돈인가?
A 상상할 수 없을 만큼 엄청나게 큰돈이다.

Q 내가 굳이 그런 것까지 알아야 하는 이유는 무엇인가?
A 그런 것에 대해 알아야만 대다수의 사람들은 결코 보지 못하는, 다가오는 위험을 피할 수 있는 시간을 확보할 수 있을 것이다.

Chapter 7

보이지 않는 것을 보는 법

"말은 인간이 만들어 낸 가장 강력한 도구다."
– 버크민스터 풀러

버키는 자신의 저서와 강연을 통해 말의 힘을 강조하곤 했다. 그는 인생에서 아주 힘든 시기를 겪는 와중에 자신의 문제가 대부분 말에서 시작되었다는 것을 깨달았다.

그때부터 버키는 말의 의미를 온전히 이해하고 스스로 확신하기 전까지는 입을 떼지 않기로 작정했다. 그의 침묵은 2년 동안 지속되었다.

풀러 박사의 강연이 이어지는 동안 내 귓가에서 부자 아빠가 수도 없이 반복했던 말이 떠나지 않았다.

"집은 자산이 아니다."

자산과 부채의 차이점을 설명하는 대신 부자 아빠는 다음과 같은 간단한 그림을 그려 주었다.

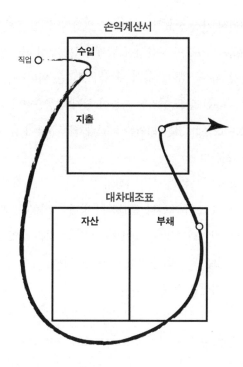

손익계산서

직업 ◯

수입

지출

대차대조표

자산   부채

　풀러 박사의 강연을 들으며 나는 '자산'과 '부채'의 차이점을 이해한다
는 사실만으로도 내가 얼마나 유리한 입장에서 출발하는 것인지 깨달았
다. 부자 아빠의 간단한 그림이 대부분의 사람들은 보지 못하는 것을 '볼
수 있도록' 만들어 준 것이다. 수백만 명이 재정적 어려움을 겪는 이유는
그들이 자신의 집과 자동차를 '부채'가 아닌 '자산'으로 생각하기 때문이
다. 그보다 더 안타까운 것은 대다수의 사람들은 진정한 자산이 무엇인지
전혀 모른다는 점이다.

　풀러 박사는 자신의 행하는 말에 강한 의구심을 가졌다. 당신도 그래야
만 한다. 그것이 시작이다.

돈의 세계에서 가장 중요한 두 단어를 말한다면 '현금'과 '흐름'일 것이다. 현금의 흐름은 그것이 자산인지 부채인지를 결정하는 기준이 된다. 만약 '현금흐름', '자산', '부채' 등의 단어가 무엇을 의미하는지 이해한다면 당신은 보다 부유한 삶을 영위할 확률이 현저히 상승한다. 대다수의 사람들이 재정적 어려움을 겪는 원인은 빠져나가는 현금이 흘러 들어오는 현금보다 많기 때문이다.

지금부터 당신이 보유한 모든 자산과 부채의 목록을 작성해 볼 것을 권한다. 자산인지 혹은 부채인지 확인하는 방법은 이렇다. 만약 당신이 더 이상 일을 하지 않는다면 돈을 들어오게 만드는 것은 무엇이며 돈을 빠져나가게 만드는 것은 무엇인가? 빈곤층과 중산층에 속한 사람들의 대다수는 부채만 있고 자산은 하나도 없다.

대부분의 은퇴 연금은 자산이 아니다. 그것은 은퇴 이후에나 (바라건대) 내 주머니로 돈을 보내 줄 공공부채(unfunded liabilities)다.

자신이 획득하거나 구축할 수 있는 자산을 찾아보기 시작하는 순간, 세상은 달리 보이기 시작한다. 보이지 않는 것을 보기 시작한다는 뜻이다.

염두에 두어야 할 또 하나의 중요한 단어는 '재산'이다. 풀러 박사는 재산을 '생존할 수 있는 날짜'라고 정의했다. 부자 아빠는 이런 질문으로 재산에 대한 정의를 내렸다. "지금 당장 일을 그만둔다면 얼마 동안 생존할 수 있을 것 인가?" 평범한 미국인의 경우 수입이 없어진 후 한 달을 채 버티지 못하는 것으로 추정된다. 수많은 사람들이 매월 받는 봉급에 필사적으로 매달리는 이유가 여기에 있다. 대부분 직업은 있을지 몰라도 재산은 없다.

킴과 내가 각각 37세와 47세에 은퇴할 수 있었던 것은 재산을 축적했기 때문이다. 킴과 나는 현금흐름을 창출하는 자산을 획득하는 데 초점을 맞추었다.

우리는 '안정된 일자리'나 '봉급' 또는 '장기적인 주식 투자' 등에는 그리 신경을 쓰지 않았다. '저축'이라는 단어에 집중하기보다 오히려 '채무'에 중점을 두었고, 그것을 이용해 자산을 획득했다.

상식으로 알려진 사실의 반대

"학교에 열심히 다녀라, 직장을 구하라, 열심히 일하라, 저축하라, 집을 사라, 빚을 지지 마라, 주식 시장에 장기적으로 투자하라."는 식의 교육을 받으면 아이들은 장님이 되고 만다. 결국 동전의 이면에 있는 부자들의 세계를 보지 못하게 된다.

이면을 볼 수 있는 단어를 몇 가지 들어보면 이런 것이 있다.

피고용인	고용인
저축하는 사람	채무자
과세소득	비과세소득
부채	자산
자영업자	기업가
봉급	현금흐름
도박꾼	투자자

학교는 학생들에게 왼쪽에 열거된 단어들만 사용하도록 가르친다. 부자들은 오른쪽 목록에 집중한다. 누구라도 시간을 할애한다면 보이지 않

는 돈의 세계를 볼 수 있게 된다. 그 세계는 극히 수소의 사람들만이 볼 수 있다.

Q 이제 자산, 부채, 현금흐름 사이의 차이점을 이해했다. 그런데 S 사분면에 속한 자영업자와 B 사분면에 속한 기업가는 어떻게 다른 것인가?

A S 사분면의 자영업자는 돈을 위해 일한다. B 사분면의 기업가는 자산을 위해 일한다.

예를 들어 부동산 중개인은 돈을 위해서 일하기 때문에, 즉 수수료 형태의 수입을 취하기 때문에 자영업자다. 하지만 부동산 사업가는 다르다. 그들은 현금흐름을 창출하는 부동산 자산을 획득하기 위해 일한다.

부동산 중개인은 가장 높은 비율의 세금을 납부하지만, 부동산 투자자의 경우 자신의 현금흐름에서 세금으로 지출되는 돈이 0에 가깝다. 부동산 중개인은 과세소득을 위해 일하지만 부동산 투자자는 비과세소득을 위해 일한다. 부동산 중개인은 돈을 저축한다. 부동산 사업가는 돈을 빌려서 부동산을 구매한다. 만약 부동산 중개인이 연간 열 채의 주택을 판매한다면 부동산 사업가는 연간 열 채의 임대주택을 취득한다. 10년 후, 부동산 중개인이 부동산 사업가보다 더 많은 돈을 벌었을지는 몰라도 비과세 현금흐름을 누리는 부동산 사업가가 훨씬 더 부유한 상태일 것이다.

Q 전 세계 어디서나 그렇다는 말인가?

A 세법은 전 세계 어디라도 기본적으로 유사하다. 자본주의의 황금률을 당신은 반드시 기억하기 바란다. 황금을 가진 자가 규칙을 만든다.

Q 대다수의 사람들이 이 사실을 모르는 이유는 무엇인가?

A 대부분의 학교가 학생들에게 앞서 열거한 예 중에서 왼쪽에 있는 단어들만 가르치기 때문이다. 그것이 대부분의 사람들이 봉급에만 연연하는 이유다. "통합은 최소 둘 이상이 합쳐진 복수형이다."라는 일반 원칙을 감안하면, 동전에는 언제나 적어도 두 개의 면이 있다. 음과 양의 보편적 이중성이 존재한다.

이와 같은 복수형은 현금흐름 사분면에서도 찾아볼 수 있다. E 사분면과 S 사분면에 속한 사람들은 돈을 위해 일한다. B 사분면과 I 사분면에 속한 사람들은 자산을 위해 일한다.

E 봉급 생활자(employee)를 의미한다.

S 자영업자(self-employed)를 의미한다.

B 사업가(business owner)를 의미한다.

I 투자자(investor)를 의미한다.

경제 위기는 E 사분면과 S 사분면에 속한 사람들에게 엄청난 타격을 입혔다. B 사분면과 I 사분면에서는 오히려 이익을 본 경우가 많다. E 사분면과 S 사분면에 속한 사람들이 패배한 원인은 정부의 돈 찍어 내기와 인플레이션, 높은 세금 등으로 인해 그들의 돈과 예금의 가치가 하락했기 때문이다. 많은 사람들이 살던 집과 은퇴 자금으로 묻어 두었던 주식 등 자산이라고 믿었던 부채를 잃어버렸다.

앞서 강조한 바와 같이 현금흐름 사분면을 세금과 연관하여 살펴보면 보다 큰 그림을 볼 수 있다.

각각의 사분면에서 납부하는 세율

Q 세금의 비율에 차이가 나는 원인은 무엇인가?

A 많은 이유 중 하나는 E 사분면과 S 사분면에 속한 사람들이 돈을 위해 일하기 때문이다. 그들은 열심히 일해서 번 돈을 저축하고 주식 시장에 장기적으로 투자한다.

반면에 B 사분면과 I 사분면에 속한 사람들은 자산을 만들어 내기 위해 일한다. 돈을 저축하기보다는 빌린다. 주식에 투자하기보다는 E 사분면과 S 사분면에 속한 사람들이 투자의 대상으로 생각하는 자산을 만들어 낸다.

Q 어째서 이렇게 아리송한가?

A 그것은 당신이 '보이지 않는 돈의 세계'의 '이면'을 보고 있기 때문이다. 오른손잡이인데 갑자기 왼손만 사용해야 하는 경우와 같다. 적응하려면 시간이 필요하다.

Q 돈의 이면을 볼 수 있는 연습을 하려면 어떻게 시작하는 게 좋은가?

A 내 조언은 언제나 캐시플로 게임을 하라는 것이다. 게임을 많이 할수록, 다른 사람에게 많이 가르쳐 줄수록, 수입으로 분류되는 봉급과 자산으로 분류되는 현금흐름 사이의 차이점을 더 많이 인지할 수 있다. 기억해야 할 것은 E 사분면과 S 사분면은 수입에 집중하고 B 사분면과 I 사분면은 자산에 집중한다는 점이다.

캐시플로는 채무의 힘을 가르쳐 주는 유일한 게임이다. 채무를 활용할 줄 아는 사람은 채무를 두려워하는 사람을 이길 수 있다. 게임을 더 잘하게 될수록 채무와 세금이 빈곤층과 중산층을 더욱 가난하게 만든다는 사실을 보다 명확하게 이해할 수 있다. 일단 동전의 이면을 보고 나면 혼란스러움은 자연스럽게 사라지고 대다수의 사람들 눈에는 보이지 않는 전혀 다른 세상이 눈앞에 펼쳐질 것이다.

Q 결국 내가 평소 사용하는 말에 보다 주의를 기울이는 것에서부터 변화가 시작된다는 말인가?

A 그렇다. 더불어 그런치가 무엇을 하고 있는지 인지하는 것도, 대다수 사람들의 눈에는 보이지 않는 것을 인지하는 것도 필요하다.

미래를 내다보기 위해 과거를 돌아보면, 다가올 미래의 모습에 대한 새로운 목소리들과 마주친다. 나는 그들을 '새로운 치킨리틀스(Chicken Littles, 치킨리틀은 영국의 전래동화 「치킨리킨(Chicken Licken)」에 나오는 캐릭터에서 유래한 표현으로, '기우가 심한 사람'을 뜻한다.)'라고 부르고자 한다.

미래에는 우리 눈에 보이는 것과 보이지 않는 것이 있다. 우리는 산업화 시대에서 정보화 시대로 어떻게 변화를 일으켰는지 살펴야 한다. 오늘날과 같이 빠르게 진행되는 변화의 원동력 중 대부분은 눈에 보이지 않는 것들이다. 우리는 눈에 보이지 않는 것들을 생각의 힘으로 볼 수 있는 방법을 터득해야만 한다. 사람들이 하는 말에 주의를 기울이고 그 말을 사용하는 사람이 누구인지 유심히 살피면 가능하다.

새로운 치킨리틀스 가운데 몇몇을 소개하기에 앞서 「치킨리틀 이야기」를 먼저 살펴보자. 「치킨리틀 이야기」는 다양한 버전으로 구전되고 있으며 여러 나라의 언어로 번역되기도 했다.

치킨리틀 이야기

옛날 옛날 숲속에 치킨리틀이 살고 있었습니다.

어느 날 도토리 하나가 꼬리 깃털 위로 떨어졌습니다.

그가 말했습니다.

"하늘이 무너지고 있어. 당장 달려가서 임금님께 알려야 해."

치킨리틀이 헤니페니(암탉)와 마주쳤습니다.

"하늘이 무너져 내리고 있어, 헤니페니."

"그걸 어떻게 알아, 치킨리틀?"

"그 일부가 방금 전 내 꼬리 위로 떨어졌어."

그들이 함께 말했습니다.

"당장 달려가야 해. 달려가서 임금님께 알려야 해."

그들은 터키러키(칠면조)와 마주쳤습니다.

헤니페니가 말했습니다.

"하늘이 무너지고 있어, 터키러키."

"그걸 어떻게 알아, 헤니페니?"

"치킨리틀이 그렇게 말했어."

"너는 그걸 어떻게 알았니, 치킨리틀?"

"내 눈으로 직접 봤어. 내 귀로 직접 들었어. 그 일부가 내 꼬리 위로 떨어져 내렸어."

터키러키가 말했습니다.

"당장 달려가야 해."

그들이 함께 말했습니다.

"당장 달려가서 임금님께 알려야 해."

그들은 덕키럭키(오리)와 마주쳤습니다.

터키러키가 말했습니다.

"하늘이 무너지고 있어, 덕키럭키."

"그걸 어떻게 알아, 터키러키?"

"헤니페니가 그렇게 말했어."

"너는 그걸 어떻게 알았니, 헤니페니?"

"치킨리틀이 그렇게 말했어."

"너는 그걸 어떻게 알았니, 치킨리틀?"

"내 눈으로 직접 봤어. 내 귀로 직접 들었어. 그 일부가 내 꼬리 위로 떨어졌어."

덕키럭키가 말했습니다.

"당장 달려가야 해."

그들이 함께 말했습니다.

"당장 달려가서 임금님께 알려야 해."

그들은 구지루지(거위)와 마주쳤습니다.

덕키럭키가 말했습니다.

"하늘이 무너지고 있어, 구지루지."

"그걸 어떻게 알아, 덕키럭키?"

"터키러키가 그렇게 말했어."

"너는 그걸 어떻게 알았니, 터키러키?"

"헤니페니가 그렇게 말했어."

"너는 그걸 어떻게 알았니, 헤니페니?"

"치킨리틀이 그렇게 말했어."

"너는 그걸 어떻게 알았니, 치킨리틀?"

"내 눈으로 직접 봤어. 내 귀로 직접 들었어. 그 일부가 내 꼬리 위로 떨어졌어."

구지루지가 말했습니다.

"당장 달려가야 해."

그들이 함께 말했습니다.

"당장 가서 임금님께 알려야 해."

그들은 폭시록시(여우)와 마주쳤습니다.

구지루지가 말했습니다.

"하늘이 무너지고 있어, 폭시록시."

"그걸 어떻게 알아, 구지루지?"

"덕키럭키가 그렇게 말했어."

"너는 그걸 어떻게 알았니, 덕키럭키?"

"터키러키가 그렇게 말했어."

"너는 그걸 어떻게 알았니, 터키러키?"

"헤니페니가 그렇게 말했어."

"너는 그걸 어떻게 알았니, 헤니페니?"

"치킨리틀이 그렇게 말했어."

"너는 그걸 어떻게 알았니, 치킨리틀?"

"내 눈으로 직접 봤어. 내 귀로 직접 들었어. 그 일부가 내 꼬리 위로 떨어졌어."

폭시록시가 말했습니다.

"당장 달려가야겠구나. 내가 사는 동굴로 가자. 나는 임금님께 알리고 올게."

그들은 모두 폭시록시의 동굴로 달려 들어갔습니다.

하지만 아무도 폭시록시의 동굴에서 살아 나오지 못했습니다.

용기에 관한 이야기

「치킨리틀 이야기」는 다양한 결말이 있고 그 의미에 대한 해석도 각양 각색이다. 여기서는 폭시록시가 깃털 달린 동물들을 모두 잡아먹는 것으로 끝이 난다. 또 다른 결말에서는 치킨리틀과 친구들이 탈출에 성공하기도 한다.

「치킨리틀 이야기」는 어떤 면에서 보면 용기에 관해 말한다. 자신의 생각을 공개적으로 표출하기 위해서는 용기가 필요하기 때문이다.

우리 주변에는 아무것도 하지 않는 사람, 근심거리 또는 불편한 일에 대해 침묵을 선택하는 사람들이 많다. 나는 그런 행동에는 분명 이유가 있다고 본다. 치킨리틀이 되는 것은 쉬운 일이 아니다. 그것은 1997년『부자 아빠 가난한 아빠』의 출간 직후 내가 깨달은 바다.

"당신의 집은 자산이 아니다."라는 화두로 인해 나는 비웃음의 대상이 되었고, 수없이 많은 도전에 직면했다. 2002년『부자 아빠의 미래 설계』에서 2016년경에 사상 최대 규모의 주식 시장 붕괴 사태가 발생할 것이고, 그에 앞서 2002년부터 2016년 사이에 사전 붕괴가 있을 것이라고 주장했을 때, 나에게는 치킨리틀이라는 꼬리표가 붙었다. "하늘이 무너진다!"라고 소리치며 돌아다니는 비관론자가 된 것이다.

버키와 부자 아빠 그리고 나는 그리 신뢰할 만한 치킨리틀이 아니었다. 적어도 돈과 경제와 관련해서는 그랬다. 우리는 정식 교육을 받은 경제학자도 아니었고, 은행가나 주식 중개인도 아니었으며, 월스트리트에서 일하는 것도 아니었다. 우리의 주장이 진지하게 받아들여지지 않았던 것도 이해할 만한 일이다.

새로운 부류의 치킨리틀

2000년 밀레니엄 버그로 인해 컴퓨터 시스템이 붕괴할 것이라는 두려움이 팽배했던 이른바 Y2K 사태 직후, 새로운 부류의 치킨리틀이 등장해 "하늘이 무너진다."라고 경고하기 시작했다. 그들은 사람들의 이목을 끄는 데 성공했다. 왜냐하면 그들은 진정 새로운 부류의 치킨리틀이었기 때문이다. 그들은 훌륭한 학교에서 교육을 받았고, 비즈니스, 은행, 금융, 군사 계통에서 고위직을 두루 거친 화려한 경력의 소유자들이었다. 풀러 박사가 말한, 그런치가 통제하는 세상에서 온 사람들이었다.

더 많은 사람들이 그들의 경고에 주의를 기울이는 것은 좋은 일이다. 나쁜 일은 그들이 관점만 달리 했을 뿐 풀러 박사와 부자 아빠 그리고 내가 오랜 세월 줄기차게 주장해 오던 것과 똑같은 말을 하고 있다는 것이다.

Q 불공평하다고 생각하는가?
A 공평하다고 말하진 않겠다. 내가 여기서 하고 싶은 말은, 약간의 금융 교육만 받으면 당신도 모든 폭시록시 이야기의 양면을 동시에 볼 수 있다는 것이다.

Q 상황이 이 상태로 계속 지속될 수도 있지 않은가?
A 그렇다. 그러나 말이나 조작, 거짓말보다 훨씬 더 강력한 세력이 작동하고 있기 때문에 그렇게 되지는 않을 것이다.

Q 어떤 종류의 세력을 말하는가?

A 이제부터 자신의 견해를 공개적으로 밝힌 용기 있는 치킨리틀 세 명을 소개하고자 한다. 이들은 유사 이래 점점 소리를 높여 온 치킨리틀의 이구동성 대열에 새롭게 합류한 사람들이다. 새로운 치킨리틀은 명문 학교를 졸업하고 은행과 군, 재계에서 고위직을 두루 거치며 경력을 쌓았다. 이들 모두 오늘날의 위기에 대한 자신의 견해를 밝힌 책을 출간했다. 이들을 통해 우리는 허위로 작성되는 실업 및 인플레이션 보고서나 유권자들에게 남발되는 말뿐인 공약, '주가폭락방지팀(Plunge Protection Team, PPT)'의 인위적인 주가 조작을 살필 수 있을 것이다. 이러한 세력과 PPT의 주가 조작에 관해서는 이 장의 후반부에서 보다 자세히 다룰 것이다.

새로운 치킨리틀 - 리처드 던컨

그 첫 번째 주자는 리처드 던컨이다. 리처드는 밴더빌트 대학교에서 경제학을 전공하고 1983년 졸업했다. 이어서 뱁슨 칼리지에서 국제금융을 전공한 후 1986년에 졸업했다. 그는 워싱턴 D.C.에 있는 세계은행에 재직하였으며, 국제통화기금(International Monetary Fund, IMF) 담당 컨설턴트로 경력을 쌓았다. 저서로는 『세계 경제의 몰락』과 『신용 천국의 몰락』 등이 있다.

《이코노미스트》는 리처드의 두 저서에 대해 이렇게 평가한다.

"최근 출간된 『신용 천국의 몰락』에서 재차 강조되는 그의 분석은 매우 예리하다."

2003년 출간된 그의 저서 『세계 경제의 몰락』을 읽은 후 나는 리처드와 급속도로 가까운 친구가 되었다. 세계은행과 IMF의 시각으로 세계 경제를 설명하는 고위직 친구를 둔다는 건 꽤 멋진 일이었다. 우리는 세계 여러 지역에서 일어나는 일들에 대해 서로의 의견을 공유하며 어떻게 '돈'이 세 상을 빈곤하게 만드는지 이야기를 나누었다.

리처드는 저서와 강연을 통해 '핫머니(hot money, 높은 수익을 노리거나 도 피 목적으로 국제금융 시장을 이동하는 단기적인 거대 자금)'의 국가 간 이동으로 발생하는 경기의 호황과 불황에 대해 설명했다. 이와 같은 핫머니가 일본 으로 유입되었을 때 일본 경제는 호황을 맞이했다. 기업과 일류 대학의 경 영 전문가들이 이른바 '일본의 기적'을 연구하기 위해 몰려들었다. 일본의 경영자들이 경제를 살린 것이라 생각하는 사람들이 많았지만 실제로 호황 의 원인은 핫머니였다.

1991년 핫머니가 일본을 떠나자 일본의 자산 거품이 붕괴되기 시작했 다. 일본은 아직도 그 충격에서 완전히 회복하지 못하고 있다. 일본의 경 제는 여전히 불안정하며 정부나 금융계의 어떤 조치로도 경제를 살려 낼 수 없을 것으로 보인다.

동남아시아로 들어간 핫머니는 한국, 태국, 인도네시아, 타이완, 홍콩 등 이른바 아시아의 호랑이를 키워 냈다. 그리고 여기서도 동일한 상황이 발 생했다. 이들 국가 경제는 호황기를 누리다가 1997년 아시아 금융 위기와 함께 다시 주저앉았다.

이후 핫머니는 미국으로 흘러들었다. 미국의 양대 국책 주택담보금융업 체인 패니메이(Fannie Mae, 연방저당권협회)와 프레디맥(Freddie Mac, 연방주택 금융저당회사)을 비롯한 다수의 대형 은행들이 핫머니를 수용해 서브프라 임 대출 상품을 만들었고, 이들 서브프라임 대출에서 파생상품들이 생겨났다. 그리고 2007년 미국의 경제는 붕괴를 맞이했다. 2003년 리처드 던컨이 예측한 그대로 무너져 내린 것이다.

핫머니가 흘러들어 간 아일랜드, 그리스, 이탈리아, 스페인 등의 유럽 국가들은 회복이 불가능할지도 모를 금융 무능력 상태에 처해 있다.

2000년대 초반 리처드는 점점 커지는 파생상품의 위험에 대해 경고 했다. 불행히도 세상은 그가 보낸 경고에 주의를 기울이지 않았다.

리처드 던컨의 시각으로 세상을 바라보면, 핫머니가 남아메리카와 멕시코, 아시아, 미국, 유럽 등지에서 경제적 고통의 원인으로 작용했음을 쉽게 알 수 있다.

Q 핫머니는 어떤 식으로 빈곤을 유발하는가?

A 서브프라임 모기지가 미국 경제를 붕괴 직전까지 몰고 갔던 것과 같은 방식이다. 자금이 들어오면 은행은 대출을 해 주어야 한다. 당신이 은행에 저축한 예금은 당신의 자산인 동시에 은행의 부채다. 부분지불 준비제도 덕분에 은행은 보유한 현금의 몇 배에 달하는 돈을 대출해 줄 수 있다. 지불 준비율은 연방준비제도가 경제에 투입하거나 경제에서 이탈시키고자 하는 자금의 규모에 따라 달라진다.

유입된 자금으로 은행이 대출을 늘리면 물가가 상승한다. 물가가 상승하면 은행은 대출금을 점점 더 늘리게 되고 어느 시점에 이르면 시장이 '융자금(credit)', 즉 '채무(debt)'를 더 이상 감당할 수 없는 상태에 도달한다. 다시 말해 핫머니는 어리석은 사람들이 더 이상 갚을 수 없을 정도로 계속해서 돈을 빌려 가도록 만든 다음에 떠나간다.

세계 경제를 리처드 던컨의 시각에서 들여다보기를 원한다면, 그의 저서를 읽어 보고 리치대드 라디오에서 내가 진행한 리처드 던컨과의 인터뷰 내용을 들어 보기를 권한다.

새로운 치킨리틀 – 제임스 리카즈

제임스 리카즈는 1973년 존스홉킨스 대학교에서 문학사 학위를 취득했고, 1974년에는 같은 학교 국제대학원에서 국제경제학 석사 과정을 마쳤다. 이어 펜실베이니아 대학교 로스쿨에서 법학 박사 학위를 수여받았으며, 뉴욕 대학교 법학대학원에서 세법학 석사 학위를 따기도 했다.

1981년에는 이란 인질 사태에 연루되었고, 1998년에는 헤지펀드 운영사인 롱텀캐피탈매니지먼트(LTCM)의 법무자문으로서 연방준비은행의 LTCM 구제금융을 협의하는 주요 협상가로 활약한 바 있다. 그의 월스트리트 경력은 35년에 이른다.

2001년 미국의 국가 안보 관련 정부 기관들과 국방부는 다가올 통화 전쟁에 대비하기 위해 제임스의 금융 전문성을 활용하기 시작했다.

다음은《포브스》에 실린 그의 저서에 대한 서평이다.

"역사는 제임스 리카즈를 통화 전쟁의 폴 리비어(영국군의 침공 소식을 각지에 발 빠르게 전한 미국 독립 혁명의 영웅)로 평가할 것이다."

《파이낸셜 타임스》의 평론가는 이렇게 요약한다.

"제발 그가 틀렸기를 바라자."

제임스는 그의 저서 『커런시 워』에서 국가가 어떻게 돈으로 전쟁을 치르는지 설명한다. 과거의 전쟁이 무기를 들고 적을 무찌르는 것이었다면, 오늘날의 전쟁은 돈으로 적을 제압한다. 불행히도 우리의 리더들은 자신들이 가진 돈으로 자국민까지 죽이고 있다. 정치 리더들이 가장 두려워하는 것은 실업률이다. 실업률이 높으면 사회적 긴장이 고조되고 폭력 사태로 이어진다. 미국이 푸드 스탬프 프로그램을 강화하는 이유도 여기에 있다. 배고픈 사람들은 폭도가 된다. 먹을 것이 충분한 사람들은 그럴 리 없다.

새로운 치킨리틀 – 크리스 마틴슨

크리스 마틴슨은 1994년 듀크 대학교에서 신경독소학 박사 학위를 수여받았다. 1998년에는 코넬 대학교에서 재정학 MBA 학위를 취득했다.

크리스는 《포춘》이 선정한 300대 기업 중의 하나인 화이자(Pfizer)에서 기업 금융 분석가로 일했으며, 야후의 부사장 출신인 애덤 타가트와 함께 금융 교육 회사인 피크 프로스페러티(Peak Prosperity)를 공동 설립했다. 피크 프로스페러티에서는 경제 관련 정보지와 교육용 자료를 출간한다. 그는 2011년 『크래시 코스』를 출간했다.

리치대드컴퍼니에서는 크리스와 애덤을 초청해 2일 일정의 워크숍을 개최했다. 우리는 그들에게 자신들의 저서에 대한 토론을 이끌어 줄 것을 요청했다. 워크숍에 참석하기 위해 세계 각지에서 사람들이 모여들었다. 그의 저서 『크래시 코스』는 과학과 경제를 아주 쉽게 설명해 놓은 것이 가장 큰 장점이다. 크리스는 자신의 과학적 지식을 활용해 세계 경제가 직면한 도전 과제를 설명했다.

리치대드컴퍼니의 부동산 분야 조언자인 켄 맥엘로이는 워크숍이 끝난 후 나에게 이렇게 말했다. "충격적이고 계몽적입니다. 확실한 동기 부여가 되었습니다. 나는 오늘 당장 변화를 시도할 것입니다."

그의 저서는 연구와 관심의 대상이 되기에 충분한 아이디어로 가득 차 있다. 그의 핵심 아이디어는 다음과 같다.

미래를 내다보는 일은 정답을 찾는 것이 아니라 행동을 취하는 것이다. 대다수의 사람들이 미래를 대비하기보다 증거가 나타나기만을 기다리고 있다. 크리스는 자신의 주장이 옳다고 말하지 않는다. 다만 자신이 왜 행동을 취하는지, 왜 미래를 대비하는지 설명하고 있을 뿐이다.

그는 오늘날 우리에게 영향을 미치는 '4E'에 대해 설명한다. 4E란 경제(Economy), 환경(Environment), 에너지(Energy) 그리고 '기하급수적(Exponential)'이란 의미의 단어를 말한다. 특히 '기하급수적'이란 단어가 중요한 이유는, 앞으로 다가올 변화가 속도 면에서 선형으로 서서히 다가오는 것이 아니라 기하급수적으로 닥쳐올 것이기 때문이다. 크리스는 그 이유에 대해 간단 명료하면서도 상세히 설명한다.

그는 폭시록시들이 당신에게 말해 주지 않는 것에 대해 과학적 관점으로 설명한다. 그가 제시한 미래 예측 중에 가장 논란의 소지가 많은 것은 에너지의 가격, 특히 석유와 석탄의 가격 상승이다. 미국 정계와 재계의 많은 폭시록시들은 국민들이 미국이 에너지 자립 국가라고 믿기를 바란다.

크리스는 값싼 에너지 시대가 끝났다는 사실을 폭시록시들이 숨기고 있다고 주장한다. 미국을 비롯한 전 세계에는 아직 많은 에너지가 있지만 이제부터는 에너지 비용이 지속적으로 상승할 것이라는 이야기다. 만약 크리스의 말이 맞는다면, 에너지 가격의 상승으로 인해 어느 순간 주식 시장과 같은 금융 시장은 초토화되고 말 것이다. 그러면 사람들은 순식간에 벌어진 변화에 어리둥절해하거나 대비할 시간조차 갖지 못하게 된다.

폴 리비어

미국 역사에서 「폴 리비어의 말달리기 이야기」(이 이야기 속에서는 폴 리비어가 "영국군이 온다!"라고 경고했다.)는 「치킨리틀 이야기」와 흡사하다. 이 이야기에서는 영국군이 실제로 침공했고 폴 리비어는 역사적인 영웅이 되었다. 폴 리비어가 취한 행동과 관련된 존 웨인의 명언은 다음과 같다.

"용기란 무서워 죽을 것 같아도 어쨌든 말에 안장을 얹는 것이다."

누가 록시폭시인가?

"누가 폭시록시인가?" 하고 의문을 가지는 것은 오늘날 매우 중요하다.

자신의 동굴로 당신을 유인하기 위해 최선을 다하는 폭시록시들은 사방에 존재한다. 우리들 대다수가 진짜 폭시록시와 마주친 경험을 갖고 있다. 폭시록시의 속임수에 넘어간 사람도 많을 것이다. 어쩌면 폭시록시와 사랑에 빠지거나 결혼한 사람도 있을 것이다. 그리고 상당수는 폭시록시와 함께 일하고 있다. 어쩌면 우리 중 일부가 폭시록시일지도 모른다.

오늘날 폭시록시는 라디오와 텔레비전, 신문, 인터넷을 통해 당신의 집 안으로 자유롭게 들어갈 수 있다. 폭시록시들은 세상 어느 곳이든 상관없이 당신을 찾아갈 수 있게 되었다.

Q 폭시록시들은 어떻게 우리의 생활에 침투하는가?

A 말은 폭시록시들의 도구다. 폭시록시들은 당신이 듣고 싶은 것과 믿고 싶은 것만 말한다. 당신은 "이 약 한 알만 먹으면 일주일 만에 3킬로그램 감량에 성공할 수 있다."라는 텔레비전 광고를 본적이 있을 것이다. 나는 그런 광고에 매번 속아 넘어가는 사람 중의 한 명이다. 속임수

일 거라고 생각하면서도 진실이라고 믿고 싶기 때문이다. 지금처럼 먹고, 마시고, 운동은 하지 않는 생활을 지속하더라도 광고에 등장하는 모델처럼 근사해 보일 수 있다고 믿고 싶은 것이다.

말에 대한 부자 아빠의 생각

부자 아빠 또한 자신이 사용하는 말에 신중을 기하는 편이었다. 부자 아빠는 말의 힘을 믿었기 때문에 내가 "나는 그것을 살 여유가 없다."라고 말하는 것을 용납하지 않았다. 그는 이렇게 말했다. "가난한 사람은 그것을 살 여유가 없다는 말을 부자들보다 많이 한다. 그것이 그들이 가난한 이유다."

부자 아빠는 이런 말도 했다. "부유층과 빈곤층 그리고 중산층의 차이점은 바로 그들이 사용하는 말에 있다. 빈곤층과 중산층에 속한 사람은 '직업', '경력', '혜택', '봉급'과 같은 노동자 계층의 단어를 사용한다. 그들은 돈의 언어를 사용하지 않는다. 그래서 그들은 돈이 자신을 위해 일하도록 만드는 대신 자신이 돈을 위해 일하는 것이다."

당신의 두 번째 기회는 다른 부류의 말을 배우고 사용하기로 마음먹는 것에서부터 시작해야 한다. 당신이 기대하는 결과를 도출할 수 있는 말을 사용하는 것이 그 시작이 될 것이다.

버키와 부자 아빠는 가장 강력한 단어로 '책임'을 꼽는 데 의견이 일치한다. 두 사람 모두에게 있어 '책임'이란 정신적인 단어다. 부자 아빠는 이렇게 말한 바 있다.

"정치인은 시민의 권리가 아니라 시민의 책임부터 먼저 언급해야 한다."

케네디 대통령은 실제로 그렇게 했다.

"국가가 당신을 위해 무엇을 해 줄 수 있는지 묻기 전에, 당신이 국가를 위해 무엇을 할 수 있는지 먼저 물어보라."

불행하게도 오늘날 정치 리더들은 '책임'보다는 '권리'를 더 많이 언급한다. 우리의 경제는 우리가 사용하는 말이 바뀌지 않는 이상 결코 변화하지 않을 것이다. 책임이라는 단어가 권리라는 단어를 대체할 때 비로소 변화는 시작될 것이다.

Q 그러니까 두 번째 기회는 내가 사용하는 말에 주의를 기울이는 것에서 시작한다는 건가?

A 그렇다. 당신의 생각 속에 있는 단어들과 실제로 사용하는 단어들을 인지하는 데 시간을 투자한다면, 당신의 인생에 변화가 찾아올 것이며 당신의 주변에서 많은 것이 변화되는 것을 느낄 수 있을 것이다. 이것은 하룻밤 사이에 끝나는 게 아니라 매일매일 이어져야 한 프로세스다. 일단 당신이 하는 말을 바꾸면 그것은 곧 당신의 인생을 바꾸는 것이 된다. 무엇보다 중요한 것은 당신의 머릿속에 들어가는 단어와 입 밖으로 내뱉는 단어들을 통제함으로써 스스로 변화해야 한다는 점이다. 성경에도 이런 구절이 있다.

"말씀이 곧 육신이 되었으니."

당신의 말이자 당신의 생각이 당신을 궁극적으로 만든다.

Q 그게 어디 그렇게 쉽겠는가?

A 쉬울 거라고 말하는 게 아니다. 다만 간단할 뿐이다. 그럼에도 대다수가 시도조차 하지 않는다. 수백만의 사람들이 쉽게 내뱉는 말이 있다.

"나는 절대 부자가 될 수 없을 것이다.", "나는 돈에 대해 관심이 없다." 많은 사람들이 부자를 나쁜 사람으로 만들고자 작정을 하고 이런 말을 한다. "부자는 탐욕스럽다.", "부자는 세금을 더 내야 한다.", "나는 더 많은 돈을 받을 권리가 있다." 그렇게 말하는 사람들의 삶은 그들이 하는 생각과 말을 그대로 반영한다.

Q 금융 어휘력을 개선하려면 어떻게 하면 되는가?

A 일단 《월스트리트 저널》 등과 같은 경제 전문지를 구독하는 것이 좋은 출발이다. 매일 한두 건의 기사를 정독하고, 금융 용어 사전을 가까이 두도록 하라. 매일 새로운 단어 두 개를 파악하는 것을 목표로 삼는 것도 좋다. 새롭게 찾아본 단어는 그날의 대화에서 반드시 써먹어 보자. 그렇게 한 달이면 당신의 머릿속에 60개의 단어가 입력된다. 이렇게 1년이 지나면 당신의 인생이 이전과 사뭇 달라져 있는 것을 발견할 것이다. 그러나 반드시 그럴 것이라는 보장은 없다는 사실을 당신은 기억해야 한다.

Q 어째서 보장할 수 없다는 말인가?

A 왜냐하면 당신이 배운 단어를 반드시 실제로 사용해야 하기 때문이다. 말이 '육신이 되고', 당신의 일부가 되기에 앞서 그것을 행동으로 옮겨야 한다. 많은 사람들이 단어를 암기한다. 그리고 지적으로 보이는 데에만 그것을 사용한다. 정작 그 의미를 제대로 이해하고 행동으로 옮기는 일은 하지 않는다.

『부자 아빠 가난한 아빠』를 읽은 수백만 명의 독자들은 이제 '자산이란 주머니에 돈을 넣어 주는 것'임을 알고 있다. 그러나 여전히 자산을 취득하거나 축적하기 위한 행동을 취하지는 않는다. 그들이 행동을 취하지 않는 것은 실수하면 어쩌나, 가진 돈을 잃게 되면 어쩌나, 바보 같아 보이면 어쩌나 하는 두려움이 앞서기 때문이다. '자산'이라는 단어의 의미는 알고 있지만 아직 그 말이 육신이 되게끔 하지는 못한 사람들이 많이 있다.

미래를 바꾸는 일은 골프를 배우는 것과 같다. 골프를 더 잘 치고 싶으면 교습도 받고, 연습도 하고, 연습한 것을 실전에 적용도 해야 한다. 많은 사람들이 교습만 받고 연습이나 실전 적용은 제대로 하지 않기 때문에 골프 실력이 늘 제자리걸음이다.

Q 왜 사람들은 실수를 두려워하는가?

A 많은 이유가 있다. 그중 하나는, 학교가 가장 실수를 적게 하는 학생을 '영리한' 학생으로 간주하기 때문이다. 실수를 많이 하면 '멍청한' 학생이라는 꼬리표가 붙는다.

그러나 현실에서는 실수가 많고 그 실수로부터 교훈을 얻는 사람이 실수를 하지 않는 사람들보다 더 성공한다.

돈의 언어를 행동으로 옮기고, 실수를 저지르고, 그 실수로부터 교훈을 얻는 것을 두려워한다면 결코 돈의 언어를 배울 수 없다.

Q 돈의 언어를 모르는 사람들에게는 어떤 일이 일어나는가?

A 폭시록시들의 유인책에 넘어가 여우굴로 들어가게 될 것이다. 결국에는 일요일 저녁 식탁에 오를 치킨 요리로, 추수 감사절의 칠면조 요리

로, 크리스마스를 위한 거위 요리로, 설날에 먹는 오리 요리로 생을 마
감할 것이다.

Q 폭시록시들이 그렇게 강력한가?

A 폭시록시는 사람들이 듣고 싶어 하는 말만 한다. 금융 교육이 없다면
사람들은 귓가에서 밀어를 속삭이는 폭시록시에게 이끌리고 말 것이다.
금융 교육을 받지 못했으니 그와 관련해서 머리에 든 것이 별로 없는
것은 당연한 일이다. 버니 매도프가 한 역사상 가장 큰 폰지 사기(Ponzi
Scheme) 사건도 그것이다. 그는 사람들이 듣고 싶어 하는 말을 해 주고
500억 달러를 자신의 동굴로 끌어들였다.

그보다 심한 폰지 사기는 주식 시장, 부동산 시장, 복권, 사회보장제도
등이다. 단 이들은 '합법적인' 폰지 사기들이다.

Q 폰지 사기란 무엇인가?

A 폭시록시들이 폰지 사기를 매우 좋아하기 때문에 폰지 사기에 대해
이해하는 것은 매우 중요하다. 사람들이 폰지 사기에 혹하는 것은 자신
이 오늘 투자한 돈이 내일이면 더 큰 돈이 되어 돌아올 것이라 믿기 때
문이다. 현실적으로 폰지 사기는 지속 가능성이 전혀 없다. 신규 투자자
의 돈으로 기존 투자자에게 이자나 배당금을 지급하는 방식의 다단계
금융 사기이기 때문이다.

여러 측면에서 정치인들은 폭시록시들이다. 그들은 당신이 듣고 싶어
하는 것을 말해 줄 필요가 있다고 생각한다. 만약 그들이 우리에게 진실을

말하고 동전의 양면을 모두 보여 준다면 그들은 선거에서 결코 당선될 수 없을 것이다. 자신들의 동굴 속으로 우리를 유인하기 위해 정치인들은 금융 교육을 받지 않은 유권자들이 필요하다. 금융 교육을 받지 않은 대다수의 유권자들은 오직 동전의 한쪽 면만 본다. 정치인들은 유권자들에게 진실을 말하거나 동전의 양면을 동시에 바라보게 할 엄두를 내지 못한다.

이제부터 보이지 않는 거인인 그런치들이 미국을 비롯한 세계 경제에 어떻게 영향력을 행사해 왔는지를 보여 주고자 한다. 10명의 미국 역대 대통령의 이중성에 주목하기 바란다.

진정한 폭시록시들 - 존 F. 케네디 대통령(1961~1963)

가장 먼저 실업률 수치를 조정한 케네디 대통령을 소개한다. 오늘날 연방준비제도에서 발표하는 실업률 수치는 진실을 반영하지 못한다. 현재의 실업률 수치는 실망 실업자, 다시 말해 취업 의욕을 상실해서 취업 활동을 중단한 상태에 있는 사람들을 포함하지 않는다. 실업률 수치는 '현재' 또는 '적극적으로' 취업 활동을 하고 있는 사람들의 숫자만 보여 준다. 실업률이 7퍼센트라고 발표되면 실제 실업자 비율은 20퍼센트 이상이라는 의미로 받아들여야 하는 이유가 여기에 있다.

Q 케네디 대통령이 실업률 수치를 조정한 이유는 무엇인가?

A 여러 가지 이유가 있겠지만, 가장 큰 이유는 그가 대통령으로서 일을 잘하고 있는 것처럼 보이고 싶었기 때문이다. 두 번째 임기가 이어지려면, 높은 실업률을 낮추어야 한다고 생각했을 것이다.

또 다른 이유는 제2차 세계대전 이후 일었던 미국 경제의 호황이 끝나가고 있었기 때문이다. 일본과 독일이 패전의 상처를 치유하고 다시 미국의 경쟁자로 부상하면서 미국 경제가 위축되는 상황이었다.

높은 실업률은 곧 연방준비제도가 일을 제대로 하지 못한다는 의미이므로 그럴싸한 실적이 필요했던 것 또한 케네디 대통령이 실업률 수치를 조정한 잘 알려지지 않은 이유에 속한다. 1977년 미국 의회는 연방준비법을 개정하여 연방준비제도에서 통화 정책의 수행과 관련된 의사결정을 내릴 때 지침으로 삼도록 '이중 책무'를 명시하였다.

Q 왜 그렇게 한 것인가?

A 연방준비제도가 반드시 책임지고 이루어야 할 두 가지, 즉 실업률 최소화와 물가 안정화를 명확히 하기 위해서였다.

Q 그렇다면 케네디 대통령은 높은 실업률을 인정하기 싫어서 실업률의 수치를 조정했다는 말인가? 실업률을 정의하는 방법과 측정 방법까지 바꾸면서?

A 그렇다. 그것이 폭시록시들의 방식이다. 문제는 '실제' 실업률이 공식적으로 '보고된' 실업률보다 훨씬 높다는 것이다.

Q 그것이 무슨 문제가 되는가?

A 문제를 해결하는 방법이 아닐뿐더러 문제의 범위를 제대로 파악하고 다루는 방법도 아니기 때문에 문제가 된다. 이는 실업률을 더 큰 문젯거리로 만들 뿐이다.

진정한 폭시록시들 - 린든 B. 존슨 대통령(1963~1969)

일각에서는 사회보장기금을 미국 정부의 총예산으로 편입시킨 인물이 린든 존슨 대통령이라고 말한다. 문제는 사회보장기금이 투자되지 않고 소진되었다는 점이다. 다시 말해 은퇴 자금으로 비축해 둔 돈이 정부 예산으로 지출되었다. 사회보장기금에 돈은 없고 미국 재무부에서 발행한 차용증서만 가득한 원인이 여기에 있다. 수백만 명의 베이비붐 세대와 그들의 자녀들이 은퇴 시점에 불확실한 현실에 직면하게 된 이유가 여기에 있다.

버키는 사회보장기금이 1930년대부터 주식 시장에 투자되었다면 오늘날 은퇴자들은 모두 백만장자가 되었을 것이라고 말했다. 하지만 지금은 너무 늦었다. 거대한 폰지 사기라 할 수 있는 사회보장기금은 7500만 베이비붐 세대가 은퇴하는 시점에 완전히 고갈된 상태에 놓이게 되었다.

Q 그렇다면 미국 정부는 사회보장제도와 메디케어에 가입한 수백만 명의 국민들에게 어떻게 은퇴 자금을 지불할 것인가?
A 그건 나도 알 수 없다. 모든 폰지 사기는 신규 유입 자금이 이탈하고자 하는 이전 자금을 감당할 수 없을 때 무너지는 법이다.

진정한 폭시록시들 - 리처드 M. 닉슨 대통령(1969~1974)

금본위제를 폐지한 이후 리처드 닉슨 대통령은 인플레이션에 관한 진실을 조작할 필요가 있었다. 인플레이션 수치를 왜곡하기 위해 그는 소비자물가지수(Consumer Price Index, CPI), 즉 정부의 인플레이션 측정 척도를 새롭게 정의했다. 물가 상승과 관련된 진실을 알리는 대신 닉슨 대통령은 에너지와 식료품 항목을 CPI에서 제외시켜 버렸다.

2008년 버락 오바마 대통령이 집권할 당시 휘발유 가격은 1갤런 당 대략 1.78달러였다. 그의 두 번째 임기가 시작된 2012년에 휘발유 가격은 1갤런 당 약 3.50달러에 이르렀다. 휘발유 가격이 두 배 이상 상승했음에도 정부는 "CPI에 따르면 인플레이션은 없다."는 식의 보고서를 내놓을 수 있다는 것이다.

농업에 필요한 비료의 다수가 원유에서 생산된다. 따라서 원유는 식량의 재배, 수확, 운송에 반드시 필요하다. 원유 가격이 상승하면 식료품 가격도 함께 상승한다. 식료품을 구매하는 소비자들은 현재 식료품 비용이 예전보다 더 높다는 것을 체감하고 있지만 CPI는 여전히 인플레이션이 없다고 말하고 있다.

Q 이것이 연방준비제도의 이중 책무 중 두 번째인 물가 안정화를 말하는 것인가?

A 그렇다. 다시 말하지만 이것이 금융 교육을 받지 못한 사람들이 듣고 싶어 하는 말이다. 학교에서 금융 교육을 하지 않음으로써 얻는 이점 중하나는 일반 대중을 쉽게 속일 수 있다는 것이다. 금융 지식이 부족한 사람들로부터 그들의 부를 강탈하는 것은 아주 쉬운 일이다.

Q 우리의 리더들이 금융 사기를 통해 국민의 부를 강탈할 수도 있다는 말인가?

A 그렇다. 인플레이션은 부를 강탈하는 방법 중의 하나다. 인플레이션은 당신이 제공하는 노동, 당신이 일해서 버는 돈, 당신이 저축하는 돈의 가치를 떨어뜨린다.

진정한 폭시록시들 – 제럴드 포드 대통령(1974~1977)

포드 대통령은 1974년 종업원퇴직소득보장법, 일명 에리사 법이 통과된 후 닉슨 대통령이 사임하자 대통령직을 승계했다.

에리사 법은 401(k)가 도입되는 길을 닦았다.

Q 에리사 법이 왜 중요한가?

A 에리사 법은 부자들이 근로자들의 주머니에 직접 손을 넣을 수 있는 또 하나의 방법이다. 달리 표현하면 에리사 법으로 인해 월스트리트는 근로자들이 자신의 봉급을 손에 쥐기도 전에 돈을 먼저 빼내 갈 수 있게 되었다.

Q 어째서 월스트리트에서 먼저 돈을 가져갈 수 있는가?

A 1974년 제정된 에리사 법은 1943년에 제정된 세금납부법과 유사하다. 세금납부법은 세금 징수 기관인 국세청(IRA)에 근로자들의 봉급에서 세금을 원천 징수할 수 있는 권한을 부여했다. 에리사 법은 월스트리트의 은행가들에게 그와 동일한 권리를 부여한 것이다. 에리사 법은 401(k) 연금 가입자들의 봉급이 손에 들어오기도 전에 월스트리트의 은행가들에게 흘러간다는 의미다.

Q 풀러 박사는 주식 시장에 대해 어떻게 생각했는가?

A 그는 초기의 주식 투자를 두고 부자들의 전유물이라고 말했다. 당시 주식 시장에서는 "소액 투자자(piker)는 끼워 주지 않는다."는 불문율이 있었다. 'piker'는 중세 시대에서 유래된 말로, 끝부분에 금속이 달린 긴

막대 창(pike)을 사용하는 농민 출신의 보병을 의미한다. 간단히 말하면 "소액 투자자는 끼워 주지 않는다."라는 것은 "가난한 사람은 끼워 주지 않는다."라는 것과 다를 바가 없다.

소액 투자자들에게 돈이 있다는 사실을 깨달은 순간, 그런치들은 에리사 법을 통해 주식 시장과 여타의 연금 제도를 개방했다. 소액 투자자들의 돈이 주식 시장에 유입되자 부자들은 더 엄청난 부자가 되었다.

진정한 폭시록시들 - 로널드 레이건 대통령(1981~1989)

레이건 대통령이 임기 중이던 1987년, 일명 블랙 먼데이(Black Monday)로 알려진 주가 대폭락 사건이 발생했다. 아래의 도표에서 당시의 주가 폭락을 살펴볼 수 있다.

또 다시 주식 시장이 붕괴되는 사태를 예방하기 위해 레이건 대통령은

다우존스 산업평균지수(DJIA)

도표의 음영 부분은 미국 경제의 침체기를 의미한다.

출처: S&P 다우존스 지수

1987년의 '대붕괴'

S&P 500 지수

출처: 스탠다드앤드푸어스

1988년 대통령 직속의 금융 시장 대책반을 신설했다. 바로 오늘날 주가폭락방지팀(The Plunge Protection Team, PPT)으로 알려진 조직이다.

Q 주가폭락방지팀이 하는 일은 무엇인가?

A 누구도 제대로 아는 사람이 없다. 그에 대해 기꺼이 입을 열고자 하는 사람도 없다.

Q 어떤 일이 벌어지고 있는 것인가?

A 오늘날 주식 시장이 붕괴될 때마다 베일에 감춰진 이름 없는 구매자가 시장에 등장한다. 이 구매자는 선물 시장을 경유해서 들어와 JP모건이나 골드만삭스, 해외 계좌 등을 통해 엄청난 양의 파생상품을 사들인다. 이 보이지 않는 구매자는 시장의 붕괴를 멈출 수 있을 뿐만 아니라 금이나 은 시장에서 가격이 오르는 것을 막을 수 있는 힘도 보유하고 있다. 주식 시장이 붕괴하기 직전에 '기적적으로' 회복된다면 폭시록시가 행동에 나선 것일 수도 있다. 정부의 주가폭락방지팀은 더 이상 주가 조작이 효과적이지 않을 때까지 시장을 지탱해 주는 역할을 한다.

Q 그렇다면『부자 아빠의 미래 설계』에서 예언한 2016년의 엄청난 시장 붕괴가 발생하지 않을 수도 있다는 이야기인가?

A 그렇다. 조작으로 시장을 떠받치면 붕괴에 이르지 않을 수도 있다.

Q 그것이 얼마나 유지될 수 있는가?

A 누가 알겠는가?

Q 금융 시장의 조작이 뭐가 잘못되었다는 말인가?

A 시장의 조작은 도박꾼들을 보호하는 것과 같다. 또한 자유 시장의 힘에 반하는 것이기도 하다. 오늘날 수백만 사람들이 정부가 시장의 붕괴를 좌시하지 않을 것임을 알기 때문에 어리석은 투자를 하고 있다.

Q 그것이 잘못되었단 말인가?

A 시장 조작은 투자 자본이 고용을 창출할 수 있는 비즈니스와 공장으로 흘러가는 것을 막는다. 돈이 경제로 흘러가는 것이 아니라 시장에 머물러 있는 것이다. 그것은 마치 '카지노'와 같다.

폭시록시는 "당신은 보호받고 있습니다."라고 말할 것이다. 그러나 실제로 폭시록시가 보호하는 것은 대형 은행과 그들의 '카지노'다.

Q 어떻게 그렇게 할 수 있는가?

A 여러 가지 방법이 있다. 그중 하나가 연방예금보험공사(Federal Deposit Insurance Corporation, FDIC)를 통한 방법이다. 연방예금보험공사에서는 저축자의 예금에 대한 보험을 제공한다. 2007년 주식 시장 붕괴가 시작되었을 당시 은행들은 예금 인출 사태를 두려워했다. 그래서 정부는 예금 보험의 한도액을 25만 달러로 상향 조정하도록 FDIC에 지시했다.

Q 그것이 문제가 되는가?

A 저축하는 사람이 신중하게 움직이지 않도록 만든다. 은행의 부실 여부를 판단하지 않고 FDIC의 보험을 제공하기만 하면 아무 은행에나 돈을 맡기게 된다.

Q 그것이 잘못된 것인가?

A 현재 FDIC는 거의 파산 상태다. 다음에 또 시장 붕괴 사태가 발생하면 그것을 감당할 만한 여력이 없다.

Q 구체적으로 어떤 문제가 발생하는가?

A 만약 시장 붕괴 사태가 발생하면 FDIC가 먼저 파산할 것이고, 성실한 납세자들은 다시 한 번 은행에 구제금융을 쏟아부어야 할 것이다. 그러면 한 계좌 당 무려 25만 달러라는 엄청난 금액이 들기 때문에 손실액이 수조 달러에 육박할 것이다. 향후 오랜 기간 당신의 자녀들과 그 자녀의 자녀들이 납부하는 세금이 은행의 구제금융으로 소진될 것이다.

Q 만약 FDIC가 보험금을 지급해야 하는 사태가 발생하면 그 비용은 결국 납세자들의 몫이 될 것이라는 사실을 록시폭시들이 말하지 않는다는 것인가?

A 그렇다. 폭시록시들은 언제나 당신이 듣고 싶어 하는 말만 한다.《이코노미스트》조차 25만 달러의 예금 보험 한도액을 가급적 빨리 하향조정 해야 한다고 보도한 바 있다. 기사에는 은행에 등급을 부여하여 저축자들이 은행의 부실 여부를 파악하고 자신의 예금이 얼마나 안전한지 판단할 수 있도록 해야 한다는 내용이 포함되어 있다. 한 계좌 당 한도액이 25만 달러라는 것은 현재의 납세자는 물론 미래 세대에까지 너무 큰 위험을 전가하는 것이며, FDIC는 결국 예금주를 보호하는 것이 아니라 은행을 보호하고 있는 꼴이 되는 것이다.

진정한 폭시록시들 - 조지 H. W. 부시 대통령(1989~1993)

41대 대통령 부시는 이렇게 약속했다. "단언컨대 세금 인상은 없을 것입니다." 그러나 그는 세금 인상을 단행했고 재선에 실패했다.

진정한 폭시록시들 - 빌 클린턴 대통령(1993~2001)

빌 클린턴만큼 현대 은행 산업에 크게 기여한 대통령도 드물다.

2007년의 금융 위기에 대해 책임을 공유해야 할 사람들이 그렇게 많지 않았다면 위기를 초래한 대부분의 책임을 클린턴 대통령에게 묻기 쉬웠을 것이다. 클린턴은 빈곤층과 중산층을 희생시키며 은행가들의 배만 불려주었다. 아이러니컬한 것은 수백만 미국인이 그를 가난한 사람들의 친구라 믿는 점이다.

클린턴 대통령은 임기 중에 아주 중요한 두 가지 일을 했는데, 그중 하나가 글라스-스티걸 법(Glass-Steagall Act)을 폐지한 것이다. 그 법은 상업적 은행이 투자은행이 되는 것을 방지하기 위해 제정된 것으로, '1933년 은행법'으로도 알려져 있다.

1998년 시티은행과 증권회사인 솔로몬스미스바니의 합병이 허용된 후 클린턴 대통령은 "글라스-스티걸 법은 더 이상 적절하지 않다."라고 공개적으로 선언했다.

Q 그것이 왜 중요한가?

A 그로 인해 상업적 은행들이 투자은행 업무도 병행할 수 있게 되었다. 은행은 예금주의 돈을 투자해서 더 많은 돈을 벌 수 있게 되었다.

Q 왜 그렇게 하는 것인가?

A 돈을 더 많이 벌기 위해서다. 은행은 대출자에게 돈을 빌려주는 것보다 주식 시장에 투자해야 더 큰 돈을 벌 수 있다. 투자자의 손실을 정부와 납세자가 보장해 주는 카지노가 영업을 개시하는 셈이다. 시장이 침체되면 레이건 대통령의 주가폭락방지팀이 다시 소생시키면 된다.

Q 그래서 어떻게 되었는가?

A 미국 사회에 새로운 계층, 바로 투자자 계층이 등장했다. 그들은 부유층도 아니고 빈곤층도 아니다. 더 이상 중산층도 아니다. 그들 대부분은 높은 수준의 교육을 받고 고소득 직장이나 의사, 변호사 등의 전문직에 종사하며 대다수가 이 '불패 시장'에 투자할 정도의 자금 여력을 보유하고 있다. 그들은 2007년 주식 시장이 붕괴되었을 때도 끄떡없었다. 직장과 집, 은퇴 자금까지 모두 날려 버린 수백만 명 중에 그들은 없었다.

Q 『부자 아빠의 미래 설계』에서 언급한 2016년이든, 미래의 언젠가이든 시장 붕괴가 현실로 나타나면 손실을 보게 될 사람들이 바로 투자자 계층이라는 말인가?

A 불행히도 그렇다.

Q 클린턴 대통령이 취한 두 가지 조치 중 다른 하나는 무엇인가?

A 2000년도에 상품선물현대화법에 서명함으로써 훨씬 더 큰 파생상품 시장을 위한 길을 닦아 주었다. 2000년부터 2007년 사이 파생상품 시장은 100조 달러에서 700조 달러 규모로 크게 성장했다.

워런 버핏이 파생상품을 가리켜 '금융계의 대량 학살 무기'라고 했던 것을 기억하는가?

2007년은 그 무기들이 위력을 발휘하기 시작한 해다.

다우존스 산업평균지수(DJIA)

도표의 음영 부분은 미국 경제의 침체기를 의미한다.

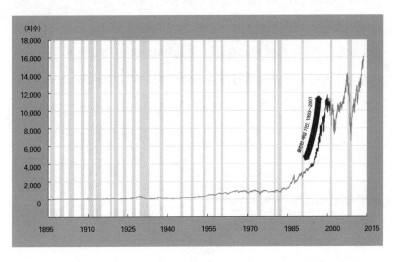

출처: S&P 다우존스 지수

위의 도표를 보면 1987년 레이건 대통령 재임 기간 동안에 발생한 주식 시장의 붕괴가 어느 정도 규모였는지 확인할 수 있다. 클린턴 대통령 재임 8년 동안의 상황도 볼 수 있다.

진정한 폭시록시들 - 조지 W. 부시 대통령(2001~2009)

아들 부시만큼 국가의 재정 적자에 크게 기여한 대통령도 드물다.

2004년 선거에 앞서 부시의 인기와 지지도는 가파르게 떨어지고 있었다. 그의 재선 가능성을 의심하는 사람들 역시 많았다.

소문에 의하면 그는 제약업계와 모종의 합의를 맺고 메디케어 처방의 약품 개선 및 현대화법의 통과에 영향력을 행사했다. 메디케어 현대화법(Medicare Modernization Act, MMA)으로도 알려진 이 법안은 그렇게 2003년 연방법으로 제정되었다. 이 법률로 인해 38년 역사의 공공 건강 프로그램인 메디케어에 대한 대대적인 점검과 정비 작업이 이루어졌다. 메디케어 현대화법으로 노인들이 행복해졌고, 제약회사들은 더 행복해졌다. 그러나 이 법안은 사실상 미국의 파산을 불러온 보증서라는 것이 나의 견해다.

미국회계감사원장 데이비드 워커는 이 법안을 두고 이렇게 말했다.

"1960년대 이래 국가 재정에 대한 책임 의식이 가장 결여된 법안이다."

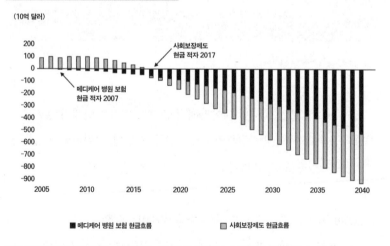

막대한 적자에 직면한 메디케어와 사회보장제도

출처: 수석보험계리국, 사회보장국 및 보험계리국, 메디케어 및 메디서비스 센터 등의 데이터에 대한 GAO 분석

세컨드 찬스

조지 부시 대통령은 2004년 재선에 성공했다.

앞의 도표로 우리는 사회보장제도와 메디케어의 미래를 볼 수 있다.

Q 이 도표를 통해 알 수 있는 것은 무엇인가?

A 각자의 입장에 따라 다르다. 정부의 보살핌에 의존하는 수백만 명의 국민이라면 이 스토리는 결코 해피엔딩이 될 수 없다.

진정한 폭시록시들 - 버락 오바마 대통령(2009~2017)

오바마 대통령은 2008년 국민의 새로운 희망에 힘입어 정권을 잡았다. 2012년 대선이 치러질 때까지 그 희망의 대부분은 실망으로 바뀌었다. 오바마 대통령은 세련된 폭시록시이자 훌륭한 웅변가다. 오바마의 연설을 들은 사람들은 그를 지지하거나 싫어한다. 동전의 옆면에 서는 사람이 거의 없다.

오바마 대통령은 건강보험료적정부담법, 일명 오바마케어를 밀어붙였다. 대부분의 정부 법안의 제목이나 명칭은 폭시록시들의 속임수라는 사실을 잊지 말기 바란다. 법안의 명칭이 그 법안의 내용과 상반되는 경우가 많다. 예를 들면 사회보장법은 제2차 세계대전 세대의 생활 안정을 위한 것일 뿐 베트남 전쟁 세대들은 해당 사항이 없다. 사회보장제도와 메디케어는 베트남 전쟁 세대의 자녀와 손자, 증손자에 이르는 후손들이 떠안아야 할 사회적 부채가 될 것이다.

401(k)로 이어진 종업원퇴직소득보장법, 일명 에리사 법은 은행을 부자로 만들었을지는 몰라도 근로자의 은퇴 계획을 보다 안정되게 만들어 주지는 못했다.

오바마케어로 알려진 건강보험료적정부담법으로 인해 이미 수백만 명의 건강보험료가 인상되었다. 오바마케어의 영향력에 대한 평가는 오직 시간이 말해 줄 것이다.

우리는 「치킨리틀 이야기」의 결말을 알고 있다.

폭시록시가 말했습니다.

"당장 달려가야겠구나. 내가 사는 동굴로 가자. 나는 임금님께 알리고 올게."

그들은 모두 폭시록시의 동굴로 달려 들어갔습니다.

하지만 아무도 폭시록시의 동굴에서 살아 나오지 못했습니다.

오바마 대통령은 '건강보험료를 적정 부담'한다는 말로 사람들을 유인했다. 그가 말하지 않은 진실은 '건강보험료적정부담법'이 사실은 세금 법안이라는 것이다.

Q 어째서 그것이 세금 법안인가?

A 오바마 대통령은 E 사분면과 S 사분면에 속한 투자자들의 세금을 인상했다.

Q 돈을 위해 일하는 사람들이 속한 사분면 말인가?

A 그렇다. 특히 E 사분면과 S 사분면에 속한 사람들은 주식, 채권, 뮤추얼 펀드 시장에 돈을 투자한다. 오바마는 그들의 이자 소득과 배당금, 자본이득 등 주로 실물 자산이 아닌 종이 자산에 대한 세금을 인상했다.

Q 오바마케어의 세법으로 이득을 본 사람들은 누구인가?

A 오바마케어의 세금 인상으로 득을 본 집단은 채무를 이용해 현금흐름을 창출하는, 부동산을 취득한 투자자들이 유일하다. 자본이득을 위해 재산을 처분하는 부동산 투자자들은 오바마케어로 인해 세금 인상에 직면할 가능성이 높다.

Q 그렇다면 이것은 자본이득과 현금흐름의 또 다른 차이점인가?

A 그렇다. 주식이나 채권, 부동산, 사업 등 자산의 처분으로 수익이 실현되었을 때 자본이득이 발생한 것으로 간주한다. 매각에 의해 발생한 소득, 즉 자본이득에는 세금이 부과된다. 현금흐름 창출을 목적으로 투자하는 부동산 투자자들은 그들의 현금흐름에 대해 아무런 세금도 납부하지 않는다. 실제로 양질의 세법 자문을 받는다면 그들의 현금흐름은 비과세 수입이 될 수도 있다.

Q 그것은 공정한 것인가?

A 모든 사람에게 동일하게 적용되는 세법이므로 당연히 그렇다고 볼 수 있다. 불공평한 것은 학교에서 금융 교육을 하지 않는 것이다. 사람들이 이런 것들을 인지할 수 있도록 교육시키지 않는 것은 불공평한 일이다.

Q 그것은 전 세계 어디서나 가능한가?

A 그렇다. 대부분의 나라에서 가능하다. 용어와 정부 정책에는 차이가 있을지 모르나 세법은 전반적으로 비슷하다.

스코틀랜드에 사는 내 친구 그레임과 리엔 부부는 150년 된 고풍스런 교회 건물을 20만 영국 파운드에 매입했다. 스코틀랜드 정부는 건물 개보수에 소요될 정부 보조금의 형태로 35만 파운드를 이들에게 지원해 주었다. 상환할 필요도 없는 돈이다.

Q 20만 파운드에 건물을 사고 정부 보조금으로 35만 파운드를 받았다는 말인가? 거의 공짜나 다름없지 않나?

A 그렇기도 하고 아니기도 하다. 내 친구는 정부가 원하는 사업, 즉 교회 건물을 복구한 다음 저소득자에게 주택을 공급하는 일을 해야 한다. 여기서의 핵심은 정부가 원하는 사업을 해야 한다는 것이다.

그의 계획은 정부 보조금과 호주머니 돈으로 조성한 투자금 40만 파운드를 사용해 16가구가 입주할 수 있는 저소득자 주택을 짓고 교회 개조 프로젝트를 시작하는 것이다. 이때 투자금 40만 파운드는 '자기자본(equity)'이다. 그 다음 은행으로부터 70만 파운드를 대출받아 프로젝트를 완성하는데, 이때 대출금은 '채무(debt)'가 된다.

2년 후 프로젝트가 정상적으로 진행되어 세입자들로부터 임대료 수입이 발생하면 그는 다시 은행에 가서 현금흐름이 증가된 상황을 토대로 새로운 대출을 받을 계획이다. 간단히 말해, 현금흐름이 향상된 것을 근거로 대출을 받아 기존의 대출금을 차환하는 것이 그의 계획이다.

이렇게 신규 대출을 받으면 투자자는 투자금을 회수하는 동시에 비과세 수입, 즉 현금흐름을 지속적으로 발생시킬 수 있다. 2년 후면 투자금을 모두 회수한 상태가 되기 때문에 투자자의 투자 수익률이 무한해진다. 은행의 재융자를 통해 돌려받은 최초 투자금은 세금 부과 대상이 아닌 부동산을 담보로 한 채무에서 나온 것이다. 그 채무는 세입자들의 임대료를 통해 갚아 나간다.

내가 켄 맥엘로이와 함께 교회 건물 앞에 서 있는 동안, 적어도 20명은 '매입자 구함(For Sale)'이라고 적힌 표지판을 그냥 지나쳤다. 그들 중 누구도 눈앞에 있는 기회를 포착하지 못했다. 책과 세미나를 통해 투자를 구체화시키는 방법을 교육해 온 켄은 배운 바를 실행한 그레임과 리엔 부부를 무척이나 자랑스러워했다.

이와 같은 투자 방법은 전 세계에서 사용된다. 문제는 사람들이 직장과 봉급에만 연연한 나머지 눈앞에 놓인 기회를 인지하지 못한다는 것이다. 그레임과 리엔이 학습을 통해 볼 수 있게 된 '보이지 않는 현금흐름'은 보통 사람들의 눈에 보이지 않는다.

Q 그 이야기를 듣는데 어째서 내 머리가 아픈가?

A 당신의 정신과 두뇌가 보이지 않는 것을 보기 시작했기 때문이다. 당신은 지금 그런치라는 '보이지 않는' 거인들이 돈을 통해 어떻게 우리가 사는 세상을 통제하고 있는지 보기 시작한 것이다. 그들은 종이돈을 무한정 공급하며, 우리가 제공하는 노동과 우리가 모으는 저축의 가치를 떨어뜨리고, 세금 인상과 인플레이션으로 돈을 위해 일하는 사람들의 삶을 어렵게 만든다. 이제 당신은 진정한 부자들이 왜 장기적인 주식 투자를 하지 않는지 그 이유를 이해할 수 있을 것이다. 부자들은 주식과 사업의 지분을 매각하고 빈곤층과 중산층에 속한 사람들은 그 주식을 산다.

당신은 왜 학교에서 학생들을 금융 장님으로 만들고 봉급을 위해 일하라고 가르치는지 그 이유를 이해하기 시작했다.

Q 결국 이 모든 것이 말에서부터 시작된다는 것인가?

A 그렇다. 말은 당신의 정신과 두뇌가 동전의 이면을 볼 수 있도록 해 준다. 다시 말해 보이지 않는 것을 볼 수 있게 해 준다. 사람들은 지극히 공평한 세법을 두고 불공평하다고 생각한다. 세법을 활용하여 세금을 절감할 수 있는 금융 지능이 있다면 절세는 누구에게나 허용된다. 부자와 빈곤층, 중산층 간의 차이는 말에서부터 시작된다. 말은 부자를 더 큰 부자로 만들고 빈곤층과 중산층을 더 가난하게 만든다.

당신이 인생의 두 번째 기회를 심각하게 고려한다면 당신이 사용하는 말을 바꾸는 일부터 시작하기 바란다.

지금 당장 빈곤층이나 중산층이 사용하는 말을 버리고 부자들의 언어를 사용하라. '안정된 직장', '봉급', '저축' 등의 단어는 버리고 '자산', '부채', '현금흐름' 등 부자들의 언어를 써라.

버키는 '말은 인간이 만들어 낸 가장 강력한 도구'라고 했다. 당신이 하는 말을 바꾸는 것으로 인생을 변화시킬 수 있다. 그리고 이 모든 것은 공짜다.

Q 내가 지금 당장 할 수 있는 것은 무엇인가?

A 이제부터 그 질문에 대한 답을 하게 될 것이다. 지금까지는 과거를 들여다봤다. 이제는 현재와 미래에 대해 살펴볼 차례다.

이 책의 2부와 3부는 당신의 두 번째 기회를 위한 금융 교육에 대해 다룬다.

금융 교육의 핵심은 정답을 찾는 것이 아니다. 실수를 용납하지 않는 것도 아니다. 그것은 용기와 적극적인 행동을 필요로 한다. 성공한 삶을 얻기 위한 여정에서 때로는 실수를 저질러 넘어지기도 하고 실패할 수도 있다. 그럼에도 행동하는 용기가 필요하다. 당신의 두 번째 기회는 넘어진 자리에서 다시 일어나 실수에서 교훈을 얻는 일에서 시작한다.

이 책의 2부와 3부는 당신이 과거에 무엇을 했든, 무엇을 하지 않았든 상관없이 자신에게 용기를 북돋아 주는 일에 대해 다룬다. 보다 밝은 미래를 준비하는 데 현재를 이용하는 방법에 대해서도 살펴볼 것이다. 그러므로 당신의 두 번째 기회는 오늘부터 시작된다.

버키가 말했다.

"우리는 미래의 희생자가 아니다. 우리는 미래의 설계자다."

현재

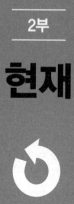

"미친 짓이란 항상 똑같은 일을 되풀이하면서
다른 결과를 기대하는 것이다."

– 알베르트 아인슈타인

Intro

정부의 미친 짓

돈을 무한정 찍어 내서 위기에 직면하고서도 여전히 돈을 찍어 내는 정부의 행위를 우리는 어떻게 이해해야 하는가?

개인의 미친 짓

전 세계의 모든 정부가 '주식 시장을 떠받치기 위해 돈을 찍어 내고 있는' 마당에 계속해서 돈을 위해 일하고, 저축하고, 주식에 장기 투자하는 것이 합당하다고 생각하는가?

2부에서는 당신이 가진 현재의 재정 상태를 살펴볼 것이다. 당신의 두 번째 기회는 '오늘' 내가 어디에 있는지 평가한 후 '미래'에 내가 어디에 있고 싶은지 결정하는 일에서부터 시작한다.

Chapter 8

이전과 이후

"번데기 사진은 그것이 나중에
나비로 변신할 것이라는 사실까지 말해 주지는 않는다."
– 버크민스터 풀러

사람들은 전후 비교 사진을 좋아한다. 홈쇼핑의 다이어트 제품 광고에
서는 130킬로그램에서 50킬로그램이 된 한 여자의 비키니 사진을 보여 주
며 이렇게 말한다. "여러분도 할 수 있습니다." 곧 전화벨이 울리고 홈페이
지에도 주문이 폭주한다.

전후 과정을 담은 사진은 우리에게 영감을 준다. 그런 사진은 우리 내면
의 진정한 자아를 상기시키고 원하는 것은 무엇이든 될 수 있다는 잠재력
을 떠올리게 만든다. 우리는 모두 나비를 품은 번데기다. 자유롭게 날아오
를 때를 기다리고 있다. '변신' 또한 텔레비전 프로그램을 성공으로 이끄는
단골 메뉴가 되었다. 유행에 뒤처진 옷을 입은 촌스러운 사람을 데려다 놓
은 다음, 세련된 옷을 입히고 헤어와 메이크업을 변화시켜 '신데렐라' 혹은
'백마 탄 왕자님'으로 변신시킨다. 낡고 쓰러져 가는 집에 페인트칠을 하고
부엌과 욕실을 개조해서 오래된 집을 드림하우스로 바꾸기도 한다.

세컨드 찬스

나의 방송 프로그램

지난 수년간 나는 방송 제작자로부터 변신을 주제로 한 방송 프로그램을 진행해 보지 않겠느냐는 제의를 받아 왔다. 그들은 내가 프로그램 안에서 가난한 사람을 부자로 변신시키기를 원했다. 나는 수년 동안 열 명이넘는 방송 제작자들과 진지하게 논의했다. 그들과의 논의는 언제나 똑같은 질문으로 중단되었다. "정말 가능할까요?", "우리가 어떻게 그렇게 할수 있을까요?"

내면 대 외면

오래된 집에 페인트칠을 하고 누군가에게 예쁜 옷을 입히는 일은 어렵지 않다. 이런 종류는 외면적인 변신이다. 그렇다면 어떻게 가난한 사람이부자가 될 수 있을까? 바로 이때 내면적인 변신이 필요하다.

가난한 사람이 부자가 되는 것은 페인트칠처럼 눈으로 볼 수 없다. 변화를 눈으로 확인할 수 없기 때문에 내면의 변신은 리얼리티 프로그램의 소재로 적합하지 않다. 내면의 변신은 사람이 가진 사고의 기준을 이동시키는 것으로, 자기 자신을 바라보는 시각, 돈에 대한 견해, 살아가면서 내리는 선택 등 모든 것이 변하는 것을 의미한다. 나는 그것이 가능하리라 믿지만 그것을 눈으로 보이게 하는 마법의 공식까지는 발견하지 못했다.

경제적 위기

오늘날 대부분의 경제적 위기는 외면만 부자처럼 보이기를 원하는 사람들로 인해 발생한다. 서브프라임 모기지 사태는 이와 같은 인간의 욕망을 단적으로 보여 준 좋은 사례다. 수백만의 빈곤층과 중산층에게 '닌자론

(NINJA loan, 수입, 직업, 자산이 없는 고위험 채무자 대상의 대출)'이 제공되었다. 그들은 상환 가능성이 희박한 대출금으로 집을 사거나 기존의 집에 걸린 대출금을 차환하는 데 썼다. 은행은 서브프라임 대출을 한데 묶어 파생상품을 만들어 냈고, 그로 인해 '대량 학살을 일으킬 수도 있는 금융 무기'들이 돈에 굶주려 있던 세상으로 팔려 나갔다. 외면적으로 부자처럼 보이고 싶은 욕망이 부동산 및 주식 시장의 호황과 불황을 결정하고 소비자 신용카드 채무를 치솟게 만들었다.

부자처럼 보이고 싶은 마음이 잘못되었다는 것은 아니다. 누구나 자신의 수입보다 저급한 생활을 하기를 원하지 않는다. 대신 수입을 확대할 수 있는 방법을 찾고, 보다 윤택한 생활을 즐길 수 있는 재원을 확보하기 위한 길을 모색하는 것이 옳다. 나는 내가 소유한 집과 자동차를 사랑한다. 문제는 금융 교육을 받지 못하면 대부분의 사람들이 결코 부자가 될 수 없다는 사실이다. 이것이 바로 진정한 위기다.

두 번째 기회

진정한 두 번째 기회를 얻으려면 완전한 내면적 변형이 필요하다. 번데기에서 나비로 변신하는 잠재력은 누구나 지니고 있다. 광고나 방송 프로그램에서 전후 비교 사진을 효과적으로 사용하는 이유도 여기에 있다. 그와 같은 변화 과정은 내면 깊은 곳에 있는 잠재력을 새삼 깨닫게 해 준다.

번데기에서 나비로

Q 당신은 빈털터리가 되어 본 적이 있는가?

A 그렇다. 몇 번이나 그런 적이 있다.

Q 당신은 가난한 사람들, 돈 없는 사람들이 불쌍하다고 생각하는가?

A 나는 가난한 사람들이 불쌍하다고 생각하지 않는다. 나는 그들의 마음을 공감하지만 동정하지는 않는다.

Q 왜 당신은 그들을 불쌍하게 여기지 않는가?

A 인간의 내면에는 신에게서 선물 받은 변화의 힘이 존재한다. 원하는 삶을 변화시키고 향상시킬 수 있는 힘을 인간은 이미 가지고 있다. 만약 내가 그들을 불쌍하다고 말한다면 그들에게 아무런 힘이 없다고 말하는 것과 다를 바 없다. 그들이 불쌍하다는 말은, 신이 그들을 부당하게 대우했다고 말하는 것과 다르지 않다. 그러나 신이 불공정했을 리는 없다.

Q 그것은 다소 이상적인 생각이 아닌가?

A 인정한다. 이상적인 생각이다. 동시에 현실적인 생각이기도 하다. 내 자신에 대해 불쌍하다고 생각해 본 적이 있기 때문에 이렇게 말할 수 있다. 나는 한때 지독한 자기 연민에 빠진 적이 있다. 자기 연민의 문제점은 그것을 즐길 수 있다는 것이다.

Q 어떤 사람이 자기 연민을 즐기는가?

A 스스로를 피해자로 생각하는 패배자, 자신의 불행에 대해 불쌍함을 느끼는 '루저'들이 그렇게 된다.

자기 연민은 구원자와 박애주의자를 끌어들이기도 한다. 많은 박애주의자들이 실제로 그런 사람들에게 도움을 준다. 그러나 모든 박애주의자가 사람들의 내면에 있는 신의 선물을 일깨우도록 힘을 북돋아 주는 것은 아니다. 상당수의 구원자들이 사람들을 무기력한 상태로 유지시키는 데 한몫한다. 도와주고, 위로하고, 음식을 나눠 주는 것과 용기를 북돋아 주는 것에는 차이가 있다.

수차례 언급한 바와 같이, 가난한 사람에게 생각 없이 돈을 주는 것은 그들의 가난을 더 오래 지속시키는 결과로 이어진다.

내 말을 오해하지 말기 바란다. 누구에게나 이따금 어느 정도의 동정과 연민은 필요하다. 넘어지면 힘이 되는 격려도 필요하고 다시 일어서기 위한 도움도 필요하다. 한동안은 자신이 불쌍하다고 생각하는 것도 괜찮다. 그 정도는 치유의 과정으로 본다.

Q 정말로 자신을 불쌍하다고 생각한 적이 있는가?

A 물론 여러 번 있다. 하지만 돌이켜 보면 내 자신을 불쌍하다고 생각한 부분은 결국 내게 아무런 도움이 되지 않았다. 그것은 내가 직면한 문제를 더 크게 만들고 더 오래 지속시켰을 뿐이다.

Q 사업에 실패하고 모든 것을 잃었을 때 어떻게 했는가?

A 잠시 자기 연민에 빠졌다가 일어섰다. 그리고 다시 일을 시작했다.

Q 무일푼으로 다시 움직였는가?

A 물론이다. 돈이 없다는 사실은 나를 강하고, 영리하고, 기지 있는 사람으로 만들었다. 돈이 없으니 머리를 써야 했고, 창의적이어야 했다. 내가 빈털터리가 아니었으면 회복의 과정이 좀 더 쉬웠을 것이다. 그러나 돈이 없었기 때문에 오히려 나는 재능을 계발하고 사용할 수 있는 힘을 얻

었다. 누구나 강점과 약점이 있다. 자기 연민에 지나치게 오래 빠져 있으면 강점은 점점 약화되고 그와 동시에 약점은 점점 강화된다.

Q 그렇다면 권리 의식을 심어 주는 정부의 지원 프로그램과 자선은 사람들의 약점을 점점 강화시키고 강점을 약화시킨다는 말인가?

A 그렇다. 많은 사람들이 내 의견에 동의하지 않을 줄로 안다. 분명 사람에게는 도움의 손길이 필요할 때도 있다. 때로는 엉덩이를 걷어차이는 자극도 필요하다. 나 또한 엉덩이를 수차례 걷어차였다. 당시에는 그것이 너무 싫었지만 그 모든 것들이 나를 더 강한 사람으로 만들었다.

Q 가난 덕분에 부자가 될 수도 있다는 말인가? 그렇다면 부유한 환경이 약점이 될 수도 있는가?

A 그렇다. 아이가 원하는 것이면 무엇이든 들어주는 부모를 생각해 보라. 당장은 부모와 자식 모두 기분이 좋겠지만, 부모가 아이를 나약하게 만드는 위험을 무릅쓰는 것과 같다. 내면의 힘을 키우지 못하도록 사전에 차단하는 것이기도 하다. 아이에게는 넘어졌을 때 다시 일어설 수 있는 힘이 필요하다.

내가 진행하는 「리치대드 라디오 쇼」에 도널드 트럼프의 두 아들, 돈 주니어와 에릭이 초대 손님으로 출연한 적이 있다. 그들은 한 시간 동안 부잣집 아들로서 자신들이 어떻게 자라 왔는지 이야기했다. 그

주제
기업가로 성장시키기

초대 손님
**돈 트럼프 주니어와
에릭 트럼프**

리치대드 라디오 쇼
무료 앱 다운로드
www.richdad.com/radio

들은 우리가 평생 가져 보지 못한 특권을 누리고 있지만 자라 온 과정은 그리 순탄하지 않았다. 트럼프는 어린 아이들에게 선착장이나 공사장의 잡부로 일하게 했다. 부잣집 아들들이 누렸을 만한 특권과는 거리가 있었다. 나는 지금도 가끔 그들과 시간을 보낸다. 그들은 부잣집 자녀가 분명하지만, 결코 모든 걸 맘대로 누리며 자란 아이들이 아니다. 그들은 남부러울 것 없이 자란 내 친구들의 대다수 자녀보다 훨씬 건실하다.

비극의 도화선

나는 애리조나 주 피닉스에 있는 한 부유한 동네에 살고 있다. 골프장 주변으로 빙 둘러선 집들은 다 해 봐야 40가구가 채 되지 않는다. 그 작은 동네에서 2007년 주식 시장이 붕괴된 직후 세 명이 자살을 했고 방화 사건도 한 차례 발생했다.

Q 어떤 사람들이 자살했는가?

A 한 사람은 아버지에게 수백만 달러짜리 사업을 물려받은 젊은 사업가였는데, 회사가 망했다. 또 한 사람은 돈 많은 여자와 결혼했다가 부인의 재산을 모두 날렸다. 그는 이혼 법정에서 부인의 얼굴을 보느니 차라리 자살이 낫겠다고 생각한 것으로 보인다. 화재가 난 집은 부동산 '플리퍼(flipper, 저평가된 주택을 매입해 새 단장한 후 고가에 매각하여 매매 차익을 실현하는 부동산 투자자)'의 집이었는데, 그는 350만 달러에 매입한 집을 500만 달러에 되팔고자 했다. 하지만 매각이 어려워지고 더 이상 이자를 감당하지 못할 상황에 처하자 화재 보험금으로 빚을 갚으려고 했다. 그 사람은 감옥에 갔는데 나중에 듣기로 결국 자살을 했다고 한다.

Q 이런 사람들이 바로 겉으로는 부자처럼 보이지만 실질적인 부자는 아닌 사람들인가?

A 그렇다고 생각한다. 그 와중에 내 주변의 부자 친구들은 하나같이 더 큰 부자가 되었다. 흥미롭지 않은가. 그들은 시장 붕괴 상황에서 기회를 포착했다. 주식 시장의 침체는 많은 사람들의 삶을 파괴했지만 그들에게는 호재였다. 당시 주식 시장 붕괴로 인해 크나큰 재정적 어려움에 놓인 한 이웃도 있었다. 하지만 그 사람은 고비를 잘 넘기고 제 살길을 찾았다. 지금 그는 더 강하고 더 영리하고 더 큰 부자가 되었다.

Q 그 사람은 위기 속에서 자신의 새로운 강점을 찾아낸 것인가?

A 그렇다고 믿는다. 일시적 좌절은 다시 일어서기만 한다면 이전보다 더 강해질 수 있다. 하지만 절망에 빠진 사람들을 돕기 위해 돈을 주면 그 사람은 다시 일어설 수는 있지만 이전보다 강해지지는 않는다. 대형 은행에 구제금융을 지원할 때도 마찬가지다. 오늘날 대형 은행들은 위기 이후 오히려 그 규모가 37퍼센트 더 커진 것으로 나타나고 있다. 그들은 점점 커지고 있지만 점점 강해지고 있는 것은 아니다. 아인슈타인은 이런 말을 했다.

"문제를 발생시켰을 때의 사고방식으로는 문제를 해결할 수 없다."

Q 결국 앞으로 다가올 시장 붕괴 사태는 감당할 수 없는 수준이 될 것이라는 의미인가?

A 그럴까 봐 걱정이다.

Q 그렇다면 어떻게 강점을 찾아내서 강화해야 하는가?

A 그것은 삶의 수많은 비밀 가운데 하나다. 보다 쉬운 답을 줄 수 있다면 좋겠지만 나는 그렇게 할 재간이 없다.

Q 당신은 시장 붕괴가 우리를 더 강하게 만들어 주기 위한 신의 뜻이라고 생각하는가?

A 그렇게 생각한다. 버키의 일반 원칙 중의 하나가 "비상사태를 통해 부상한다."는 것이다. 지금 우리는 인류 역사상 최대의 금융 비상사태를 코앞에 두고 있다. 중요한 것은 "과연 어떻게 부상할 것인가?" 하는 것이다.

알거지가 되다

1984년 12월 킴과 나는 빈손으로 하와이를 떠나 샌디에이고로 갔다. 우리는 빌린 차에서 생활하거나 친구 집에서 신세를 지며 살았다. 우리에게는 일자리도 없었고 수입도 없었다. 돈이 생길 때만 음식을 먹을 수 있었고 그나마도 자주는 아니었다. 매일매일이 재정적 비상사태였다.

나에게는 자산이 없었다. 우리가 운영하던 나일론 재질의 서퍼용 지갑 제조 사업을 유지시키기 위해 하와이에 있는 부동산 대부분을 처분했다.

부채로 남은 82만 달러는 투자자들로부터 받은 투자 자금이었는데, 그 역시 지갑 사업을 유지하기 위한 비용으로 소진되었다. 결국 사업은 파산에 이르렀고, 나는 투자자에게 돈을 돌려줘야 했다. 나는 투자자들에게 일일이 전화를 걸어 상황을 알리고, 훗날 재기하면 반드시 돈을 갚겠다고 했다. 몇몇은 갚지 않아도 된다고 했지만, 반드시 갚아야 할 돈이었다.

손익계산서

수입 0
지출 ?

대차대조표

자산 0	부채 82만 달러

당시 두 사람의 재무제표는 위와 같았다.

현재에 집중하다

내가 빈털터리가 되어 샌디에이고까지 가게 된 이야기를 하는 이유는, 이 책의 2부가 현재에 관한 내용을 다루기 때문이다. 킴과 나는 미래로 이동하기에 앞서 현 상황부터 명확하게 알아야 했다. 우리는 현재를 직시할 필요가 있었다.

많은 사람들이 재무제표가 무엇인지 알지 못한다. 높은 수준의 교육을 받은 사람들 중에도 다수가 금융 문맹이다. 재무제표를 읽을 줄도, 활용할 줄도 모른다.

만약『부자 아빠 가난한 아빠』를 읽고 캐시플로 게임을 해 봤다면, 당신은 재무제표가 작용하는 방식에 대해 학식이 높은 다른 사람들보다 더 많이 이해하고 있을 것이다. 미래를 내다볼 때 당신의 지식을 실전에 적용하기 바란다.

나에게 찾아온 두 번째 기회

1994년 우리의 재무제표는 아래와 같았다. 우리는 부자가 아니었다. 보유한 자산에서 연간 12만 달러의 수동적 소득이 발생하는 '순자산 백만장자'였을 뿐이다. 직장이 필요하지는 않았다. 1984년부터 1994년에 이르는 10년 사이, 우리는 재정적 자유를 획득하였다.

손익계산서

수입
주택 임대료 1만 달러

지출
개인 비용 3,000달러

대차대조표

자산	부채
임대 가능한 아파트 52채	주택 8만 5000달러

242

당시 우리는 여전히 그리 크지 않은 집에서 대다수의 중산층이 살아가는 방식으로 살았다. 차이가 있다면 돈이 우리를 위해 일해 주고 있으므로 더 이상 일할 필요가 없고, 돈의 노예가 될 필요가 없다는 점이었다.

우리는 번데기에서 나비로 변신하고 있었다. 우리의 내면에서 변형이 진행되고 있었지만 그렇다고 완성 단계는 아니었다. 우리는 여전히 날지 못했고, 그만큼 할 일이 더 남아 있었다. 무엇보다 중요한 것은 우리 내면의 부가 점점 증가하고 있다는 사실이었다.

부자처럼 보이는 사람

그 시절 우리 주변에는 우리보다 더 부자처럼 보이는 사람들이 많았다.

손익계산서

수입
직장 또는 전문직에서 나오는 고소득
지출
호화로운 생활 방식을 영위하기 위한 높은 비용

대차대조표

자산	**부채**
주식, 채권, 저축	큰 집, 고급 자동차 신용카드 채무 학자금 대출

그들의 재무제표는 대충 앞 장의 도표와 같은 모습이었다.

문제는 이들 대다수가 겉보기만 부자고 내면적으로는 재정적 어려움에 처해 있다는 것이다. 외부로 드러난 모습만 본다면 그들이 매달 받는 봉급만으로 연명하고 있다고는 상상할 수 없었다. 이들 중 상당수는 2007년 시장 붕괴 사태에서도 살아남았다. 그러나 다가올 미래에도 그렇게 운이 좋을지는 알 수 없는 일이다. 만약 부자 아빠의 예언이 맞다면, 겉보기만 부자인 사람들이 눈앞으로 다가온 격변기의 주된 희생양이 될지도 모른다.

Q 외면적 부자들이 어째서 위험에 처해 있는 것인지 그 이유를 다시 한 번 말해 주기 바란다.
A 크리스 마틴슨은 『크래시 코스』에서 부를 세 단계로 구분한다.
1. 3차적 부
2. 2차적 부
3. 1차적 부

고소득 직장에 다니면서 근사한 집을 보유하고 은행과 주식 시장에 돈을 묻어 두는 사람들은 3차적 부를 소유한 사람들이다. 크리스는 다가올 시장 붕괴에서 가장 큰 타격을 입을 사람들이 바로 이 3차적 부의 소유자, 즉 종이 재산(paper wealth, 자산의 시장 가격으로 평가되는 재산)에 투자한 부유층이라고 말한다.

Q 3차적 부가 종이 재산이라면, 1차적 부와 2차적 부는 무엇을 의미하는가?

A 1차적 부는 자원 재산이다. 원유나 금, 은, 물고기, 나무, 비옥한 토지 등이 이에 속한다. 2차적 부는 생산 재산이다. 식량을 생산하는 농부, 고기잡이를 하는 어부, 석유를 생산하는 원유 채굴업자, 금을 생산하는 금광 채굴업자, 제품을 생산하는 공장의 소유주, 기업가 등이 모두 2차적 부를 소유한 사람들이다.

옛날 미국의 TV 드라마 가운데 「비버리 힐빌리즈」라는 시트콤이 있었다. 그 시트콤의 줄거리를 들어보면 세 가지 유형의 재산을 이해하는 데 도움이 된다.

가난한 제드 클램펫은 먹을 것을 찾으려고 자기 땅에서 사냥을 하고 있었다. 그날 그가 쏜 한 발의 총알은 제드 인생의 전환점이 된다. 그가 쏜 총알이 석유 광맥을 터뜨려 땅 위로 크루드 오일(일명 '검은 황금 텍사스의 차')이 콸콸 솟구쳐 올라온 것이다. 오케이오일컴퍼니는 제드 소유의 토지에서 원유를 채굴하는 대가로 그에게 거금을 지불했다. 그렇게 평범한 제드는 백만장자가 되었다.

여기서 제드는 토지와 원유라는 1차적 부를 소유한 인물이다. 제드의 토지에 대한 채굴권을 획득한 오케이오일컴퍼니는 2차적 부, 즉 생산 재산을 보유했다. 그렇다면 오케이오일컴퍼니가 제드에게 지불한 돈은 어디서 나온 것일까? 주식 시장과 민간 투자자들의 돈이다. 바로 3차적 부에서 나온 돈이라는 이야기다.

Q 그러니까 3차적 부를 소유한 사람들은 자원과 기업을 위해 일하거나 그 지분의 일부를 갖는 저축자와 주식 투자자들이란 말인가?

A 그렇다. 크리스가 자신의 책에서 말했듯이, 종이 재산 투자자들은 부

에 대한 청구권을 소유하는 것일 뿐 부 자체를 소유하는 게 아니다. 달러화는 부에 대한 청구권에 지나지 않는다. 제너럴 밀스와 같은 기업의 주주들은 그 회사의 지분에 대한 청구권을 소유한 것일 뿐 실제로 식량이 생산되는 농장을 소유한 것이 아니다.

Q 그것이 무슨 문제가 되는가?
A 주식 시장이 붕괴되면 주주들이 가장 큰 패배자가 된다.

Q 어째서 그런가?
A 회사가 사업이 잘 안 돼서 문을 닫는다고 가정해 보자. 폐업 시점에 회사 돈이 남아 있다면 1순위 지급 대상은 회사의 직원들이다. 그 다음은 공급업자들이다. 3순위가 회사에 돈을 빌려주거나 장기 신용 거래 관계를 맺고 있는 채권자들이다. 가장 마지막에, 돈이 남아 있다면, 돈을 받을 수 있는 사람이 그 회사의 주식을 보유한 주주들이다.

Q 오늘날 주식 보유자들은 예전보다 더 큰 위험을 감수하는 셈이라는 말인데, 그 이유는 무엇인가?
A 1954년 이후 주식 시장이 꾸준히 상승해 오면서 주식 투자는 비교적 안전한 투자 방법으로 인식되어 왔다. 몇 번의 등락과 폭락 사태가 있기는 했지만 시장은 언제나 회복에 성공했고 장기 투자자들의 수익성 역시 전반적으로 나쁘지 않았다. 엄청난 수익을 거둔 사람도 많다.

Q 1954년이 기준인 이유는 무엇인가? 그 시점에 무슨 일이 있었는가?

세컨드 찬스

A 1929년 주가 지수가 사상 최대치인 381에 도달한 이후 주식 시장이 무너져 내리며 대공황을 촉발시켰다. 이후 1954년까지 주가 지수가 다시 381에 도달하는 데 25년의 시간이 소요되었다. 그때부터 지금까지 60여 년간 시장은 꾸준히 상승해서 수많은 투자자들에게 큰 수익을 안겨 주었다. 주가의 상승 곡선은 아래의 도표에서 확인할 수 있다.

1954년 이후 어떻게 수백만 명이 큰돈을 벌 수 있었는지, 왜 수백만 명이 주식 시장에 자신의 재산을 맡겨 두고 있는지 그 이유를 도표를 통해 살필 수 있다. 많은 사람들이 여전히 "주식 시장에 장기 투자하라."는 구시대의 조언을 맹신하는 이유도 여기에 있다.

다우존스 산업평균지수(DJIA)

도표의 음영 부분은 미국 경제의 침체기를 의미한다.

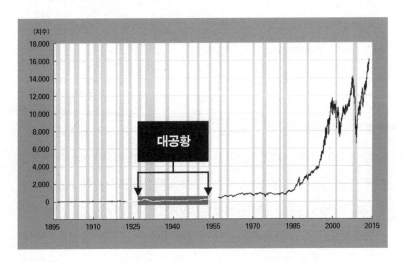

출처: S&P 다우존스 지수

Q 그러니까 그들이 3차적 부, 즉 종이 재산에 장기 투자하고 있는 것이 문제라는 말인가?

A 그렇다. 앞서 언급한 세 명의 새로운 치킨리틀(크리스 마틴슨, 제임스 리카즈, 리차드 던컨) 중 누구의 예측이라도 맞아떨어진다면 주식 시장은 다시 주저앉을 것이고, 3차적 부를 소유한 부자들은 그 대가를 치르게 될 것이다.

Q 1차적 부와 2차적 부에 투자한 사람들은 생존 가능성이 비교적 높다는 말인가?

A 그렇다. 그러나 다시 말하지만 여기에는 어떤 보장도 없다.

Q 만약 3차적 부를 소유한 사람들이 희생되면 세상은 어떻게 바뀔 것 같은가?

A 뉴욕과 같은 주요 금융 도시들이 가장 먼저, 가장 가혹하게 타격을 입을 것이라고 예측된다.

Q 어째서 그런가?

A 뉴욕은 3차적 부를 기반으로 건설된 도시다. 뉴욕에 거주하는 사람들이 소유한 부는 대부분 3차적 부에 속한다. 맨해튼에는 농장이나 공장, 유전 등의 자원이 없다. 3차적 부가 하락한다면 그들이 소유한 아파트나 주택의 가치도 덩달아 떨어질 것이다. 만약 주택을 담보로 한 주택 소유자들의 빚보다 주택의 실제 가치가 낮아진다면 우리는 또 한 번의 모기지 사태에 직면할 수도 있다. 이번에는 가난한 사람들의 서브프라

임 모기지가 아니라 부자들의 대형 모기지가 될 것이다.

Q 그런 일이 일어날 확률은 어느 정도라고 생각하는가?
A 정부가 계속해서 돈을 찍어 내고, 일하지 않는 사람들에게 수당을 지불하고, 금융 시장을 인위적으로 떠받친다면 문제는 점점 커져만 갈 것이다.
제임스 리카즈는 그의 저서 『커런시 워』에서 이 '가중되고 있는 복잡성'에 대해 언급한다.

Q '가중되고 있는 복잡성'이란 어떤 의미인가?
A 정부가 당면 문제를 해결하기보다는 오히려 경제를 지탱하기 위한 방편으로 점점 더 복잡한 해결책을 제시하고 있다는 의미다.
제임스는 이를 산 정상에 쌓이는 눈에 비유한다. 작은 폭발을 일으켜 비교적 적은 양의 눈이 쏟아져 내려오게 하는 대신 더 높고, 더 크고, 더 강한 장벽을 쌓아 올리며 자꾸만 쌓이는 눈이 눈사태로 발전하지 않기만을 바라고 있는 셈이다.
정부가 내놓는 복잡한 해결책에는 더 복잡하고 새로운 해결책이 필요하게 될 것이고, 그렇게 반복되다 보면 상황은 나아지기는커녕 악화만 될 것이다.
추측하건대, 언젠가는 그런 해결책조차 고갈될 것이고, 정부의 장벽 역시 허물어질 것이다. 비교적 작은 규모의 의도된 눈사태를 감당하는 것이 아니라 산 전체가 덮쳐 오는 상황에 맞닥뜨리게 될 날이 머지않았다.

Q 그렇다면 해결책은 무엇인가?

A 3차적 부에 내재된 복잡성에서 벗어나 2차적 부와 1차적 부에 함유된 단순성으로 돌아가는 것이다.

Q 당신은 3차적 부를 더 이상 소유하지 않는가?

A 애초에 3차적 부를 소유한 적이 없다. 나는 저축도 거의 없고 주식이나 채권, 뮤추얼 펀드 등의 종이 자산도 거의 없다. 내가 가진 재산의 대부분은 1차적 부와 2차적 부다.

Q 왜 그런가?

A 부자 아빠가 나에게 그렇게 하라고 가르쳤기 때문이다. 부자 아빠는 자원과 생산에 투자하라고 했다. 1차적 부와 2차적 부는 진정한 부자들이 소유하는 재산이다. 지금까지 계속 그래 왔고 앞으로도 그럴 것이다.

Q 몇 가지 사례를 들어줄 수 있는가?

A 나는 은행에 돈을 저축하는 대신 금과 은, 동전에 투자한다. 저축은 3차적 부이지만 금과 은, 동전은 자원 재산, 즉 1차적 부에 속한다.

나는 또 원유 회사의 주식에 투자해 주주가 되기보다는 원유를 직접 생산하는 파트너로 투자한다. 원유 회사의 주식은 3차적 부이고 원유의 생산에 근거한 재산은 2차적 부다. 원유 회사의 일부를 소유하지 않고 원유의 일부를 소유하면 원유 가격이 상승하면 나에게 수익이 돌아온다. 설령 원유 가격이 하락하더라도 나는 여전히 수익을 거두어들인다.

또 나는 주로 2차적 부에 해당하는 아파트와 같은 부동산을 소유한다.

즉 3차적 부에 해당하는 부동산 투자 신탁 지분을 소유하지 않는다. 나는 회사의 주식을 사지 않는다. 나는 내 회사의 주식, 즉 3차적 부를 투자자들에게 판다.

Q 1차적 부와 2차적 부는 아주 소액이거나 금융 교육을 받지 않았더라도 누구라도 소유할 수 있는 것인가?

A 물론이다. 이 세상 누구라도 실물 은에 투자할 수 있다. 은은 1차적 부에 속하는 자원이다. 내가 이 책을 쓰고 있는 현재 40달러에 육박하던 은의 가격이 많이 떨어져 온스 당 약 20달러에 은을 살 수 있다. 20달러도 없다면, 1964년 이전 발행된, 은으로 주조된 10센트짜리 미국 동전을 구하면 된다. 바꾸어 말하면 10센트만 있으면 세상 누구라도 1차 재산인 실물 은에 투자할 수 있다.

Q 어째서 그것이 좋은 투자인가?

A 시장의 수요와 정부의 조작 때문에 금과 은의 가격은 언제나 등락을 반복한다. 그러나 정부가 계속해서 돈을 찍어 내는 한, 1차적 부인 금과 은을 보유하는 것이 3차적 부인 달러화를 가지고 있는 것보다 훨씬 합리적이다. 정부가 돈을 찍어 내는 한, 가장 위험부담이 높은 것은 다름 아닌 저축이다.

지폐는 100만분의 1초 당 한 장씩 만들 수 있다. 금과 은은 광산을 발견하고, 개발하고, 실제 생산에 이르기까지 수년에 걸친 시간과 수백만 달러의 자금을 투입해야 한다.

게다가 은은 보석인 동시에 산업용 자재이기 때문에 비축량이 점점 감소하고 있다. 은의 활용 부문은 의약품, 정수, 전자제품 등 수백 가지도 넘는다. 금과 은이 과거 수천 년 동안 실제 화폐로 통용되었다는 사실을 잊지 말기 바란다. 미국 달러화가 언제까지 존재할지 확실하게 단정할 수도 없다.

Q 비트코인(bitcoin, 물리적 형태가 없는 온라인 가상 화폐)의 인기도 그런 이유 때문인가?

A 아마도 그럴 것이다. 사람들이 더 이상 정부를 신뢰하지 않을 때, 새로운 형태의 화폐가 등장하는 법이다.

Q 당신도 비트코인에 투자하는가?

A 하지 않는다. 내가 비트코인에 대해 제대로 이해하지 못했기 때문이다. 나에게 금과 은은 이해하기 쉬운 투자 대상이다. 재생산이 어려운 투자 대상이기도 하고, 위조하는 것 역시 어려운 일이다. 물론 내가 틀릴 수도 있지만, 비트코인은 3차적 부에 속한다. 그것이 어떻게 1차 혹은 2차적 부가 될 수 있는지 선뜻 이해할 수 없다. 비트코인이나 여타의 다른 형태로 사이버 머니를 생산하는 사람의 입장이라면 1차 또는 2차적 부로 볼 수 있을지도 모르겠다.

진정한 재산으로의 환원

3차적 부에서 2차 및 1차적 부로 초점을 이동하는 사람들은 실제로 과거로 후퇴하고 있는 셈이다. 이는 엄청난 부자들에게 부를 안겨 준 진정한 재산으로 환원하고 있다는 점에서 매우 좋은 소식이다.

인류의 진화 과정은 네 시대로 구분된다.

1. 수렵 채집의 시대
2. 농경 시대
3. 산업화 시대
4. 정보화 시대

1차적 부는 농경 시대의 부이고, 2차적 부는 산업화 시대의 부다. 3차적 부는 정보화 시대, 즉 보이지 않는 시대의 부다.

눈에 보이든 보이지 않든 진정한 부자는 동일한 형태의 부에 투자한다. 정보화 시대에서조차 진정한 부자는(빌 게이츠, 마크 저커버그, 오프라 윈프리 같은 부자들은) 자원과 생산을 소유하고 있다. 정보화 시대의 보이지 않는 자원은 지적 재산권이다. 눈에 보이지 않는 자산임에도 불구하고 부동산처럼 매우 실질적이다. 지적 재산권에는 특허권, 상표권, 계약권 등 보이지 않지만 상당히 가치가 높은 재화들이 해당된다.

부자들은 돈을 위해 일하지 않는다

『부자 아빠 가난한 아빠』에서 나는 부자들은 돈을 위해 일하지 않는다고 선언한 바 있다. 부자들은 1차적 부와 2차적 부를 위해 일하지 3차적 부인 '돈'을 위해 일하지는 않는다. 그들은 자원과 생산을 소유하기 위해 열심히 일하는 기업가들이다. 이들은 아이디어를 채택하고, 자원을 찾고, 자원을 제품으로 바꾸는 사업을 구축한다. 즉 제품이 돈이 된다. 그들이 소유한 부의 척도는 그들이 가진 돈이 아니라 1차적 부와 2차적 부에 대한 소유권에 있다. 눈에 보이든 보이지 않든 자원과 생산이 그들의 재산이다.

우리의 교육 제도는 학생들에게 학교에 열심히 다녀라, 소득이 높은 직장을 구하라, 돈을 위해 열심히 일하라, 저축하라, 주식 시장에 장기적으로 투자하라고 가르친다. 학교에서 추구하라고 가르치는 것은 모두 3차적 부에 속하는 것들이다.

Q 만약 내가 1차적 부와 2차적 부에 초점을 맞추기 시작한다면 풀러 박사가 『자이언트 그런치』에서 언급한 그 부자들처럼 나는 진정한 부자의 부에 가까워지는 것인가?

A 그렇다. 부정행위와 속임수를 쓰지 않고도 그런치들이 소유한 부에 초점을 맞출 수 있다. 부를 소유하는 일이 결코 잘못은 아니다. 그러나 그것을 취득하는 방법과 관련해서는 옳고 그름, 합법과 불법, 도덕과 부도덕은 항상 존재한다는 사실을 염두에 두어야 한다.

Q 만약 내가 학교에 열심히 다니고, 고소득 직장을 구하고, 열심히 일하고, 돈을 저축하고, 주식 시장에 투자하는 것에 집중한다면 나는 진정한 부자의 부로부터 멀어진다는 말인가?

A 그렇다.

Q 1차적 부와 2차적 부에 집중하려면 어떻게 해야 하는가?

A 바로 내가 기대했던 질문이다. 지금부터 시작하면 된다. 당신은 킴과 내가 1984년에 했던 대로 하면 된다. 우리는 현재의 재정 상태를 파악하기 위해 재무제표를 만드는 일부터 시작했다.

부자 아빠는 종종 이런 말을 했다.

"내가 거래하는 은행의 의사결정권자는 내 성적표 따위를 보여 달라고 한 적이 없다. 그의 관심사는 내 성적이 좋았는지 나빴는지가 아니다. 그는 내가 돈을 얼마나 영리하게 관리하는지 알고 싶어 하기 때문에 나의 재무제표를 보고 싶어 한다."

시간을 할애해 다음의 재무제표의 빈칸을 채우는 일부터 시작해 보라. 이것이 바로 당신의 현재 재무 성적표다.

두 번째 기회 실전 연습

백지에 아래와 같은 그림을 그려라.

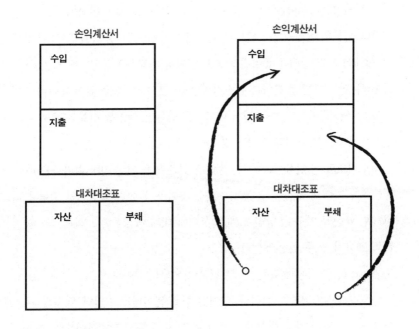

자산에 대한 부자 아빠의 정의를 기억하라.

"자산이란 내 주머니에 돈을 넣어 주는 것이다."

부채에 대한 부자 아빠의 정의 또한 기억하라.

"부채란 내 주머니에서 돈을 빼 가는 것이다."

자산 항목에는 반드시 당신의 수입 항목에 돈을 넣어 주는, 현금흐름을 창출하는 자산만 기입한다. 부채 항목에는 현재 안고 있는 모든 부채의 목록을 작성하고 매월 빠져 나가는 금액까지 함께 기입한다. 부채로 인해 빠져 나가는 금액을 지출 항목에 기입한다.

현재의 중요성

많은 사람들이 자신의 재무제표를 작성하는 것을 매우 어렵게 느낀다. 그러나 이것은 번데기에서 나비로 변신하는 과정 중 가장 중요한 첫 단계다. 현재의 재정 상태를 종이에 기록하는 과정 자체가 고통인 사람들이 적지 않다. 당신 또한 똑같이 고통스러워할지도 모른다. 숨을 깊게 들이마신 다음 마음을 다잡고 끝까지 적어 나가기를 권한다. 당신을 현실 세계로 되돌아오게 만드는 것이라면 어느 정도의 고통은 감수해야만 한다.

재무제표의 빈 칸을 채워 가는 동안 당신은 믿을 만한 친구나 마음을 터놓는 누군가에게 도움을 요청하고 싶을 것이다. 돈이란 감성적인 주체다. 아마도 당신의 친구는, 당신의 재무 상태에 대해 이성적이고 객관적인 견해를 제공해 줄 수 있을 것이다.

기억해야 할 것은 변화는 현재부터 시작된다는 점이다.

이 과정을 건너뛸 수는 없다. 그러면 힘을 잃어버리고 만다. 끝까지 과정을 밟아 나가겠다고 다짐하는 순간, 변신에 필요한 힘이 돌아오는 것을 느낄 수 있을 것이다.

현재 자신의 정직한 재무 상태를 마주할 용기가 있을 때 비로소 변화를 위한 힘이 생긴다. 바로 그 순간 미래를 손 안에 움켜쥐게 된다. 바로 인생의 두 번째 기회가 시작되는 순간이다.

Q 재정적 어려움을 겪고 있는 사람들에 대해 공감은 하지만 동정은 하지 않는다고 한 이유도 이것인가?

A 그렇다. 나는 이 과정을 수차례 거친 바 있다. 82만 달러의 부채가 기록된 나의 재무제표도 공개하지 않았는가. 나 자신을 불행하다고 느끼는 것만으로는 부채가 사라지지 않는다. 앞서 말한 바와 같이 나에게는 모든 것을 잃고 처음부터 다시 시작해야 할 때가 여러 번 있었다. 두 번째 기회를 잡는 것은 결코 쉬운 일이 아니다. 그러나 적어도 나는, 아무 문제도 없는 척하거나 타인이 나를 위해 문제를 해결해 주길 기다리지 않았다. 스스로 문제를 해결해 나가면서 이전보다 점점 더 영리해졌다.

Q 재무제표에 집중하면 나의 강점과 약점을 파악할 수 있다는 말인가?

A 그렇다.

Q 자신이 불행하다고 생각하면 점점 더 나약해지므로, 자신의 강점을 찾고 현재 상태에서 벗어나 미래를 위해 나아가야 한다는 말인가?

A 그렇다. 당신의 강점을 강화하는 데 집중하다 보면, 내면의 변신이 시작될 것이고, 번데기에서 나비로 변하는 과정이 진행될 것이다.

오늘 당신의 재무제표가 당신의 '이전 사진'이라는 것을 기억하기 바란다. 이제 미래로 나아갈 준비가 되었으니 당신의 '이후 사진', 즉 당신의 미래는 어떤 모습인지 내다볼 차례다.

당신의 미래

당신의 현재에 대해 정직하고 진지하게 들여다보았으니 이제 당신의 미래를 내다볼 차례다.

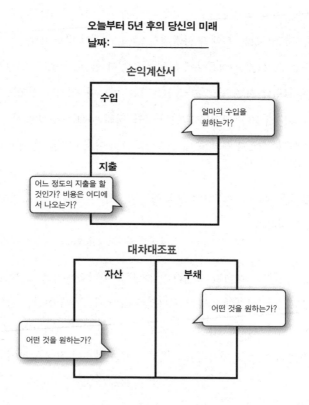

앞의 재무제표를 종이에 그려 놓도록 하라. 이제부터 당신의 미래의 재무제표를 만들어 볼 것이다.

당신의 자산을 선택하라

재무제표에서 자산은 기본적으로 네 가지 범주로 구분된다.

사업
부동산
종이 자산(유가 증권)
자원

자신이 가장 관심을 두고 있는 자산의 범주는 어느 것인지 자문해 보라. 정해진 답이 있는 것이 아니라 개인의 선택에 달린 문제다.

내가 첫 번째로 선택하는 자산은 늘 자원이다. 아홉 살에 은화 수집을 시작했을 정도로 나는 금과 은을 아주 좋아한다. 나는 뉴욕에 있는 사관학교에서 항해사가 되는 교육을 받았다. 나의 전문 분야는 원유였고 이후 나는 유조선 항해사가 되었다.

투자에도 애정이 중요하다. 금과 은, 원유에 대한 나의 애정은 각별하다. 그래서 금, 은, 원유에 대해 공부하는 것이 나에게는 즐거운 일이다. 시장 가격은 언제나 등락을 반복하지만 나는 내 자산에 각별한 애정을 갖고 있기 때문에 그런 가격 변동에 개의치 않는다. 나는 언제나 더 많은 자산을 소유하기를 원한다. 그래서 가격이 떨어질수록 더 많이 구매하는 편이다.

내가 두 번째로 선택하는 자산은 부동산이다. 부동산은 채무를 활용해 획득하기 용이하다. 세법이 부동산 투자에 관대하기 때문에 보너스까지 안겨 준다. 나는 부동산이 좋다. 특히 나는 옛 건물에 대한 애정이 각별하다. 그런 애정 때문에 부동산 및 부동산 금융에 대해서라면 나는 항상 배울 준비가 되어 있다. 늘 부동산에 대해 공부하지만 내가 모든 것을 안다고 말할 수는 없다. 부동산 시장의 가격도 자원과 마찬가지로 오르내리기를 반복한다. 가격이 내리면 나는 더 많이 매입한다. 내가 부동산 자산을 매각하는 일은 거의 없다. 나는 내가 소유한 부동산 자산을 사랑하고 거기서 창출되는 현금흐름은 나의 애정을 더욱 각별하게 만드는 요인이 된다.

내가 마지막으로 선택하는 자산은 나 스스로 사업체를 운영하는 기업가가 되는 것이다. 젊은 시절 내가 시도한 여러 사업은 대부분 개업 초기 몇 년의 중요한 고비를 넘기지 못하고 파산했다. 그중에 살아남은 사업은 서퍼용 지갑을 만드는 사업과 로큰롤 관련 사업, 교육 사업, 금광, 은광, 원유 회사 그리고 오늘날의 리치대드컴퍼니 등이다.

자산의 네 가지 범주 중에서 사업은 소유하기에 가장 힘든 대상이다. 세계적인 갑부들이 모두 기업가인 이유도 아마 그 때문일 것이다. 그것을 얻기까지 멀고도 험난한 과정을 견뎌 내야 한다. 대신 승리 시점에 도달하면 크게 이기는 경우가 많다.

나는 종이 자산을 가장 마지막으로 선호한다. 지금까지 나는 주식과 옵션에 관한 수많은 강의를 들어 봤다. 그때 나는 이 부분에서 그리 뛰어나지 않다는 것을 알게 되었다. 나는 연례 보고서를 읽는 일에 흥미를 느끼지 못하고 주식 가격이 오르내리는 것을 지켜보는 것도 좋아하지 않는다.

기업가로서 나는 세 개의 회사를 설립했고 전부 기업 공개(IPO)를 통해 상장 회사로 등록했다. 오로지 경험을 얻기 위해 회사가 어떻게 만들어지고 또 어떻게 지분이 팔려 나가는지 살펴 보았다. 추잡한 게임이었다. 나와는 맞지 않는다고 생각했다. 어쨌든 나는 수백만 주의 주식을 보유하고 있기는 하다. 하지만 내 주식은 전부 다른 사람이 하는 사업의 지분이 아니라 '내가 만든 회사'의 주식이다.

서두르지 마라

당신의 두 번째 기회는 당신의 내면에서부터 시작된다. 나는 당신이 시간을 갖고 자산의 네 가지 범주를 찬찬히 들여다보기를 권한다. 필요하다면 좀 더 깊이 있게 연구해 보는 것도 좋다. 그런 다음 당신이 가장 사랑하는 자산이 어느 것인지 선택해도 늦지 않다. 만약 자산의 네 가지 범주 중 어느 것에도 관심이 없다면 잠시 멈추어도 된다. 당신이 애정을 느낄 수 있는 자산 범주를 찾을 때까지 기다리면 된다.

다만 매우 신중해야 한다. 자산의 범주를 선택하는 가장 중요한 판단 기준은 애정이다. 공부를 할 수 있는 애정, 학생의 신분이 되는 것이 어렵지 않을 정도의 관심이 있어야 한다. 지금까지 나는 수없이 많은 투자 세미나에 참석했다. 그들은 순진하고 남의 말에 잘 속아 넘어가는, 하루아침에 부자가 되고 싶어 하는 사람들을 모아 놓고 터무니없는 투자 수익을 약속했다. 물론 몇몇은 좋은 투자 상품인 경우도 있었다. 그러나 사기와 속임수, 심지어 참가비만 노린 홍보자의 거짓말인 경우가 많았다.

주제
**채무를 활용해
부자가 되는 방법**

초대 손님
켄 맥엘로이

리치대드 라디오 쇼
무료 앱 다운로드
www.richdad.com/radio

최고의 투자 상품은 절대 광고되지 않는다. 단언컨대 절대 그런 일은 없다. 자산의 범주에 상관없이 최상의 투자 상품은 언제나 내부자에게 팔린다. 내 파트너인 켄 맥엘로이에게 새로운 투자 기회가 주어졌다면 그는 주변의 몇몇 사람들과 간단한 전화 통화를 했을 것이다. 그러면 새로운 투자 기회는 모두 소진된다. 이미 필요한 자금을 그 몇몇이 모두 확보하고 종결된다. 그에게는 세련된 홍보용 책자나 겉만 번지르르한 투자 세미나 따위가 필요 없다.

당신의 목표 중 하나는 그와 같은 훌륭한 투자자가 되는 것이어야 한다. 인맥을 통해 내부 정보에 접근할 수 있는 부유하고 지식이 풍부한 투자자가 되는 것을 목표로 삼아야 한다. 물론 주식 시장이라는 공개 시장에서 내부자 거래는 불법이다. 그러나 비공개 시장에서 이루어지는 내부자 투자 행위는 합법이다. 중국 기업 알리바바가 상장될 때 외부인들에게 주식이 팔렸다. 하지만 진짜 투자 수익은 알리바바가 기업 공개를 하기 훨씬 이전에 이미 내부자들에 의해 실현되었다. 이것을 명심하라.

"모든 투자는 내부자에 의해 이루어진다. 중요한 것은 당신이 어느 정도로 내부에 근접해 있는가의 문제다."

당신의 게임을 선택하라

버키는 이렇게 말했다.

"그들은 돈의 게임을 하고 있다."

그는 돈의 게임, 특히 정부와 그런치들이 하는 그 게임을 탐탁지 않게 여겼다.

부자 아빠는 이런 말을 했다. "네가 좋아하는 돈의 게임을 찾고 그 게임에서 이겨라." 부자 아빠의 게임은 식당, 호텔, 편의점, 특히 부동산 분야의 사업가가 되는 것이었다. 맥도널드의 창업자 레이 크록은 이런 말을 했다. "내 사업은 햄버거를 파는 사업이 아니다. 맥도널드는 부동산 사업이다."

다시 말해서 그의 햄버거 사업이 그에게 부동산을 구매할 수 있는 수단이 되어 주었고, 그렇게 획득한 부동산 중 일부는 세계에서 가장 비싼 부동산이 되었다. 부자 아빠의 게임도 그것과 다르지 않았고, 그것은 오늘날 내가 하고 있는 게임이기도 하다.

부자 아빠는 이런 말도 했다. "대부분의 사람들은 돈으로 하는 게임을 좋아하지 않는다. 그들은 게임을 하는 대신 안정된 직장과 꾸준한 봉급을 선택한다." 다음과 같은 말도 했다. "돈으로 게임을 하는 대신 자신의 돈을 자산 관리 전문가에게 몽땅 맡겨 둔 다음 자신이 선택한 전문가가 적합한 사람이기만을 바라는 사람도 있다. 대부분의 사람들이 부자가 아닌 이유는 돈을 따기 위한 게임을 하는 것이 아니라 돈을 잃지 않기 위한 게임을 하기 때문이다."

가난한 아빠는 돈으로 하는 게임을 좋아하지 않았다. 그는 잃지 않기 위해 게임을 했다. 그의 게임은 학교에 다니고, 정부 관료가 되고, 정부의 지원을 받으며 살아가는 것이었다. 불행히도 가난한 아빠는 게임에서 졌다. 그는 결코 이기기 위한 게임을 하지 않았다.

당신은 어떤 게임을 하고 싶은가? 만약 당신이 부자 아빠의 게임을 하기로 결심했다면 당신이 좋아하는 자산의 범주를 선택하는 일부터 시작하기 바란다. 당신이 공부하고 싶은 자산, 당신이 하고 싶은 게임을 선택하는 것에서 시작해야 한다. 자신이 좋아하는 분야의 게임을 할 때는 누구나 최선을 다해 최고의 선수가 되는 데 전념하기 마련이다.

미래

만약 지폐가 쓰레기라면
금융 교육은 어떻게 해야 마땅한가?

Intro

학교에서 돈에 대해 배울 수 없다는 게 말이 되는가?

일자리를 구해 돈을 버는 게 목적이라면 왜 굳이 돈에 대해서는 가르치는 게 거의 없는 학교에 다니는가? 교육은 늘 우리 모두의 삶에 강력한 영향력을 행사한다. 남북 전쟁 이전에는 특정 유형의 교육이 노예들에게 금지되었고, 지금도 세계 여러 곳의 일부 여성들은 일정 부분의 교육을 제한받는다.

부자는 급여를 받기 위해 일하지 않는다. 부자 아빠가 말했듯이 급여를 주는 사람은 그것을 받는 사람에게 강력한 영향력을 행사한다. 또한 급여를 위해 일할 때는 받는 돈이 늘어날수록 더욱 많은 돈을 세금으로 내게 된다. 그래서 스티브 잡스가 '연봉 1달러'라는 아이디어를 들고 나온 건지도 모른다. 학교에서 돈에 대해 배우지 않는다는 사실보다 큰 비극은 많은 학생들이 빚을 진 채 학교를 졸업한다는 사실이다. 학자금 대출은 유형의 채무 가운데 가장 짐스러운 빚에 속한다.

아래의 도표는 학자금 대출의 증가세를 보여 준다.

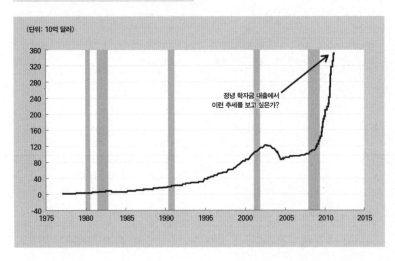

연방 정부와 학자금 대출 조합의 소비자 대출 총계

(단위: 10억 달러)

정년 학자금 대출에서
이런 추세를 보고 싶은가?

출처: 연방준비제도이사회

설상가상으로 대학 졸업자의 연봉은 갈수록 줄어들고 있다.

다음의 도표를 보면 대학 졸업자의 수입이 시간이 갈수록 줄고 있음을
알 수 있다.

더 열심히 일하면 세금이라는 보상을 받게 되는 마당에 돈을 위해 열심
히 일한다는 게 말이 되는가?

젊은 대졸자의 연평균 소득

학사 학위만을 보유한 25~34세 정규직 근로자의 평균 소득

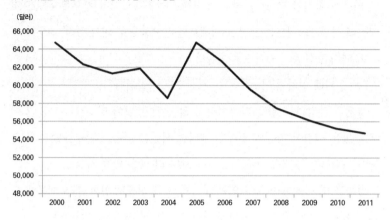

출처: Census Bureau, PPI

소득 집단별 소득 및 연방 소득세 납부 백분율(2009년)

누가 얼마만큼의 세금을 냈는가?

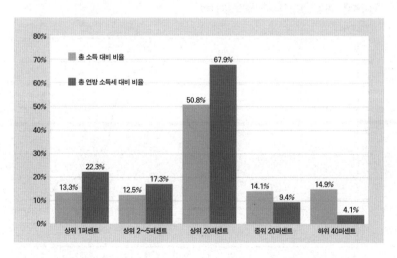

출처: Congressional Budget Office

앞의 도표를 살펴보면 중산층 고소득자가 가장 높은 비율의 세금을 내고 있음을 확인할 수 있다. 상위 20퍼센트는 소득의 50퍼센트를 세금으로 내는데 상위 1퍼센트는 고작 13퍼센트만을 세금으로 내고 있다.

이 역시 중산층이 줄어드는 이유다.

"돈을 위해 일하면 당신의 부는 세금으로 강탈된다."

부채에 해당하는 집을 자산이라 칭하는 것은 말이 안 된다. 2007년 이후 수많은 사람이 자신의 집이 부채라는 사실을 고통스럽게 깨달았다. 오늘날 사람들은 주택을 담보로 그 가치보다 더 많은 빚을 지고 있다.

상황을 더 나쁘게 만들고 있는 것은 학자금 대출로 인한 부채 때문에 수많은 젊은이들이 내 집 마련에 대해서 엄두도 못 낸다는 사실이다.

아래의 도표를 보면 주택의 가치가 점점 하락하는 것을 확인할 수 있다.

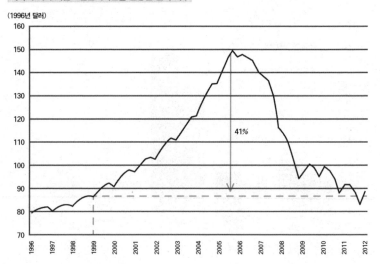

미국 주택의 거품 - 인플레이션을 반영한 실러 지수

(1996년 달러)

세컨드 찬스

부채를 자산으로 부르는 금융 무지 역시 당신의 부가 강탈되는 한 가지 요인으로 작용한다.

부자들은 빚(대출)을 이용해 더 큰 부자가 되는데, 한시라도 빨리 빚(대출)을 털어 내려 애쓰는 것은 어리석은 짓이다.

아래의 그림의 왼쪽에 있는 저축자는 세후 소득을 저축한다. 예금된 모든 돈의 10배까지 빌려줄 수 있기 때문에 은행 시스템의 부분지불준비제도는 예금된 돈의 구매력을 감소시킨다. 부분지불준비제도는 돈을 찍어 내는 또 하나의 방법이고 이는 모든 은행에 해당된다. 여기에 다음 사실까지 더해서 생각해 보라. 예금에 대한 이자에는 가장 높은 세율의 세금이 부과되지만 대출금에는 전혀 세금이 붙지 않는다.

저축자
(금융 교육을 받지 못한 사람)

대출자
(금융 교육을 받은 사람)

캐리 트레이드

고액 투자자들의 세계에서는 캐리 트레이드(Carry Trade, 금리가 낮은 통화로 자금을 조달해 금리가 높은 나라의 금융 상품 등에 투자함으로써 수익을 내는 거래)라고 불리는 수단이 종종 이용된다.

캐리 트레이드는 대형 투자자들이 어떻게 빚을 이용해 돈을 버는지 극명하게 보여 준다. 2014년 일본은 이자율을 거의 제로에 가까운 수준으로 내렸다. 그 즉시 헤지 펀드 등과 같은 거대 투자자들이 수십억에 달하는 엔화를 빌리기 위해 몰려들었다. 그들은 그렇게 빌린 엔화를 달러화로 바꾼 다음, 그 돈으로 높은 이율을 제공하는 미국 재무부 채권을 구매하였다.

다음의 예를 보면 더 쉽게 이해할 수 있다. 세계적으로 활동하는 한 헤지 펀드가 미화 10억 달러에 상당한 엔화를 0퍼센트 이자율로 빌린다고 치자. 그 엔화를 10억 달러로 바꿔서 2퍼센트의 이율을 제공하는 미국 재무부 채권을 매입하면, 헤지 펀드는 빌린 돈 10억 달러로 2000만 달러를 벌어들인다.

이것이 바로 앞서 외바퀴 손수레 그림으로 상징화한 캐리 트레이드의 전형이다.

이런 식으로 엔화를 빌려서 미국 채권을 구매하면 다음과 같은 일이 야기된다.

- 채권을 구매하기 위해서는 달러를 먼저 사야 하기 때문에 달러화가 강세를 띤다.

- 채권 가격이 오른다.
- 이율이 내려간다.
- 달러화의 강세로 미국의 수출품 가격이 비싸지면서 상대적으로 싼 일본 제품을 더 많이 사게 된다.
- 미국에서 실업자가 늘어난다.
- 금과 은의 가격이 내려간다.

그리고 중산층과 빈곤층의 생활이 더욱 힘들어진다.

게다가 일본이 이율을 갑자기 올리기라도 하면 전 세계가 혼란에 빠진다. 2007년에 그런 일이 실제로 일어났다.

단순하게 가자

이것은 당신이 대출금에 0퍼센트의 이율을 부과하는 은행에서 100만 달러를 빌려 예금에 5퍼센트의 이자를 주는 옆 동네 은행으로 가져가 맡기는 것과 같은 투자 방식이다. 이 경우 당신은 무이자로 빌린 돈으로 5만 달러를 챙기게 된다.

만약 0퍼센트의 이율을 부과하던 은행이 갑자기 대출 금리를 10퍼센트로 올리면(즉 당신이 빌려 간 100만 달러에 돌연 10퍼센트의 이율을 부과하면), 당신은 심각한 재정적 곤경에 처하게 된다. 대출 이자로 10만 달러를 물어야 하는데 예금 이자로 5만 달러밖에 벌지 못하므로 5만 달러의 손실을 입게 된다. 이런 일이 실제로 발생하면 경제적 패닉과 붕괴가 뒤따를 수밖에 없다.

대형 은행은 자신들의 실수로 인해 수십억 달러의 손실이 발생해도 그다지 개의치 않는다. 늘 정부가 개입해 '구제금융을 이용해 구제해 줄 것'으로 믿기 때문이다. 대형 은행을 무너뜨리기에는 그 규모가 너무 크다는 게 그들의 구실이다.

부자들은 은행에 '구제금융'을 할 권한을 갖고 있다. 오늘날의 세상에서는 은행이 돈을 벌면 저들이 승자가 되고 은행이 손실을 입으면 당신과 내가 패자가 된다.

그래서 버키가 이렇게 말한 것이다.

"저들은 우리의 돈으로 게임을 하고 있다."

버키는 우리의 돈이 그런치, 즉 '보편적 총 현금강탈'을 통해 강탈되고 있다고 말했다.

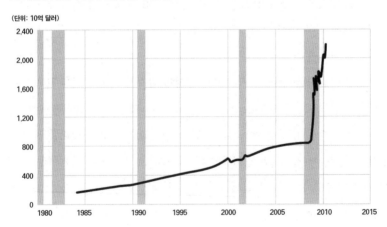

세인트루이스에서 조정하는 본원 통화

도표의 음영 부분은 미국 경제의 침체기를 의미한다.

출처: 세인트루이스 연방준비은행

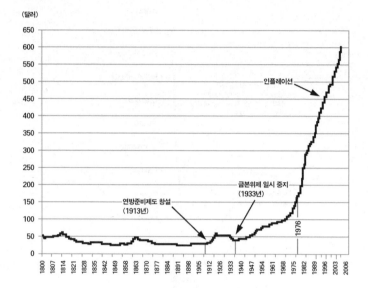

1967년=100

(달러)

650
600
550
500
450
400
350
300
250
200
150
100
50
0

인플레이션

금본위제 일시 중지
(1933년)

연방준비제도 창설
(1913년)

1976

1800 1807 1814 1821 1828 1835 1842 1849 1858 1863 1870 1877 1884 1891 1898 1905 1912 1926 1933 1940 1947 1954 1961 1968 1975 1982 1989 1996 2003 2006

정부가 돈을 찍어 내고 있는 마당에 저축을 한다는 게 말이 되는가?

은행에서 돈을 찍어 내면 인플레이션이 가속화한다.

명심하라. 정부에서는 식품 가격과 연료 가격을 인플레이션 수치에 포함시키지 않는다.

1929년 대폭락 직후 미국은 돈을 찍어 내지 않았다. 그래서 미국은 대공황에 들어갔다.

1918년 독일의 바이마르 정부는 돈을 찍어 냈다. 그래서 독일은 대인플레이션에 돌입했다.

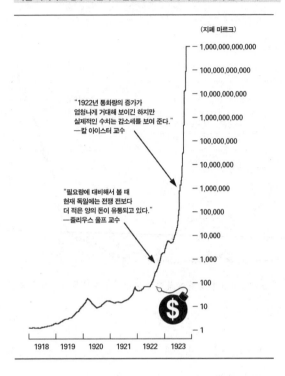

독일 바이마르 정부 시절의 초인플레이션(지폐 마르크 대비 금화 1마르크)

(지폐 마르크)

- 1,000,000,000,000
- 100,000,000,000
- 10,000,000,000
- 1,000,000,000
- 100,000,000
- 10,000,000
- 1,000,000
- 100,000
- 10,000
- 1,000
- 100
- 10
- 1

"1922년 통화량의 증가가 엄청나게 거대해 보이긴 하지만 실제적인 수치는 감소세를 보여 준다." ―칼 아이스터 교수

"필요량에 대비해서 볼 때 현재 독일에는 전쟁 전보다 더 적은 양의 돈이 유통되고 있다." ―줄리우스 올프 교수

1918 1919 1920 1921 1922 1923

위의 도표는 독일에서 무슨 일이 발생했는지 보여 준다.

오늘날 미국은 초인플레이션에 빠져들었던 1918~1923년의 독일을 따라가고 있다. 다음의 도표는 연방정부와 월스트리트, 레이건 대통령이 창설한 폭락방지팀이 어떻게 계속 다우존스 산업평균지수를 부양하며 폭락을 막고 있는지 보여 준다.

주식 시장이 걸핏하면 사상 최고치를 경신하고 전문 투자자들은 컴퓨터를 이용해 초당 수천 번씩 주식을 사고파는 극초단타매매(HFT)로 단기 투자를 하고 있는 마당에 장기적으로 투자를 한다는 것이 말이 되는가?

본원 통화 vs. 다우지수

(단위: 10억 달러)

| | (지수) |

3,200 — 15,000
3,000 — 14,000
2,800 — 13,000
2,600 — 12,000
2,400 — 11,000 ─── 다우존스 산업평균지수
 — 10,000
2,200 — 9,000
 — 8,000 ─── 조정 본원 통화
2,200 — 7,000
1,800 — 6,000

4/09 7/09 10/09 1/10 4/10 7/10 10/10 1/11 4/11 7/11 10/11 1/12 4/12 7/12 10/12 1/13

출처: S&P 다우존스 지수

2002년 출간된 『부자 아빠의 미래 설계』에서 부자 아빠는 2016년경 대폭락이 발생할 것이라고 예측했다. 그는 2016년 대폭락에 앞서 사전 폭락 사태가 한차례 있을 거라고 예언했다. 2007년의 폭락이 바로 그것이다.

다음 장에 나오는 도표를 보면 부자 아빠의 예언이 실현될 가능성이 상당히 높다. 모두가 알다시피 오르막이 있으면 내리막이 있고 내리막이 있으면 오르막이 있는 법이다. 그렇다면 주식 시장이 매번 사상 최고치를 경신하는 마당에 장기적으로 투자해야 할 이유는 무엇인가?

당신의 부는 3차적 부, 즉 주식과 채권, 뮤추얼 펀드, 저축 등과 같은 종이 자산에 투자함으로써 강탈되고 있다. 경제가 이런 식으로 돌아가는 시대에 살고 있다면 종이에 인쇄된 그 무엇이든 한번쯤은 의심해 봐야 한다.

도표의 음영 부분은 미국 경제의 침체기를 의미한다.

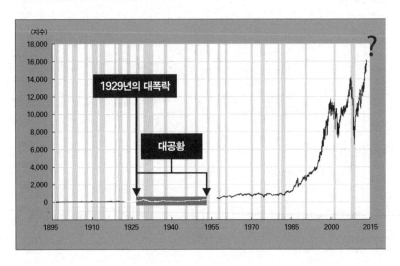

출처: S&P 다우존스 지수

금융 교육이란 무엇인가?

만약 현금이 쓰레기라면 금융 교육은 학교에서 가르치는 전통적인 교육의 정반대편에 서야 한다.

이 책의 3부는 옳고 그름에 대해 다루지 않는다. 금융 지능은 동전의 옆면에 서서 동전의 앞면과 뒷면, 즉 양면을 모두 보며 자신에게 최상이 무엇인지 결정을 내리는 능력을 의미한다. 지금부터 금융 교육의 음과 양에 대해 살펴보자.

Chapter 9

'학교 다녀라'의 반대

"온전함은 모든 성공의 본질이다."
– 버크민스터 풀러

1973년 나는 베트남에서 하와이로 돌아왔다. 나는 하와이 카네오헤에 있는 해병대 항공기지에 배치되었다. 그곳에서 1년 반은 더 근무해야 해병대 복무 계약이 완료되는 상황이었다. 나는 두 아버지에게 찾아가서 전역 후에 무엇을 하면 좋을지 상의했다. 나는 하늘을 나는 것을 좋아했고 해병대도 사랑했지만 전쟁은 끝났으므로 인생의 다음 단계로 옮겨 가야 할 시점이었다. 가난한 아빠는 학교로 돌아가서 MBA를 취득하고 가능하면 박사 학위까지 따라고 제안했다. 부자 아빠는 부동산 투자에 관한 세미나에 참석하라고 제안했다. 이것이 바로 서로 상반되는 교육의 본보기다. 그 차이를 재무제표로 확인할 수 있다.

가난한 아빠는 학교에 돌아가서 고임금 일자리를 확보할 수 있는 학위를 따라고 제안했다. 기업에 취직해서 꾸준히 봉급을 받으며 살라는 이야기였다. 가난한 아빠는 나에게 소득 기둥에 속한 돈을 위하여 일을 하라고

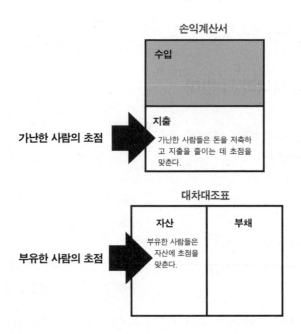

손익계산서

수입
지출

가난한 사람의 초점 →

가난한 사람들은 돈을 저축하고 지출을 줄이는 데 초점을 맞춘다.

대차대조표

자산	부채

부유한 사람의 초점 →

부유한 사람들은 자산에 초점을 맞춘다.

제안했다. 반면에 부자 아빠는 나에게 부채를 이용해 자산을 확보한 후 비과세 현금흐름을 얻는 방법을 배우라고 제안했다.

　두 분의 제안을 모두 받아들인 나는 하와이 대학 MBA 과정에 등록하는 것과 동시에 3일짜리 부동산 투자 세미나에도 참가했다. 부동산 세미나를 이수하고 현금흐름을 창출하는 '자산'을 처음 구입한 후 나는 MBA 과정에서 중도 하차했다. 당시 스물여섯 살이었던 나는 그제야 비로소 봉급과 현금흐름, 부채와 세금의 차이를 이해하기 시작했다.

　Q 다음 두 가지 사이에는 어떤 차이가 존재하는가?

　· MBA를 보유하고 기업에 취직해 승진 사다리를 오르며 봉급과 보너

스, 종이 자산으로 가득한 은퇴 연금 포트폴리오를 위해 일하는 것

· 기업가가 되어 사업체를 구축하고 부동산에 투자하며 현금흐름을 생성하는 자산을 창출하기 위해 일하는 것

A 많은 차이가 있다. 몇 가지만 예를 들어 보겠다.

1. 은퇴 시기

나와 킴은 재정적 자유를 획득했을 때 각각 47세와 37세였다. 만약 당신이 젊어서 은퇴하고 싶다면 두 번째 행보를 밟아야 한다. 앞서 언급했듯이 1984년 킴과 나는 신념의 도약을 통해 뛰어든 나일론 지갑 사업의 실패로 80만 달러가 넘는 부채를 지게 되었다. 그럼에도 우리는 1994년 재정적으로 자유로운 상태에 이르렀다. 부동산 세미나에서 배운 내용이 없었다면 과연 이 모든 걸 이룰 수 있었을까 의심스럽다.

10년 만에 우리는 기업가로서 금융 교육 사업체를 일궈 냈고, 과거의 부채 대부분을 청산했으며, 부동산 투자로 재정적 자유를 누리기에 충분한 현금흐름을 창출했다.

나의 책 『부자 아빠의 젊어서 은퇴하기』에 그 10년의 과정이 담겨 있다.

2. 부채와 세금

종이 자산(증권, 채권, 뮤추얼 펀드, 저축 등과 같은 제3의 부)을 능가하는 부동산의 주된 이점은 부채와 세금이 발휘하는 힘에 있다. 간단하게 말하면 종이 자산에 투자하는 경우 부채와 세금은 당신을 더욱 더 가난하게 만들지만 부동산에 투자하는 경우 부채와 세금이 당신을 더욱 부자로 만들어 줄 수 있다.

3. 재정적 안정성

사람들 앞에서 다가오는 주식 시장 붕괴에 대해 강연할 때, 나는 주식 시장에 자신의 모든 재산을 걸고 있는 사람을 종종 만난다. 안타깝게도 주식 시장의 변화에 따라 누군가의 재정적 미래는 180도 바뀔 수 있다. 강연 중에 당신은 왜 주식 시장의 붕괴에 대해 아무런 걱정을 하지 않느냐는 질문을 받으면, 나는 그들에게 내 부의 상당 부분이 부동산에 있음을 알린다. 내 부동산은 주식 시장 붕괴에 크게 영향을 받지 않는 일자리 근처에 위치한다. 나의 아파트 단지 대부분은 휴스턴과 오클라호마 시티 같은 주요 석유 산업 도시에 있거나, 병원이나 대학, 대형 보험회사 인근에 위치하고 있다. 기름 값은 오르내리겠지만, 세입자에게서 나오는 현금흐름은 꾸준히 생성될 수밖에 없다.

디트로이트 부동산은 자동차 산업과 함께 무너져 내렸다. 오늘날 디트로이트 이곳저곳에서는 빈집들을 철거하는 광경을 목도할 수 있다. 이래도 집이 자산이라는 잘못된 가정을 고수하고픈 마음이 생기는가?

여기서 얻을 수 있는 진정한 교훈은 부동산은 주변에 일자리가 있을 때만 진정한 가치를 갖는다는 사실이다.

금융 서비스 산업이 붕괴하면 뉴욕이나 런던, 상하이, 도쿄 등지에 있는 고가의 부동산은 타격을 받을 것이다. 대부분의 사람들은 몸을 누일 지붕이 있는 공간을 필요로 한다. 만약 그들이 임대료를 감당할 수 없다면 종종 정부에서 임대료를 보조하기도 한다.

이것이 일부 부동산은 주식 시장 붕괴에 별다른 영향을 받지 않는 몇 가지 이유다. 내가 1973년에 3일 동안의 부동산 투자 세미나에서 배운 내용

중 하나이기도 하다.

만약 내가 MBA 과정을 끝까지 이수하고 기업의 고임금 일자리를 구했다면 필경 지금쯤 고군분투하는 중간 관리층 간부가 되었을 것이다. 나는 보다 젊고 보다 기술에 밝고 상대적으로 적은 돈에도 기꺼이 일하는 친구들에게 일자리를 빼앗길까 봐 전전긍긍하는 가운데, 주식 시장이 붕괴되어 은퇴 연금이 몽땅 날아가지는 않을까 걱정하며 살고 있을 것이다.

하지만 실상은 전혀 다르다. 주식 시장이나 부동산 시장이 붕괴할 때마다 나는 대출을 받아 보다 많은 부동산을 사고 현금흐름을 증가시키는 한편 세금은 줄임으로써 점점 더 부자가 되었다. 이것들은 모두 교육의 반대쪽 측면을 제대로 인식한 데서 얻은 이점에 속한다.

버키의 가르침

버키가 남긴 여러 가지 의미심장한 말들 가운데 '온전함(integrity)'에 관한 것이 있다. 그는 온전함을 갖춘 것은 '망가지지 않는 나름의 모양'을

지닌다고 정의했다. 그는 삼각형이 온전함을 갖춘 최소한의 형태라고 말했다.

거듭 말하지만 나는 왜 부자 아빠가 박사 학위까지 보유한 가난한 아빠보다 더 부자인지 그 이유를 제대로 알고 있다.

아래는 온전함에 대한 버키의 정의를 내 나름대로 해석해서 교육에 적용해 본 그림이다.

• 대학 나온 풋내기: 대부분의 학생들은 직업적인 전문 교육이 부족한 채로 사회에 발을 들여놓는다. 전문적 교육을 받으려면 많은 학생들이 학교로 되돌아가야 한다.

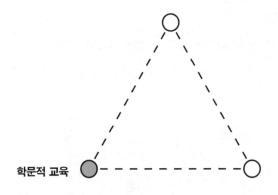

학문적 교육

• 가난한 아빠: 가난한 아빠는 삼각형의 세 꼭짓점 가운데 두 점만 보유했다. 가난한 아빠는 학문적으로 재능이 있었고 교사로서 전문적인 훈련을 받았다. 그러나 재정적 교육, 즉 금융 교육을 받지 않았기 때문에 돈이 말 그대로 손에 잡히지 않고 새어 나갔다.

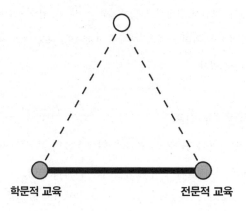

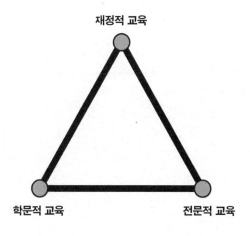

- 부자 아빠: 나의 부자 아빠는 교육의 세 꼭짓점을 모두 보유했다. 부자 아빠는 대학에 가는 대신 사업 및 투자에 관한 주말 세미나에 연간 2~4차례 참석했다. 1973년 나는 MBA를 따러 학교에 다니는 대신 부자 아빠의 교육적 행보를 답습했다. 1996년 킴과 나는 재정적 자유를 얻은 후 리치대드컴퍼니

를 창업했다. 직업적 안정성보다는 재정적 자유를 원하는 사람들에게 기업
가 정신과 투자에 관한 코칭 및 멘토링 프로그램, 교육 제품, 세미나 등을 제
공하기 위해서였다.

두 번째 기회를 위한 교훈

만약 학교로 되돌아가려거든 봉급과 현금흐름의 차이를 명확히 이해하
라. 그 둘은 교육과 관련해서 서로 상반되는 위치에 했다.

금융 교육은 동전의 반대쪽 면을 가르치는 것이다. 학교에 가면 돈을 위
해 일하는 법을 배운다. 금융 교육은 현금흐름을 창출하는 자산을 획득하
는 법을 가르친다.

Chapter 10

'실수하지 마라'의 반대

"실수는 죄악이다. 그것을 인정하지 않을 때만."
– 버크민스터 풀러

1973년 내가 3일 동안 부동산 세미나를 들었을 때 그 말미에 강사가 말했다. "이제 여러분들의 학습은 시작되었습니다." 이 말은 강의실에 앉은 모두를 어리둥절하게 만들었다. 우리는 세미나가 끝나면 교육이 끝나는 것으로 알았다.

세미나가 끝나자 강사는 강의실에 앉은 30여 명의 사람을 몇 개의 그룹으로 나누고 과제를 할당했다. 우리의 과제는 90일 동안 투자할 만한 부동산 100개를 선별해 그 가치를 평가하고 짧은 보고서를 쓰는 것이었다. 강사는 가르치는 일로 급여를 받는 사람이 아니라 수동적 소득을 충분히 보유한 진정한 부동산 투자자이자 교육자였다.

나는 네 명으로 구성된 그룹에 속했다. 우리 넷은 90일 동안 함께 움직이며 과제를 완수하기로 합의했다. 짐작하겠지만 그룹 원 모두가 90일을 채운 것은 아니었다. 마지막까지 남은 사람은 두 명에 불과했다. 나머지

두 명은 급여 받는 일을 하느라 너무 바쁜 나머지 과제를 완수할 수 없었다. 그들은 자산을 찾아볼 시간을 도무지 낼 수 없었다.

90일은 나의 금융 생활에서 가장 중요한 기간이었다. 그 시간이 나를 가난한 청년에서 부유한 인물로 바꿔 놓았다.

아래의 자료는 교육 심리학자 에드거 데일이 개발한 '학습 원뿔'이라는 도표다. 차분히 고찰해 보기 바란다.

90일 동안 우리는 학습 원뿔의 두 번째 섹션, 즉 '실제 경험을 시뮬레이션' 하는 작업에 집중하였다. 우리 네 명의 소그룹은 매물로 나온 부동산 목록을 살펴보며 수업 시간에 배운 기준에 부합하는 물건을 찾았다. 그 후 우리는 부동산 중개인에게 전화를 걸어 물건을 보기 위한 약속을 정했다.

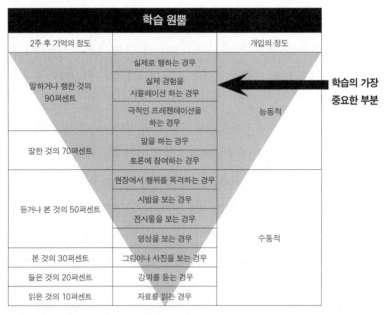

학습 원뿔		
2주 후 기억의 정도		개입의 정도
말하거나 행한 것의 90퍼센트	실제로 행하는 경우	능동적
	실제 경험을 시뮬레이션 하는 경우	
	극적인 프레젠테이션을 하는 경우	
말한 것의 70퍼센트	말을 하는 경우	
	토론에 참여하는 경우	
듣거나 본 것의 50퍼센트	현장에서 행위를 목격하는 경우	수동적
	시범을 보는 경우	
	전시물을 보는 경우	
	영상을 보는 경우	
본 것의 30퍼센트	그림이나 사진을 보는 경우	
들은 것의 20퍼센트	강의를 듣는 경우	
읽은 것의 10퍼센트	자료를 읽는 경우	

← 학습의 가장 중요한 부분

출처: 데일의 학습 원뿔을 개작한 자료

　　　세컨드 찬스

그런 약속이 하루 세 차례에서 다섯 차례 정도 이뤄지는 날이 많았다. 일과의 말미에 우리는 그날 파악한 물건의 장점과 단점, 그 속에 담긴 기회 등에 대해 노트북 한 페이지 분량으로 기록했다.

직업 과정은 느리고 힘들고 지루했다. 마치 걸음마를 배우는 아기 같다는 느낌이 들 정도였다. 첫 달이 끝날 무렵 팀원 중 두 명이 떨어져 나갔다. 그들은 투자하고 싶은 완벽한 대상을 찾지 못하는 상황에 지쳤다고 했다.

부동산 중개인은 우리를 낙담으로 이끈 일등공신이었다. 그들은 종종 이렇게 말했다. "당신들이 찾는 물건은 하와이에 없어요.", "하와이에 있는 괜찮은 물건은 이미 값이 다 올랐어요. 여기서 긍정적인 현금흐름을 창출하는 저가의 부동산을 찾는 건 불가능해요."

부자 아빠는 말했다. "그들이 부동산 중개인인 까닭은 당신보다 돈이 없기 때문이다." 이 말은 대부분의 피고용인과 자영업자가 돈을 위해 일한다는 뜻이다. 부동산 중개인의 경우 중개 수수료를 위해 일한다. 우리는 사업체 소유주 및 전문 투자자의 사분면에 속한 부동산 투자자로서 현금흐름을 창출하는 자산을 찾고 있었다. 봉급 생활자, 자영업자 또는 전문직 종사자, 사업가, 투자자들의 사고방식이 다르다는 것을 알았기 때문에 우리는 포기하지 않고 계속 나아갔다. 그렇게 두 달이 끝날 무렵, 우리는 비상하고 있었다. 여전히 어떤 것도 찾지 못했지만 우리의 눈은 전에는 보지 못했던 미세한 부분나 사소한 차이를 분간할 수 있었다. 보이지 않는 것들을 보기 시작한 것이다.

90일이 다 지났을 때, 나와 파트너는 끝까지 함께한 것에 대해 서로에게 감사를 표하고 각자의 길을 갔다.

우리가 평가한 100개의 부동산 가운데 잠재력을 가진 것으로 확인된 것은 고작 다섯 개였다. 강사가 말했던 바와 같이 '100개의 부동산 가운데 제대로 된 물건 하나만 찾아도 운이 좋은 일'이었다. 그는 말했다. "3일간의 세미나 후 90일간의 실습을 하는 목적은 99개의 부적절한 투자 대상과 한 개의 제대로 된 물건을 구분하는 법을 가르치기 위해서였습니다."

내가 처음 투자한 부동산은 침실과 욕실이 각각 하나씩 있는 아파트였다. 아파트는 마우이의 라하이나 인근 마을에 있는 아름다운 백사장과 거리 하나를 사이에 두고 위치하고 있었다. 하와이에 있는 부동산 중 가장 비싼 축에 속하는 동네였지만 호화로운 아파트는 아니었고, 주로 라하이나에 있는 호텔에서 일하는 직원들이 임대해서 사용했다.

그 부동산의 가격은 놀랍도록 낮은 1만 8000달러였다. 인근에 위치한 비슷한 아파트가 무려 2만 6000달러에 팔리고 있는 것을 감안하면 부동산 중개인들이 말한 하와이에는 존재하지 않는 그런 곳 중 하나였다. 판매자는 주택 개발 사업자였는데, 그는 부동산 중개인에게 수수료를 주는 것을 원치 않았다. 수수료가 없었기 때문에 중개인들은 내게 그 아파트 단지에 대해 언급할 가치를 느끼지 못했다. 그 아파트는 내가 여러 부동산을 조사하는 과정에서 우연히 발견한 물건이었다.

판매자는 아파트 열두 채를 조속히 처분하고자 했다. 그는 내게 전체 금액의 10퍼센트만 계약금으로 걸면 나머지는 융자를 받게 해 주겠다고 말했다. 당시 나는 신용 상태가 좋지 않은 데다가 수입도 별 볼일 없었지만 판매자의 제안 덕에 대출을 받기 위해 직접 은행에 갈 필요가 없어졌다. 나는 신용카드를 이용해 계약금 1,800달러를 마련했다. 대출 이자 등 모든 경비를 제외하고 나는 월 25달러의 긍정적인 현금흐름을 창출하는 자산을 보유하게 되었다.

세컨드 찬스

독자들 중에는 이런 말을 하는 사람도 있을 것이다. "그런 거래는 이제 더 이상 할 수 없어요. 요즘의 부동산 가격은 그때와는 비교할 수 없을 정도로 비싸거든요."

강사도 1973년도에 똑같은 말을 했다. "대부분의 사람들은 급여를 위해 일하느라 너무 바쁜 나머지 부자가 될 시간을 내지 못합니다. 밖에 나가서 90일 동안 100개의 부동산을 살펴보고 제대로 된 물건 한 개를 찾는 일보다 그런 거래는 존재하지 않는다고 말하는 게 훨씬 더 쉽거든요. 평생에 한 번 있을까 말까한 거래도 사실은 매일 발생합니다."

이 말은 전적으로 옳다. 킴과 내가 발견한 최상의 투자 대상 가운데 일부는, 알고 보니 엎어지면 코 닿을 거리에 있었다. 눈여겨 찾지 않았다면 결코 발견하지 못했을 물건이었다. 킴은 그녀 인생 최고의 투자 대상을 우리가 살고 있는 피닉스 집 맞은편에서 발견했다. 그녀 역시 천 개의 '나쁜 투자 대상'을 살펴보지 않았더라면 그 진가를 알아보지 못했을 것이다.

스코틀랜드에 사는 내 친구 그레엄을 떠올려 보라. 그는 정부에서 매입 및 개조 비용을 지원하는 150년 된 교회를 발견했다. 무려 4년 동안이나 매물을 알리는 거대한 입간판이 교회 앞에 서 있었는데도 동네 사람들은 어느 누구도 출퇴근길에 멈춰서 그것을 들여다보지 않았다. 자산을 찾을 생각조차 하지 못했던 것이다. 그들은 월급봉투를 찾느라 너무 바빴다.

1973년 나의 첫 부동산 거래는 나를 흥분시켰다. 나는 돈을 실로 한 푼도 안 들이고 매월 25달러를 창출하는 자산을 보유하게 되었다. 빚을 이용해 부를 늘리는 방법을 막 체험한 셈이었다. 나는 그 아파트 단지에서 두 채를 더 매입했다. 나는 그렇게 동전의 반대편 면으로 건너가고 있었다.

나는 가난한 상태에서 출발해 중산층이 되었고 거기서 다시 부자들의 세계로 진입했다. 오늘날 킴과 나는 현금흐름을 생성하는 수천 개의 아파트와 다수의 상업용 부동산, 호화 호텔, 부티크 호텔(boutique hotel, 규모는 작지만 독특하고 개성 있는 건축 디자인과 인테리어, 운영 콘셉트, 서비스 등으로 기존의 대형 호텔과 차별화를 이룬 호텔), 다섯 개의 골프 코스, 다수의 유전 등을 보유하고 있다. 매년 우리는 우리의 재무제표에 자산을 추가하고 세금은 더 줄여서 낸다. 만약 증권 시장이나 부동산 시장, 석유 시장이 다시 붕괴한다면(모든 시장은 붕괴하기 마련이니까 이는 필연이다.), 우리는 훨씬 낮은 가격으로 더 많은 자산을 입수할 것이고, 부채와 세금의 힘을 활용하여 우리의 현금흐름을 더욱 증가시킬 것이다.

Q 당신이 보는 걸 못 보는 사람들에게 미안한 감정이 들지는 않는가?
A 그렇기도 하고 그렇지 않기도 하다. 기회는 우리 모두에게 동등하게 주어진다. 누구든 원하기만 하면 부자들이 하는 일을 할 수 있다. 금융 교육을 받고 실제적 경험을 쌓기만 하면 부자들이 이용하는 세법과 똑같은 것을 활용할 수 있다.

진정한 문제는 교육에 있다. 우리가 선택한 교육은 돈의 반대쪽 면을 보지 못하게 막는다. 내가 글을 쓰고, 게임을 만들고, 세미나를 여는 이유는 부자 아빠가 내게 준 것과 같은 기회를 다른 사람들에게 제공하기 위해서다.

내가 가는 세계 곳곳 어디에서든 사람들은 말한다. "여기서는 그렇게 할 수 없어요." 심지어 피닉스와 같은, 저들이 할 수 없다고 말하는 것을 내가 하고 있는 도시에서 강연할 때조차 사람들은 그렇게 말한다. 그들이 내가 하는 것을 할 수 없는 이유는, 그들은 돈을 위해, 안정된 일자리를 위해, 급여를 위해 일하도록 가르침을 받았기 때문이다. 그 교육이 그들의 눈을 멀게 하고 동전의 반대쪽 면을 보지 못하게 막고 있다.

실수의 힘

학교는 실수를 저지르는 학생을 처벌한다. 그러나 실수를 두려워하면 어떤 것도 배울 수 없다.

걸음마를 배우는 아기를 보라. 일어서다가 넘어져서 이내 운다. 그럼에도 잠시 후에 또 시도한다. 일어서고 넘어지고 우는 과정을 수도 없이 되풀이한 후에야 비로소 제대로 서고 걷고 뛴다. 그들의 다음 도전은 자전거 타기다. 그들은 다시 넘어지기를 반복한 후에야 제대로 자전거를 타는 법을 배운다. 학습 프로세스는 그런 식으로 계속된다. 더 많은 실수를 저지르면서 그들의 세상은 넓게 확대된다.

그 다음에는 학교로 간다. 학교에서는 정답을 외우는 학생들은 똑똑하고 실수하는 학생들은 멍청하다고 배운다. 그러고 나서 그들은 일자리를 구한다. 거기서도 실수할까 봐 두려워하면서 일한다. 일단 학교에 들어가면 발전을 방해하는 학습 프로세스를 밟게 된다는 이야기다. 고작 일고여덟 살에 실수하는 것을 두려워하고 피하는 법을 배우기 시작한다.

내가 사업, 부동산 투자 등에 대해서 이야기하면 대부분의 직장인은 이렇게 생각할 것이다. "실수하면 어떻게 하지? 만약 돈을 날리면 어떻게 하지? 실패하면 어떻게 하지?" 대부분의 사람들이 부자가 되지 못하는 이유가 여기에 있다. 학교는 오직 멍청이들만이 실수를 한다고 가르친다. 실수 자체를 저지르지 않도록 가르친다.

성공하기 위한 실패

현실 세계를 보면 가장 큰 실패자가 가장 큰 승자가 되는 경우를 종종 볼 수 있다. 토머스 에디슨은 천 번이나 실패한 후에야 전구를 발명하고 제너럴 일렉트릭(General Electric)을 창업할 수 있었다. 말콤 글래드웰은 『아웃라이어』에서 비틀스보다 더 많은 실패를 맛본 밴드는 없다고 적고 있다. 비틀스는 10대 시절 공짜 맥주를 얻기 위해서 혹은 예쁜 여성 청중들의 마음을 얻기 위해서 하루 열두 시간 가까이 공연하기도 했다. 타이거 우즈는 세 살 무렵 골프를 시작했다. 학교에 다니면서는 방과 후에 매일 골프 코스에 가서 어두워져 공이 안 보일 때까지 연습했다.

학습 원뿔을 다시 보면 왜 실패가 성공을 이끌어 내는지 이해할 수 있을

학습 원뿔		
2주 후 기억의 정도		개입의 정도
말하거나 행한 것의 90퍼센트	실제로 행하는 경우	능동적
	실제 경험을 시뮬레이션 하는 경우	
	극적인 프레젠테이션을 하는 경우	
말한 것의 70퍼센트	말을 하는 경우	
	토론에 참여하는 경우	
듣거나 본 것의 50퍼센트	현장에서 행위를 목격하는 경우	수동적
	시범을 보는 경우	
	전시물을 보는 경우	
	영상을 보는 경우	
본 것의 30퍼센트	그림이나 사진을 보는 경우	
들은 것의 20퍼센트	강의를 듣는 경우	
읽은 것의 10퍼센트	자료를 읽는 경우	

출처: 데일의 학습 원뿔을 개작한 자료

것이다. '실제로 행하는 경우'의 바로 아랫줄, '실제 경험을 시뮬레이션 하는 경우'가 학습 원뿔에서 가장 중요한 부분이다. '시뮬레이션'을 통한 학습이 승자와 패자를 분리한다.

실수의 반대

MBA 프로그램과 3일 동안의 부동산 세미나 사이에는 아주 큰 격차가 있었다.

야간 학교에서 MBA 과정을 밟는 시간에는 늘 "실수를 하지 마라."라는 전제가 깔려 있었다. 학교에서 열심히 공부하는 이유 자체가 바로 일자리를 구한 후 실수를 하지 않기 위해서였다. 이것은 부동산 세미나 강사가 강조한 내용과 정반대였다. 그는 즉시 실수를 저지르기 시작하라고 독려했다. 거의 우리에게 간청하다시피 강조했다. 그는 우리가 교실을 나서는 순간 교육이 시작된다고 말했다.

90일 동안 100번의 실수를 저지른 후에야 비로소 학습 원뿔의 맨 윗줄, '실제로 행하는 경우'로 옮겨 가라고 그는 권고했다. 나는 그의 말을 실행하기 위해 100퍼센트 빚을 이용해 매월 25달러라는 현금흐름을 창출한 다음 MBA 프로그램에서 하차했다. 나는 안정된 일자리와 급여를 위해 일하고 싶지 않았다. 실수를 저지르는 경우 일자리를 잃을지도 모른다는 두려움에 떨며 살고 싶지 않았다.

캐시플로 게임

캐시플로 게임을 적어도 100번은 해 보고 다른 사람들에게 게임하는 방법을 가르치라고 말하면 많은 사람들은 내가 제품을 홍보하는 것으로 생각한다. 내가 그들의 돈을 원하는 것으로만 생각한다.

물론 리치대드컴퍼니의 매출도 중요하다. 하지만 내가 사람들에게 캐시플로 게임을 해 보라고 권하는 주된 이유는 그것이 부자 아빠가 나를 가르친 방식이었기 때문이다. 부자 아빠는 내가 아홉 살이던 시절부터 틈나는 대로 모노폴리 게임을 하게 하면서 지혜의 말씀을 전수해 주었다. 게임을 하며 실수를 통해 배우도록 조처한 것이다.

부자 아빠와 부동산 세미나 강사처럼 나 역시 사람들에게 실제 돈으로 행하기 전에 가능한 한 많은 실수를 해 보라고 권한다.

부자 아빠의 조언자 중 한 명인 대런 윅스는 나의 제안에 따라 사람들에게 캐시플로 게임을 가르치는 과정을 출범시켰다. 지금까지 그는 미국과 캐나다, 유럽 등지를 돌며 10만 명이 넘는 사람들에게 캐시플로 게임을 가르치고 있다. 그러는 가운데 그는 수백만 달러 상당의 자산을 보유한 백만장자가 되었다. 그는 게임을 하고 가르치며 배운 바를 현실 세계에 적용하면서 현금흐름을 창출하는 자산을 획득했다.

Q 실수를 하고 배우는 것이 성공의 열쇠라는 이야기인가?

A 그렇다. 보통 그 과정을 실습이라 부른다. 예를 들면 프로축구 팀은 일주일에 5일을 실습하고 단 하루 시합을 뛴다. 이것이 의사나 변호사들이 그들의 사업을 비즈니스가 아닌 프랙티스(practice, 실습)라 칭하는

이유다. 음악 분야나 연극계에서는 그런 실습을 리허설이라 부른다.

Q 그러니까 실습과 프랙티스, 리허설 등이 프로들이 실제로 행하기 전에 실수를 저지르고 배우는 장이라는 이야기인가?

A 그렇다. 2014년 나는 스코틀랜드에서 열린 라이더컵(Rider Cup, 유럽에서 2년마다 개최되는 미국과 유럽의 남자 골프 대항전)에 갤러리로 참여해 미국 팀과 유럽 팀에 속한 세계 최고의 골퍼들을 지켜본 바 있다. 그들은 시합 전날 연습 티샷을 날리고 연습 라운드를 돌았다. 그들은 공을 치기 전에 매번 두세 차례씩 연습 스윙을 했다. 나는 그들이야말로 골프라는 게임의 승자라고 생각했다. 승자들은 아마추어들보다 더 많은 실수를 한다.

버키의 가르침

버키가 말했다.

"인간에게 왼발과 오른발이 주어진 이유는 왼발과 오른발이 번갈아 가며 실수하라는 뜻이다."

다음의 그림은 버키의 말을 내 나름대로 해석해서 형상화한 것이다.

버키는 「실수의 신비」라는 기사에서 다음과 같이 말했다.

"실수했음을 스스로 인정하는 그 순간 인간은 비로소 우주를 관장하는 온전함에 가장 가까워진다."

실수를 인정할 때 인간은 신에 더욱 가까워진다는 의미다. 그는 이렇게 말하기도 했다.

"실수는 인정하지 않을 때만 죄악이 된다."

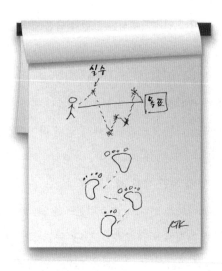

실수를 숨기면 죄악이 되지만 실수를 인정하면 신에 더욱 가까워진다. 그제야 인간은 실수를 일으켰던 착각이나 오해에서 자유로워질 수 있다. 다시 말해서 신은 인간을 창조할 때 실수를 통해 배우도록 의도하셨다.

버키의 기사를 좀 더 살펴보자.

"오늘날 교사와 교수들 그리고 조교들은 학생들의 시험지를 검사하며 실수를 찾는다. 대개 그들은 학생들에게 노출된 바 있는 개념들에 대해 정확하게 기억해 낸 비율 대비 실수의 비율을 따져서 점수를 매긴다.

나는 이 관행에 변경을 가할 것을 제안한다. 학기 중에 모든 학생들에게 정기적으로 자신이 저지른 실수에 대한 보고서를 제출하게 해서 평가의 자료로 삼아야 한다. 교과 과목과 관련된 실수뿐 아니라 자기 수양과 관련된 실수도 적시하고 실수를 했다는 인식에서 무엇을 배웠는지도 기록하게 하는 게 바람직하다. 이 보고서는 학생들이 교과뿐 아니라 자신의 직관과 창의에서도 요약되어야 한다. 학생들은 실수를 많이 발견하면 할수록 수준이 올라가는 법이다."

나는 교수진 역시 강의에 대한 평가를 받도록 해야 한다고 생각한다.

이것이 바로 부동산 강사가 우리에게 제안한 과정이었다. 우리는 성공이 아니라 실수에서 배운 바를 기록했다. 이것이 내가 부동산 투자에서 최소한의 손실을 보며 많은 돈을 벌게 된 이유 중의 하나라고 확신한다.

두 번째 기회를 위한 교훈

학교에서는 실수를 가장 적게 하는 사람이 이긴다. 현실 세계에서는 가장 많은 실수를 하는 사람이 이긴다. 금융 교육은 동전의 반대쪽 면에 있다. 실습할 수 있는 장소, 실수할 수 있는 장소를 찾아라. 가장 성공적인 사람들은 가장 많은 실수를 한 사람들이라는 점을 명심하고 또 명심하라.

Chapter 11

'우수한 성적을 받아라'의 반대

"교육은 세계의 모든 산업 중에서
으뜸이 될 것이다."
– 버크민스터 풀러

오늘날 교육은 그 어느 때보다도 중요하다. 경제 위기 시대에는 문제는 그것이 당신에게도 최상의 해법이냐는 것이다. 전통적 교육이 과연 당신에게 삶의 두 번째 기회를 줄 수 있을까?

버키가 예측했듯이 교육은 세계의 산업 가운데서 으뜸이 될 것이다. 가장 중요한 것은 교육의 종류다. 교실에 앉아 교사의 말에 귀 기울이고 답을 외워 시험을 치르는 방식이 될 것인가? 온라인 학습이 될 것인가? 급진적인 다른 교육 과정이 될 것인가?

나는 급진적인 다른 교육 과정이 으뜸이 될 것으로 믿는다. 교육이 세계의 위대한 산업이 되려면 정부와 노조가 통제하는 현재의 상태로는 안 된다. 조만간 새로운 교육 과정이 부상할 것이고 교실에 앉아 교사의 말에 귀를 기울이고 시험을 치르는 방식은 사라질 것이다. 우리는 과거를 회상하며 "얼마나 야만적이었던가! 어떻게 무언가를 배웠다고 할 수 있었단 말인가?" 하며 개탄하게 될 것이다.

아래는 대졸자의 실업률이 꾸준히 상승하고 있음을 보여 주는 충격적인 도표다.

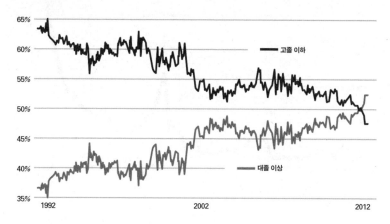

대졸자의 고실업률

25세 이상 실업자의 비율

출처: 미국 경제지 《IBD》, 노동통계국 자료에서 차용

국가 안전보장에 대한 위협

미군 합참의장 출신의 은퇴한 4성 장군 마이크 뮬렌은 국가의 안전보장에 가장 큰 위협이 되는 두 가지를 다음과 같이 꼽았다.

1. 국가 부채
2. 학교 교육

아래의 도표를 보면 국가 부채에 대한 뮬렌의 우려를 이해할 수 있다.

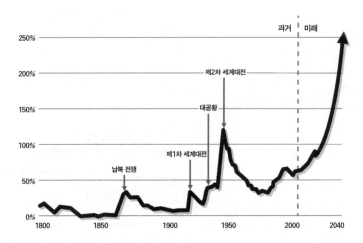

출처: PGPF compilations, 정부의 공식 자료에 근거한 예측

학교 교육에 대한 뮬렌의 우려는 다음과 같은 통계에 기반한다.

1. 제2차 세계대전 직후 미국은 고등학교 졸업률이 세계 1위인 국가였다. 오늘
   날 미국은 이 부문에서 세계 27개 선진국 가운데 22위를 기록하고 있다.
2. 대학 진학자 중 절반 이하(약 46퍼센트)가 졸업한다. 이 비율은 18개 선진국
   가운데 꼴찌다.
3. 대학교수의 3분의 2가 고등학교 교육이 대학 교육을 받을 수 있도록 학생들
   을 충분히 준비시키지 못한다고 보고한다.

Q 그렇다면 대학 교육은 학생들을 현실 세계로 나갈 준비를 충분히 시키는가?

A 당신이 현실 세계를 어떻게 정의하느냐에 따라, 삶에서 무엇을 원하느냐에 따라 달라진다.

우리는 다시 한 번 현금흐름 사분면을 들여다볼 필요가 있다. 현금흐름 사분면은 돈의 세계에서 네 가지 다른 세상을 보여 준다.

고등학교, 직업학교, 대학교, 대학원 등 전통적인 교육은 학생들을 E 사분면과 S 사분면에서 일하도록 준비시킨다. 가난한 아빠가 속한 왼쪽 사분면 사람들은 돈을 위해 일한다. 전통적인 교육은 학생들을 B 사분면과 I 사분면에 속하도록 준비시키지 못한다. 부자 아빠가 있는 오른쪽 사분면에 속한 사람들은 자산과 현금흐름을 확보하기 위해 일한다.

돈의 세계에서 두 번째 기회를 제대로 맞이하려면 당신은 어떤 사분면이 자신에게 가장 적합한지 결정해야 한다.

좋은 소식은 오른쪽 사분면, 즉 B 사분면과 I 사분면에서 더 다양한 지능을 이용할 수 있다는 사실이다.

Q 사람에게는 여러 가지 지능이 있다는 의미인가?

A 그렇다. 사람에게는 다양한 유형의 지능이 있다. 불행히도 우리의 교육 시스템은 주로 두 가지 유형, 언어 지능과 논리 · 수학 지능에만 초점을 맞추고 강조한다. 읽고 쓰기를 잘하고 수학을 좋아하면 학교에서 좋은 성적을 거둘 수 있지만 이 두 지능의 축복을 받지 못한 사람들은……행운을 빌 따름이다.

Q 서로 다른 유형의 지능을 발견한 인물은 누구인가?

A 하버드 대학교의 하워드 가드너 교수가 발견했다. 그는 1983년 자신의 저서 『지능이란 무엇인가』에서 다중 지능 이론을 발표했다. 그가 파악한 서로 다른 지능 가운데 대표적인 일곱 가지는 다음과 같다.

1. **언어 지능**: 읽고 들음으로써 학습하는 능력을 말한다. 이 지능이 발달한 사람들은 어휘 중심으로 사고하고 단어 게임과 퍼즐, 시와 이야기 쓰기를 좋아한다.
2. **논리·수학적 지능**: 개념과 추상을 중심으로 사고하는 능력을 말한다. 이 지능이 발달한 사람들은 유형과 관계를 탐구하는 것을 좋아한다.
3. **신체·운동 지능**: 신체 활동을 통해 학습하는 능력을 말한다. 이 지능이 발달한 사람들은 종종 운동선수나 무용가, 외과의사가 된다.

4. **시각·공간적 지능:** 물리적 공간을 중심으로 사고하는 능력을 말한다. 건축가나 미술가, 항해사들에게 발달한 지능으로 환경에 대한 인식도가 높다. 그림과 몽상을 좋아한다.

5. **음악 지능:** 리듬과 소리에 민감한 능력을 말한다. 이 지능이 발달한 사람들은 음악을 사랑하고, 종종 음악을 틀어 놓고 공부할 때 효율이 높아진다.

6. **대인 관계 지능:** 다른 사람들과 상호 작용하는 능력을 말한다. 의사소통에 능하고 타인과 상호 작용함으로써 배우는 능력이 뛰어나다. 친구가 많고 타인에 대한 공감 능력이 우수하며 세상 물정에 밝다.

7. **자기 이해 지능:** 자아와 의사소통하고 자신의 관심사와 목표를 이해하는 능력을 말한다. 이 지능이 발달한 사람들은 낯선 이들을 피하는 경향이 있다. 감정 조절을 잘하고 지혜와 직관, 동기, 의지력이 남 다르다. 매우 독립적인 학습자에 속한다.

가드너는 획일적인 교육으로는 각기 다른 학생들을 충족시킬 수 없다는 사실을 강조하기 위해서 다양한 지능을 이야기한다. 배우는 것은 좋아하면서도 학교는 싫어하는 학생들이 속출하는 이유가 여기에 있다.

나의 경우를 예로 들어 보자. 나는 읽기나 쓰기, 수학은 좋아하지 않았지만 서핑과 풋볼은 엄청 좋아했다. 그래서 서핑과 풋볼을 매일 수 시간씩 실습했다. 사관학교에 입학한 것도 그곳에서는 육체적 학습이 중시되기 때문이었다. 나는 대형 함선의 설계와 운항에 소질이 있었다. 비행기 조종 역시 두각을 나타냈다. 책을 읽는 것으로는 비행기 조종을 배울 수 없다. 결국 신체적 학습 과목이 없었다면 나는 대학 학위를 받지 못했을 것이다.

나는 보고 만지고 느낄 수 있는 부동산 투자를 사랑한다. 나는 증권이나 채권, 뮤추얼 펀드 등은 좋아하지 않는다. 종이 자산 투자는 주로 읽기와 수학에 능한 사람들을 위한 것이다.

기업가는 다양한 직업의 다양한 인물들과 소통해야 하기 때문에 대인 관계 지능이 높아야 한다. 기업가에게는 자기 이해 지능도 매우 중요하다. 리스크와 재정적 손실을 다루고, 장기간 급여 없이 버티며, 직원의 실수를 책임지고, 지속적인 감정적 스트레스를 견뎌 내는 능력이 필요하기 때문이다.

당신은 어떤 지능이 가장 높은가? 당신의 두 번째, 세 번째 강점이 될 수 있는 지능은 무엇인가?

우리가 각기 다른 사람들인 이유 중의 하나는 이러한 지능의 차이 때문이다. 그 차이가 특정 사분면에 더 잘 어울리는 사람을 설명한다. 예를 들어 자기 이해 지능이 낮은 편에 속하는 사람이 있다면 E 사분면에 머무는 게 최상이다.

인간을 위한 교육

교육 시스템의 가장 큰 문제점은 그것이 산업화 시대의 산물이라는 점이다. 산업화 시대의 교육에서 학생들은 로봇으로 취급된다. 모든 로봇들은 다른 로봇이 고안한 스케줄에 따라 배운다. 만약 한 로봇이 조립 라인 커리큘럼을 따라가지 못하면 출발선으로 되돌려 보내지고 학습 부진아 또는 지진아라는 꼬리표가 붙는다. 때로는 선생님들이 창조한 질병인 ADD, 즉 주의력 결핍 장애(Attention Deficit Disorder)를 겪는 환자로 분류된다. 사실은 극도의 지루함이 표출된 것일 뿐인데도 그렇다.

우리는 로봇이 아니다. 모든 인간은 서로 다르다. 아이가 넷인 가정을 보라. 한 배에서 나온 아이들조차 아주 다르다. 심지어 일란성 쌍둥이도 다르다.

두 번째 기회를 찾기 전에 당신만의 고유한 지능과 강점, 약점을 존중하는 것이 중요하다. 부잣집에서 태어나지 못했다고 해서, 학교에서 공부를 잘하지 못했다고 해서, 보다 많은 연봉을 향한 기업 사다리를 오르지 못했다고 해서 당신이 부와 자유, 행복을 찾을 수 없는 것은 아니다. 이것이 인생의 두 번째 기회에 인간을 위한 교육이 매우 필요한 이유다.

사면체

버키는 아래의 그림과 같은 사면체가 우주의 최소한의 구조라고 말했다. 사면체는 삼각형과 다르다. 면적만 정의하는 삼각형과 달리 사면체는

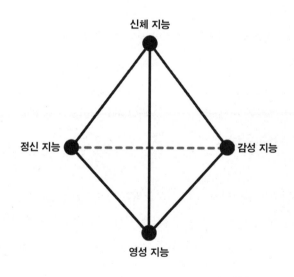

체적을 갖는다. 인간 역시 체적을 갖는다. 지금부터 사면체를 이용해 인간의 지능을 살펴보고 우리를 인간으로 구성해 주는 것들을 살펴보자.

서로 다른 네 가지 지능

나는 1984년 이래로 지금까지 사람들을 가르치고 있다. 많은 사람들을 가르치면서 나는 인간이 서로 다른 네 가지의 지능을 가지고 있다는 사실을 깨달았다. 인간의 네 가지 지능은 다음과 같다.

1. **신체 지능:** 위대한 운동선수는 타고난 신체적 학습자다. 신체 지능은 근육에서 발견된다. 골퍼들은 자신의 근육 기억력을 개발해 실력을 향상시킬 필요가 있다고 말한다.

2. **정신 지능:** 학교에서 성적이 좋은 사람들 대부분은 타고난 정신적 학습자다. 정신 지능은 두뇌에서 발견된다. 정신 지능이 높은 사람들은 말한다. "생각 좀 해 보고."

3. **감성 지능:** 감성 지능은 대표적인 성공 지능으로 알려져 있다. 감성 지능이 높을수록 두려움, 상실감, 분노, 지루함 등과 같은 삶의 도전을 잘 다룰 가능성이 높다. 감성 지능은 배에 위치한다. 즉 배짱과 관련이 있다.

4. **영성 지능:** 영성 지능은 심장에서 발견된다. 시인과 예술가, 종교 지도자 등이 특히 이에 뛰어나다.

Q 신체 지능을 1번에 놓았는데, 특별한 이유라도 있는가?

A 사실 따지고 보면 모든 학습이 신체적인 것이다. 읽기와 생각하기, 쓰기에도 신체가 동원된다. 알베르트 아인슈타인도 이렇게 말했다.

"무언가가 움직이기 전에는 아무 일도 일어나지 않는다."

Q 그렇다면 영성 지능은 왜 마지막에 있는가?

A 모든 지능 가운데 가장 강력하기 때문이다.

영성 지능이 높으면 높을수록 사람은 더욱 친절하고 관대하다. 영성 지능이 낮으면 낮을수록 비열하고 탐욕스러우며 부정부패를 저지른다. 거짓말을 하거나 속이거나 훔칠 때 사람들은 영성 지능을 희생시킨다. 알다시피 돈을 위해 영혼을 파는 사람들이 있다. 많은 사람들이 자신들의 정신을 죽이는 사업체에서 일하면서 영혼을 판다. 심지어 돈 때문에 가족을 죽이는 사람들도 있다.

나는 금융 위기가 주로 영성의 위기라고 믿는다. 너무 많은 탐욕과 범죄, 부패가 세상에 만연해서 생긴 일이다.

인생에서 두 번째 기회를 찾고 있다면 사람을 사람답게 만드는 네 가지 지능을 강화하는 게 무엇보다 중요하다.

Q 각기 다른 지능을 강화하는 방법에는 무엇이 있는가?

A 환경을 바꿈으로써 지능을 강화할 수 있다. 예를 들어 체육관에 가는 것은 신체 지능 강화에 도움이 된다. 판매 방법이나 그림 그리기 등과 같은 새로운 기술을 배울 때도 강화된다.

도서관에 가서 조용히 앉아 책을 읽거나 공부하는 것은 정신 지능을 강화하는 데 도움이 된다. 투자 강의를 듣는 것 역시 도움이 된다. 만약 돈을 잃을까 봐 두렵다면 투자 강의를 듣는 것이 특히 중요하다.

Q 감성 지능도 강화할 수 있는가?

A 물론이다. 감성 지능은 두 번째 기회에 대해 진지하게 고민하는 사람들에게 가장 중요한 지능이다.

가드너는 감성 지능을 자기 이해 지능이라 칭했다. 어떤 사람들은 그것을 성공 지능이라 부른다. 감성을 제어하는 법을 배우지 못하는 사람은 꿈을 이루지 못할 가능성이 높다.

Q 예를 들어 줄 수 있는가?

A 정신적으로는 똑똑하지만 감성적으로는 약한 사람들이 많다. 예를 들어 학교 교사들 중의 다수는 정신 지능이 뛰어나지만 실패의 두려움 때문에 재정적으로는 일정 수준 아래에서 사는 경우가 많다.

빠르게 부자가 되기 위해 조바심을 내며 일하는 것은 낮은 감성 지능을 표시하는 것이다. 그런 사람들은 만족을 유예할 줄 모른다. 나에게는 부동산에 투자하는 친구가 한 명 있는데, 그는 꾸준한 현금흐름에 만족하기보다는 부동산의 값이 오르는 순간 팔아 치우기 바쁘다.(자본이득을 얻기 위해서인데, 그런 자본이득에 대해서는 세금을 내야 한다.) 현금흐름을 창출하는 부동산을 자본이득을 위해 매각하는 것은 황금알을 낳는 거위를 죽이는 거나 마찬가지다.

Q 어떻게 하면 감성 지능을 강화할 수 있는가?

A 코치를 영입하는 게 좋다. 모든 프로 운동선수에게는 코치가 있다. 성공적인 사람들 대부분도 코치를 둔다. 나 역시 많은 훌륭한 코치를 모셨고, 그들 덕분에 내 삶이 크게 강화되었다. 코치가 하는 일은 최상의 잠

재력을 이끌어 내는 것이다.

만약 코치를 둘 형편이 안 된다면 코치가 될 만한 친구를 찾아 보라. 당신의 친구는 책임 의식을 가지고 당신을 지켜봐 주고 조언 역시 해 줄 것이다.

나 또한 가장 깊고 어두운 곳에서 생기는 의심이나 두려움을 털어 놓고 의논할 수 있는 감성 코치가 여럿 있다. 나는 그들을 종종 치료사라고 부른다.

많은 사람들이 감정을 가슴에 묻거나 억누른다. 친구 중에 아들을 잃은 엄마가 있다. 그녀는 전문가의 도움을 구하는 대신 굳세게 슬픔을 견뎌 냈다. 하지만 실상은 '감정을 묻어 버린' 것이다. 그렇게 감정을 묻어 버리면 그 자체에 많은 에너지가 소요된다. 결국 생산적인 활동에 쓰일 에너지가 감정을 억누르는 데 모두 소모된다.

가슴에 묻고 속으로 삭이는 감정은 종종 질병의 원인이 되기도 한다. 그 친구는 훗날 암 진단을 받았다. 감정과 질병 사이의 실제적 연관성에 대해서는 사실 잘 모른다. 하지만 관계가 있으리라는 합리적 의심은 간다.

부자 아빠 조언자인 조시 래넌과 리사 부부는 사회적 기업가다. 그들은 약물 및 알코올 중독에 문제가 있는 사람들을 치료하는 클리닉을 운영한다. 그들은 전쟁 지역에서 정서적 손상을 입고 돌아온 참전 용사들을

주제
사회적 기업가

초대 손님
**조시 래넌과
리사 래넌**

리치대드 라디오 쇼
무료 앱 다운로드
www.richdad.com/radio

돌본다. 그들은 대부분의 중독과 정신적 문제가 감정적 문제에서 비롯된다고 말한다.

신념이란 무엇인가?

신념은 당신의 두 번째 기회를 위한 중대한 요소다. 버키는 이렇게 말했다.

"신념은 보다 빠른 실행으로 이어지도록 당신을 돕는다."

1984년 킴과 내가 우리의 여정을 개시했을 때, 즉 신념의 도약에 이르렀을 때, 우리가 가진 것은 스스로에 대한 신념뿐이었다. 그 신념에는 우리가 일을 수행하는 가운데 더 똑똑해질 것이라는 믿음도 들어 있었다. 우리는 학교 성적이 우수하지는 않았지만 이 과정을 통해 우리의 지능이 성장할 것이라고 믿었다. 우리는 학사 학위를 보유했지만, 일을 수행하는 가운데 배운 것은 학교에서 배운 것과 달랐다.

우리를 계속 나아가게 만든 것은 신념과 감성 지능이었지 학문과 관계된 지능은 아니었다. 우리는 오랜 기간 급여 없이 버티면서 만족을 유예했다. 현금에 여유가 없었음에도 우리는 빚을 얻고 창의적으로 금융을 이용하며 투자를 계속했고, 당장 돈이 필요하다는 이유만으로 자산을 넘기는 일은 결코 하지 않았다. 신속한 현금 확보를 위해 자산을 매각하는 대신 보다 많은 현금흐름을 창출하는 사업에 더욱 매진했다.(누차 강조하지만 신속한 현금 확보는 보다 많은 세금을 의미한다.) 만족을 유예함으로써 우리는 더 나은 사업가, 더 나은 투자자가 되었다. 금전적으로 여유 있는 상태가 아니었기 때문에 더욱 더 잘 움직여야 했다. 다시 말해서 역경이 우리를 더 영리하게 만들어 주었다.

버키의 가르침

버키가 남긴 명언 중 내가 제일 좋아하는 것을 소개한다.

"신은 명사가 아니라 동사다."

이것이 내가 네 가지 지능 가운데 신체 지능을 맨 위에, 영성 지능을 맨 아래에 둔 이유다. 자신의 천재성을 찾으려면(특히 학교에서 별로 두각을 나타내지 못했다면) 당신은 무언가를 행해야 한다. 실수를 하고 배워야 한다. 당신의 진정한 지능, 신이 주신 지능, 고유한 천재성을 발견하려면 신념이 있어야 하고 움직여야 한다.

버키는 두 번째 기회를 얻고자 하는 사람들을 위해 다음과 같은 제안을 했다.

"당신은 필요를 인식하지만 다른 사람들은 인식하지 못하는 일을 찾아라. 그러면 아무도 당신에게 방법을 알려 줄 수 없으니 당신만의 방식으로 일을 하게 될 것이다. 그러한 상상과 생각이 당신을 이끌어 줄 것이다."

당신의 고유한 지능, 천재성은 당신이 무언가를 행할 때 발현된다. 아무도 그 방법을 알려 주지 않는 것을 당신 스스로 행할 때 가장 빛난다.

그것이 바로 1984년에 킴과 내가 한 일이다. 우리는 교사가 될 수 있는 아무런 자격증이 없었다. 우리는 단지 누구에게든 금융 교육을 제공하는 일을 실행한 것일 뿐이었다.

두 번째 기회를 위한 교훈

당신의 네 가지 지능을 각각 10점 만점으로 점수를 매겨 보라.

1. 당신의 신체 지능은 얼마인가?

2. 당신의 정신 지능은 얼마인가?

3. 당신의 감성 지능은 얼마인가?

4. 당신의 영성 지능은 얼마인가?

만약 총점이 30점을 넘는다면 당신은 재정적 삶에서 두 번째 기회를 성공시킬 가능성이 매우 높다. 만약 30점 아래라면 신뢰할 수 있는 친구를 찾아 당신의 강점과 약점에 대해 대화를 나눠 보라.

네 가지 지능 모두를 발전시키고 이용할 때, 당신의 두 번째 기회가 찾아온다.

금융 교육은 동전의 반대쪽 면을 가르치는 것이다.

당신의 지능을 놓고 친구와 논의하는 것은 당신이 할 수 있는 최상의 일 중 하나다. 당신의 약점을 인정하는 것이야말로 지능을 강화하는 첫 단계이기 때문이다.

또 다시 모든 것은 반대다.

Chapter 12

'좋은 직장을 얻어라'의 반대

"지나친 전문화는 소멸을 초래한다."
– 버크민스터 풀러

나의 학창 시절에는 모두가 기업체에 취직해 승진하기를 희망했다. 학우들은 XYZ 회사의 부사장 또는 ABC 회사의 영업부장이 되고 싶어 했다. 그들은 많은 봉급을 받는 직장인이 되고자 했다.

오늘날은 모두가 사업가가 되기를 원한다. 실업률이 높아지고, 기술이 노동자를 대체하고, 글로벌 경쟁이 심화되고, 고용 보장이 감소함에 따라 사람들은 스스로가 주체가 되어 재정적으로 자유로운 삶을 영위하고 싶어 한다.

고등학생들과 대학 중퇴자들 중에는 억만장자도 있다. 그것이 가능한 이유는 그들이 직원이 아니라 사업가이기 때문이다.

오늘날 우리는 창업의 시대에 살고 있다. 많은 대학에서 차세대 구글이나 페이스북을 창출하기를 희망하는, 예비 창업자를 위한 스타트업 인큐베이터를 두고 있다.

많은 사람들이 사업가가 되는 것은 좋은 일이다. 사업가는 경제를 살리는 힘을 가지고 있다. 통계에 따르면, 불행히도 새로운 사업체 열 개 중 아홉 개는 5년 내에 퇴출된다.

새 사업이 실패로 돌아가는 이유는 전통적인 교육이 학생들을 (특정 부문의 전문가인) '스페셜리스트'로 양성하기 때문이다. 사업가는 (다방면에 걸쳐 두루 아는) '제너럴리스트'가 되어야 한다.

열 개의 사업체 중 아홉 개가 망하는 것은 사업가들이 지나치게 전문적이기 때문이다. 생존하는 데 필요한 일반적인 비즈니스 기술이 부족하면 그런 일이 발생한다.

Q 스페셜리스트와 제너럴리스트의 차이는 무엇인가?
A 전문가는 작은 부분에 대해 많이 아는 사람이고, 제너럴리스트는 많은 부분에 대해 조금씩 아는 사람이다.

Q 그런데 어째서 스페셜리스트는 실패하는가?
A 사업가에게 필요한 비즈니스 기술이 결여되어 있기 때문이다. 그런 기술은 대개 학교에서는 가르치지 않는다.

Q 학교에서 가르치지 않는 기술에는 무엇이 있는가?
A 사업가는 팔 수 있는 기술이 있어야 한다. 팔 수 없는 기술을 가진 사업가는 먹고 살 수 없다. 많은 직장인들이 직장을 그만두지 못하는 이유는 그들이 자신들의 급료를 능가하는 수준의 매출을 올릴 수 없기 때문이다.

Q 자신들의 급료를 능가하는 수준의 매출을 올릴 수 없다는 게 무슨 뜻인가?

A 가령 어느 직장인이 매월 1만 달러를 급료로 번다고 생각해 보자. 만약 그가 사업가가 된다면 적어도 5만 달러는 벌어들여야만 한다.

Q 어째서 5만 달러인가?

A 당신이 사업가가 되면 직원이었을 때 지출하지 않았던 것까지 감당해야만 한다. 생산비, 설비비, 영업 경비, 세금, 전문 서비스 이용료 등등을 지출해야 한다. 즉 직원으로서 버는 돈보다 적어도 다섯 배는 벌어야 사업을 영위할 수 있다.

여러 연구에 의하면, 대부분의 사업가가 실제로 벌어들이는 수입 면에서 자신들의 직원보다 적게 벌고 있다고 말한다. 많은 사업가들은 직원들이 퇴근한 후에도 일을 한다. 정부의 요구에 따른 서류 작업, 장부 정리, 세금 계산, 인건비 계산, 마케팅과 영업 지원 등에 매달린다. 직원들이 귀가해 휴식을 즐기는 시간에 사업가는 본격적으로 일에 매달리는 경우가 많다. 이것도 대부분의 사업체가 5년 이내에 문을 닫는 한 가지 이유가 된다.

Q 그렇다면 나는 무엇을 어떻게 해야 하는가?

A 풀타임 일자리를 유지하면서 파트타임 사업을 시작해 보라. 리치대드 컴퍼니에서는 모든 직원들에게 파트타임으로 인큐베이터 사업을 해 보도록 권유한다. 우리는 그들이 직장을 그만두지 않기를 바라지만, 언젠가는 재정적으로 자유로운 사람이 되기를 바란다. 벌써 많은 인원이 자

주제
**소득을
증대하는 방법**

초대 손님
블레어 싱어

리치대드 라디오 쇼
무료 앱 다운로드
www.richdad.com/radio

신들의 파트타임 사업이나 투자를 통해 급여를 대체할 수준의 현금흐름을 창출하는 데 근접하고 있다. 그들이 재정적으로 자유로운 상태가 되더라도 리치대드컴퍼니를 떠나지 않기를 바랄 따름이다. 함께 일하고 배우면서 연구하는 기회를 계속 누리고 싶다.

Q 그러니까 당신 회사 직원들은 모두 스페셜리스트인데 여가 시간을 이용해 제너럴리스트가 되는 법을 배우고 있다는 이야기인가?

A 그렇다. 사람들은 보다 전문적인 사람이 되기 위해 학교로 돌아간다. 그들은 컴퓨터 프로그래밍, 외국어, 자동차 정비 등을 배우거나 특정 분야의 석사 학위를 딴다. 그들은 작은 부분에 대해 많이 배운다. 즉 아주 좁은 분야에서 전문적인 교육을 받게 된다.

Q 그렇다면 어떻게 해야 제너럴리스트가 될 수 있는가?
A B-I 삼각형으로 설명하겠다.

Q B-I 삼각형이 무엇인가?
A B-I 삼각형은 사업의 여덟 가지 필수 요소, 즉 자산의 모습을 보여 준다. B-I 삼각형은 성공에 필수적인 여덟 개의 온전한 요소들이 들어 있다. 이 여덟 가지 요소는 사업과 자산을 온전하게 유지시키고 현금흐름을 창출해 준다.

제품

팀   법률   리더십

시스템

커뮤니케이션

현금흐름

사명

Q 그러니까 그 여덟 개의 온전함 중 하나라도 약해지거나 없어지면 사업이 실패하거나 재정적으로 어려움을 겪게 된다는 것인가?

A 정확히 그렇다. 나는 어려움을 겪는 사업가와 이야기할 때마다 B-I 삼각형의 여덟 개 요소를 체크리스트로 활용한다. 이 단순한 진단을 통해 무엇이 온전함에서 멀어졌는지 알 수 있다.

Q 그렇다면 학교는 B-I 삼각형의 온전함 가운데 하나에 치중하는 스페셜리스트가 되도록 학생들을 교육한다는 말인가?

A 그렇다. 하지만 사업가가 되려면 그 온전함 각각에 대해 적어도 조금씩은 아는 제너럴리스트가 될 필요가 있다. 그리고 언제 어느 때 스페셜리스트가 필요한지 알면 된다.

Q 제품 분면의 크기가 가장 작은 이유는 무엇인가?

A 그렇다. 제품 하나는 가장 낮은 가치를 지닌다. 그래서 많은 사람들이

"새로운 제품에 대한 끝내주는 아이디어가 있어."와 같은 말을 하며 돌아다닌다. 열 개의 새로운 사업 중 아홉 개가 실패하는 또 하나의 이유는 그 사업가들이 사업의 전체가 아니라 제품에 중점을 두기 때문이다.

Q 새로운 사업가가 사업을 시작하면 B-I 삼각형 전체에 대해 신경을 써야 하는가?
A 그렇다. 그들은 여덟 개의 온전함 모두에 대해 책임 의식을 가져야 한다. 대개 그들은 S 사분면에서 스페셜리스트로 시작한다. 처음부터 B 사분면에서 출발하는 경우는 매우 드물다.

Q 어째서 그런가?
A 각각의 사분면은 서로 다른 사고방식을 나타낸다. 전문직 종사자나 소규모 사업자들이 스티브 잡스와 같은 대규모 기업가의 사고방식을 가지고 있는 경우는 매우 드물다.

Q 그래서 S 사분면 사업가가 성공하려면 8개의 온전함 각각과 관련해 자신보다 더 영리하고 더 전문적인 직원을 고용해야 한다는 것인가?
A 그렇다. 사업가는 스페셜리스트들을 고용해야 한다. 사업가가 고용해야만 하는 첫 번째 스페셜리스트는 수입과 지출을 정확하게 기장할 수 있는 회계 담당자다. 많은 사업가들이 1년 이내에 사업에 심각한 문제를 발견하는데, 그 이유는 회계를 제대로 관리하지 못하기 때문이다. 사업을 성장시켜 B 사분면 사업에 속하게 하려면 종종 회사를 운영할 CEO를 고용할 필요도 생긴다.

Q 회계 관리를 본인이 직접 하는 사업가도 있다.

A 그렇게 하면 사업의 규모가 커질 수 없다. 당신이 직접 회계 장부를 쓴다면 필경 CEO를 고용할 정도로 사업을 성장시킬 수 없을 것이다.

Q 사업가가 스스로 성장하기를 원한다면 스페셜리스트를 둘 수 있는 형편이 되어야 하므로 사업가는 반드시 자신들의 급여를 능가하는 수준의 매출을 올려야 한다고 말하는 것인가?

A 정확히 그렇다. 다음의 현금흐름 사분면을 보면 보다 큰 그림을 볼 수 있을 것이다.

S 사분면 사업가들은 돈을 위해 일한다. 햄버거를 파는 식당 주인은 S 사분면에서 사업을 운영하는 자영업자에 속한다.

B 사분면 사업가들은 현금흐름을 창출하는 자산을 축적하기 위해 일을 한다. 레이 크록은 맥도날드로 널리 알려진 B 사분면 햄버거 사업을 구축했다.

Q 내가 B 사분면 사업을 창출하려면 어떻게 해야 하는가?

A 당신은 B-I 삼각형의 테두리를 구축해야 한다. 강한 사명 의식과 훌륭한 팀이 있어야 하고, 그 팀을 고무해 당신을 따르게 할 수 있는 지도자가 되어야 한다.

Q 그러한 온전함을 배우려면 어떻게 해야 하는가?

A 군사 학교는 온전함에 중점을 둔다. 내가 뉴욕의 해양사관학교에 입학했을 때 가장 먼저 배운 것은 사명 의식이었다. 해병대 역시 사명 의식이 전부였다.

그래서 내가 『사업가를 위한 군대 리더십의 8가지 교훈(8 Lessons in Military Leadership for Entrepreneurs)』이라는 책을 쓴 것이다. 이 책은 군사 훈련을 받는 사람들이 어떻게 훌륭한 사업가가 되는 데 필요한 기초를 쌓게 되는지 그 이유와 과정을 설명한다.

Q 군사 학교를 다니지 않고 사명 의식과 팀, 리더십에 대해 배울 수 있는 방법은 없는가?

A 팀을 이끌고, 공동의 사명 의식을 지원하며, 리더십 기술을 쌓는 법을 배울 수 있는 방법은 네트워크 마케팅 조직에 참여하는 것이다. 네트워크 마케팅의 최대 장점은 급료를 지불하지 않고도 그들을 이끄는 법을 배울 수 있다는 점에 있다.

대부분의 회사 리더들은 급료라는 파워를 보유한다. 만약 당신이 보스가 지시하는 일을 행하지 않는다면 더 이상 급료를 받고 싶은 마음이 없다는 의미로 해석된다.

네트워크 마케팅 분야에서는 급여라는 단기적인 만족감 이외에도 사람들을 이끌고 성공할 수 있도록 돕는 인물이 되는 법을 배운다. 그곳에서 당신은 급여 없이도 움직일 수 있는 사람들을 훈련시키게 될 것이다. 그렇게 할 수만 있다면 당신은 무엇이든 할 수 있게 될 것이다.

선교사들 또한 사명 의식을 고취하고 팀을 꾸리면서 리더로서의 책임을 다한다. 나의 가장 친한 친구는 모르몬교 선교사로 북아일랜드에 갔다. 그의 일은 가톨릭 교도를 모르몬 교도로 개종시키는 것이었다. 오늘날 그는 엄청난 성공을 거둔 사업가가 되었다.

당신은 교회나 자선 단체에 참여해서 사업가로 크는 데 필요한 필수 요소를 강화할 수 있다. 당신은 그들을 이끌며 교회나 자선 단체의 성장에 도움을 주게 될 것이다.

사명 의식과 팀, 리더십을 실제로 경험할 수 있는 길은 많다. 나는 그것들을 사관학교와 해병대에서 체득했을 뿐이다. 당신이 두 번째 기회를 위해 효과적인 방법을 찾기를 원하는 마음만 있다면 당신 또한 어디서든 실제적인 리더십 경험을 쌓을 수 있을 것이다.

Q 사업가인데도 사명 의식이 없거나 팀을 구성하고 고무시킬 리더십 기술이 없다면 어떻게 되는가?

A 그렇다면 당신은 S 사분면에 속하는 사업가로 남게 될 공산이 크다. 하지만 그곳에서 당신이 행복하기만 하면 문제될 건 아무것도 없다.

S 사분면 사업가는 직원보다 높은 세율로 세금을 낸다. 가장 낮은 세율을 적용받는 사업가들은 B 사분면이나 I 사분면의 기업가나 투자자들이다.

정글의 왕

고양잇과 중에 덩치가 큰 동물로 표범과 사자가 있다. 혼자 있기를 좋아하는 표범들은 S 사분면 사업가와 비슷하다. 그들은 혼자 사냥하며 스스로 사냥감을 죽이지 못하면 먹지 못한다. 자부심이 강한 수사자는 B 사분면 사업가와 비슷하다. 스페셜리스트 팀을 보유한 B 사분면 사업가와 마찬가지로 수사자는 무리를 지어 생활한다. 수사자는 자부심으로 사냥을 한 후 유유히 사냥감에 다가가 향연을 즐긴다.

이것이 S 사분면 사업가와 B 사분면 사업가의 차이점이다.

당신이 B 사분면 사업에 도움이 되는 스페셜리스트들의 유형에 대해 더 알고 싶다면 '부자 아빠' 시리즈를 읽거나 「리치대드 라디오 쇼」에 나와서 그들이 말한 내용을 들어 보기를 권한다. 그들의 지혜가 당신을 미래로 안내할 것이다.

Q 대인 관계 기술이 중요한 이유는 무엇인가?

A 사람들은 빙산과 같다. 우리가 누군가를 만나면 단지 수면에 떠오른 부분만을 보게 될 뿐 수면 아래에 있는 99퍼센트는 보지 못한다. 어떤 사람의 전체를 파악해서 효과적으로 다루는 데 필요한 무언가를 배우는 것이 대인 관계의 기술이다.

Q 내 아이를 B 사분면과 I 사분면으로 인도하려면 어떻게 해야 하는가?

A 도널드 트럼프의 두 아들, 돈 주니어와 에릭은 「리치대드 라디오 쇼」에 출연해 그들의 아버지가 자신들을 어떻게 B 사분면과 I 사분면의 리더가 되도록 키웠는지 이야기했다. 그들은 여느 부유한 아이들처럼 버

룻없는 청년으로 성장하지 않았다.

그들은 스페셜리스트가 아니다. 그들은 제너럴리스트이고 젊고 영리한 청년이고 뛰어난 대인 관계 기술을 지닌 강한 리더들이다.

버키의 가르침

버키는 다음과 같이 말했다.

"천편일률적인 교육 과정을 학습받는 경우 성년이 될 무렵 선천적인 역량을 상실하게 되는 상황이 자주 발생한다."

여기서 그가 강조하는 것은 지나친 전문화는 소멸로 이어진다는 점이다. 그토록 많은 사람들이 학교로 돌아가는 한 가지 이유는 기술 발전이 그들을 쓸모없게 만들었기 때문이다. 불행히도 다시 학교로 돌아가서도 그들은 제너럴리스트가 아니라 스페셜리스트가 되기 위한 학습을 이어 나간다.

버키는 공룡이 멸종된 이유가 그들이 지나치게 진화되었기 때문이라고 본다.

내 친구이자 사업 동료이기도 한 어느 출판업자 역시 고도로 전문화된 스페셜리스트에 가깝다. 그에 비해 아마존은 도서 출판의 환경을 바꾼 새로운 출판 거인이다.

작년 10월 나는 펜사콜라에서 나의 해병대 대원들과 함께 시간을 보냈다. 대원들의 이야기에 따르면 모든 부대에서 제트기 조종사들의 훈련이 축소될 것이라는 소문이 들린다고 했다. 드론이 인간을 대신 하게 될 것이기 때문이다. 마치 구글의 자율 주행 자동차가 택시 기사들과 우버 운전사들을 대신하게 되는 것과 마찬가지다. 실생활에서 기술과 훈련, 직업과 관런된 변화는 무수히 많다. 기술이 세상을 계속 바꾸어 나가고 있다.

가장 스마트한 대처

학창 시절에 내 학우들은 기업에 들어가 승진해서 출세하기를 바랐다. 하지만 오늘날은 모두가 사업가가 되기를 바란다. 모두들 백만장자가 되고 싶어 한다. 문제는 학교에서는 그들에게 사업가가 되는 법을 가르쳐 주지 않는다는 것이다.

당신의 두 번째 기회를 위해 당신은 최상의 선택을 내릴 필요가 있다. 당신에게는 어떤 사분면이 가장 적합한가?

많은 사람들에게 가장 스마트한 대처는 좋은 직장을 구하고, 돈을 저축하고, 빚에서 벗어나고, 주식에 투자하고, 필요할 때 돈을 회수해 쓰는 것이다. 그래서 어떤 사람들에게는 E 사분면이나 S 사분면에서 경제적 안정을 고수하는 것이 스마트한 대처일 수 있다.

다른 사람들에게는 사업가가 되는 것이 스마트한 대처일 수 있다. 사업가가 되면 많은 돈을 빚질 수도 있다. 빚은 B 사분면과 I 사분면에서 사업체를 인수하거나 부동산을 구입할 때 흔히 사용된다.

Q 내게 가장 스마트한 대처는 어떤 것인가?

A 당신이 어떤 길을 따라야 할지는 당신의 영혼이 말해 줄 것이다. 무엇이 당신의 영감을 불러일으키는가? 당신은 어떤 일에 도전 의식을 가지고 있는가? 어떤 길이 당신의 개성과 재능에 가장 어울리는가?

내 경우는 회사에 다니는 생각을 하는 것만으로도 속이 뒤틀려 구역질이 났다. 반면 사업가가 되려는 생각을 했을 때 내 영혼은 고양되었고 행복했다. 사업가가 되는 것이 회사에서 또박또박 급여를 받고 일하는 것보다 훨씬 힘들다는 것을 알고 있었지만 그 마음은 변하지 않았다. 그러나 S 사분면의 전문직 종사자나 소규모 사업가(자영업자)가 되고 싶지는 않았다.

Q 그렇다면 S 사분면 사업가들은 그들의 팀에서 가장 스마트한 인물이 되어야 하는가? 반면 B 사분면 사업가들은 자신이 가장 스마트할 필요 없이 가장 스마트한 팀을 보유하기만 하면 되는가?

A 그렇다. 나는 내 팀에서 가장 스마트했던 적이 한 번도 없었고 그렇게 되는 것도 결코 바라지 않는다. 부자 아빠는 말했다. "만약 네가 너의 팀에서 가장 스마트한 인물이라면 네 팀에 문제가 있는 것이다." 부자 아빠가 살아 있다면 이렇게 말할 것이다. "스페셜리스트들은 늘 제너럴리스트들을 위해 일한다." 예를 들면 나는 의사를 위해 일하지 않는다. 그들은 나를 위해 일한다. 그것이 바로 내가 『왜 A학생은 C학생 밑에서 일하게 되는가 그리고 왜 B학생은 공무원이 되는가』라는 책을 쓴 이유다. 그렇다면 무엇이 당신에게 가장 스마트한 대처인가? 당신의 영혼이 그 답을 알고 있을 것이다.

두 번째 기회를 위한 교훈

안정적 직장의 반대는 재정적으로 자유롭다는 것을 의미한다. 안정적 직장은 전문적인 교육을 필요로 하고, 재정적 자유는 일반적인 교육을 필요로 한다. 안정과 자유 중에서 어떤 것이 좋은지 결정하는 것은 당신의 몫이다. 안정을 추구할수록 자유는 줄어든다. 그래서 죄수들은 최고로 안정적인 감옥에서 지내고 있다.

　금융 교육이란 동전의 반대쪽 면을 가르치는 것이다. 종업원들과 자영업자들은 스페셜리스트다. 사업가는 제너럴리스트다.

Chapter 13

'채무에서 벗어나라'의 반대

"효율 극대화의 일반 원칙은 적은 양으로
많은 것을 만드는 능력이다."
– 버크민스터 풀러

대다수의 금융 전문가들은 "채무에서 벗어나라. 빚지지 말고 살아라."
라고 말한다. 그들은 리처드 닉슨 대통령이 금본위제를 폐지한 1971년 이
후로 미국 달러화 자체가 부채가 되었다는 사실을 모른다.

빚지지 않고 산다는 것은 금융 교육을 받지 못한 사람들에게는 좋은 조
언일지 모르지만 스마트한 재무적 조언은 아니다.

돈의 세계에는 두 가지 종류의 빚이 있다.

1. 좋은 빚
2. 나쁜 빚

간단히 말해 좋은 빚은 당신을 더욱 부유하게 만들고 나쁜 빚은 당신을
더욱 가난하게 만든다. 금융 교육을 받지 않은 수많은 사람들(그리고 미국

정부)이 나쁜 빚더미에 파묻혀 있다는 것은 그리 놀랄 일이 아니다.

누가 부채를 늘렸는가?

많은 미국인들이 국가 채무가 늘어나는 주된 원인을 민주당 때문이라고 생각한다. 하지만 전혀 그렇지 않다. 이 책의 서두에 언급했듯이 나는 공화당원도 민주당원도 아니다. 학습 원뿔 이론에 의하면 말로 듣는 것보다 사진으로 보는 것이 효과가 크다. 특히 정치적 연설에는 귀를 기울여 봤자 별 이득이 없다.

채무가 문제가 되는 것은 그것이 나쁜 빚이기 때문이다. 납세자들과 그들의 자녀들이 모든 빚을 갚아야 한다. 공화당이 초래한 채무의 대부분은 군산복합체와 은행, 제약회사 및 여타 기업들을 통제하는 부자들 때문이

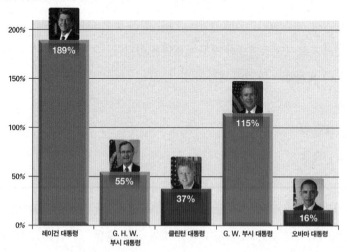

공공 채무의 증가율

누가 정부의 빚을 증가시켰는가?

- 레이건 대통령: 189%
- G. H. W. 부시 대통령: 55%
- 클린턴 대통령: 37%
- G. W. 부시 대통령: 115%
- 오바마 대통령: 16%

세컨드 찬스

다. 민주당이 초래한 채무의 대부분은 각종 재정 지원 프로그램과 거기서 이익을 얻는 회사 탓이다.

사회보장제도와 메디케어는 일반적으로 국가 부채 통계에 포함되지 않지만 그것들은 국가 부채보다 훨씬 더 큰 의무 부채다. 이들 두 부채는 재무제표에 표기하지 않는다. 이는 쉽게 말해서 당신이 100만 달러를 빚지고 있으면서도 신용 대출을 신청하는 서류에는 그 내용을 보고하지 않는 것과 마찬가지다. 만약 당신과 내가 정부가 하는 것과 같은 짓거리를 한다면 우리는 감옥에 보내질 수도 있다.

누구도 사회보장제도와 메디케어에 관련된 정확한 수치를 알지 못한다. 이런저런 경험을 토대로 사회보장제도와 관련된 부채는 23조 달러, 메디케어와 관련된 부채는 87조 달러 정도로 추정하는 게 일반적이다. 한마디로 어마어마하다. 그것들이 125조 달러나 된다는 추정도 있다. 이에 비해 미국의 국가 부채는 단지 17조 달러에 불과하다.

Q 미국이 이미 파산 상태라는 말인가?

A 나는 그런 견해를 지지한다. 그것을 입증하는 것은 그리 어려운 일이 아니다.

좋은 빚이란 어떤 것인가?

좋은 빚은 당신을 더욱 부유하게 만들어 준다. 아파트 단지를 매입하는 경우 나는 대출을 받아 구매 대금을 충당한다. 그 아파트들이 매달 내게 돈을 벌게 해 준다면 내 부채는 좋은 빚이다. 반대로 그 아파트들이 매달 내게 금전적인 손해를 끼치는 가운데 대출금을 갚아 나가야만 한다면 나쁜 빚이 된다. 다시 한 번 말하지만 무엇이 좋은 빚이고 무엇이 나쁜 빚인지 결정하는 것은 현금흐름이다.

Q 대부분의 주택 소유자들의 경우 집이 그들의 돈을 빼앗아 가기 때문에 "집은 자산이 아니다."라고 말하는 것인가?

A 그렇다. 당신의 집에 아무런 부채가 걸려 있지 않더라도 여전히 세금이나 유지비, 보험료, 공공요금 등이 당신의 주머니에서 빠져나간다.

금융 교육이 곧 레버리지

돈의 세계에서 매우 중요한 단어 중의 하나는 레버리지(leverage, 빚을 이용한 투자나 차입 경영 등과 같이 '지렛대 효과'를 얻기 위한 제반 행위의 통칭)다. 레버리지는 보다 적은 것으로 보다 많은 것을 하는 능력을 뜻하기 때문에 버키가 말한 '효율 극대화'와 비슷하다.

가난한 사람들이 더욱 가난해지고 중산층이 줄어드는 가장 주된 이유 중의 하나는 그들이 레버리지를 거의 이용하지 않기 때문이다. 빈곤층이나 중산층은 돈을 많이 벌기 위해서는 더 열심히 오래 일해야 된다고 생각한다. 불행히도 당신이 더 열심히 오래 일하면 돈은 더 벌겠지만 과세 등급 또한 높아져서 투자한 시간과 노력에 비해 그다지 큰 실효를 거두지 못한다.

금융 교육의 목적은 효율의 극대화, 즉 더 적은 양으로 더 많은 것을 하는 것이다. 더 적은 양으로 더 많은 것을 만드는 금융 레버리지 몇 가지를 살펴보자.

1. 부채

I 사분면에 속한 전문적이고 적극적인 투자자는 자산을 취득하기 위해 가능한 한 많은 부채를 이용해야 한다. 킴과 내가 부동산을 수천 개나 소유한 것은 그 것들을 사기 위해 돈을 저축했기 때문이 아니다. 우리는 부채를 이용해 그것들을 매입했다. 그래서 내게는 3일 동안의 부동산 세미나가 말할 수 없이 소중한 경험이 되었다. 그 프로그램을 통해 부채를 레버리지로 사용하는 법을 배웠다.

2. 라이선스 사업

리치대드컴퍼니는 작은 규모의 회사다. 하지만 우리는 라이선스 사업을 통해 대단히 광범위한 국제적인 비즈니스를 행하고 있다. 내가 책을 한 권 쓰면 그 책은 세계 50개국의 출판사에 자국어 출판권, 즉 라이선스가 부여된다. 출판사 들은 그 대가로 리치대드컴퍼니에 인세를 지불한다.

3. 소셜 미디어

오늘날의 소셜 미디어 세계는 엄청난 레버리지를 제공한다. 단 제대로 사용해야 한다. 리치대드컴퍼니에는 TV 및 라디오 방송 스튜디오가 있다. 그곳을 통해 우리는 전 세계 수백만 사람들과 접촉하고 있다.

4. 브랜드

'부자 아빠'와 같은 브랜드 역시 엄청난 레버리지가 될 수 있다. 브랜드는 백 마디 말보다도 강력하다. 그것은 신뢰와 차별성이라는 두 가지 요소를 전달한다. 우리는 "돈을 모으라."고 말하지 않는다. 우리의 포지션은 동전의 반대쪽 면에 있다. 우리는 주식이나 채권, 뮤추얼 펀드에 장기 투자하라고 권하지 않는다. 우리는 그 반대를 믿는다. 돈은 움직이게 만들어야 한다. 우리는 안정적인 직장에 큰 가치를 부여하지 않는다. '부자 아빠' 브랜드는 그 대신 재정적인 자유를 상징한다.

5. 사람들

피고용인은 레버리지가 거의 제로인 상태다. 왜냐하면 그들 자신이 고용주의 레버리지이기 때문이다. 기업가 정신은 사업과 자산을 성장시킬 수 있도록 다른 사람들(당신의 피고용인들)의 시간과 노력을 레버리지로 삼는 능력을 필요로 한다.

6. 적은 것으로 많은 것을 하는 모든 행동 방식

고품질의 상품이나 서비스를 보다 낮은 가격에 제공하는 것은 효율 극대화의 또 다른 형태다. 직원들이 급료 인상을 요구한다고 상품의 가격을 올리거나, 비용을 절약하기 위해 질을 낮추는 것은 효율 극대화의 일반 원칙에 반하는 일이다.

레버리지로서의 빚

"빚에서 벗어나라."는 금융 전문가들의 조언은 다양한 레버리지를 제거하라고 말하는 것이나 다름없다. 부채 없이는 적은 양으로 더 많은 것을 만들 수 없으므로 이런 유형의 조언은 결코 금융 교육이라고 할 수 없다.

빚을 레버리지로 활용한 실질적인 예를 소개한다.

1980년대에 나는 침실 두 개에 욕실 하나가 딸린 주택을 5만 달러에 구입했다. 근처에 연못 공원이 있는 아담한 집이었다. 문제는 그 집이 수리할 필요가 있다는 것이었다.

나는 5,000달러를 지불했고, 나머지 4만 5000달러에 대해서는 연 10퍼센트의 이율로 판매자가 내게 자금을 조달해 주었다. 그 덕에 나는 은행에 가서 따로 대출을 받을 필요가 없었다. 내가 매달 지불해야 하는 금액은 원금과 이자, 세금과 보험료를 합해 450달러였다. 그에 비해 그 지역의 월세는 대략 750달러 수준이었다.

그렇게 부동산을 확보하고 나서 나는 은행 담당자를 찾아가 주택 개량 융자로 5,000달러를 빌렸다. 그돈으로 욕실이 딸린 안방을 하나 더 만들고 집의 나머지 부분들을 고쳤다. 그렇게 침실 세 개에 욕실 두 개짜리 주택이 내 소유가 되었다. 나는 그 집을 월세 1,000달러로 세를 놓았다.

내가 내는 이자가 점차 낮아지기 시작했을 때, 나는 다시 은행 담당자를 찾아가 이번에는 집 전체에 대한 융자를 신청했다.

그 집의 감정가는 9만 5000달러로 잡혔다. 은행은 내게 그 액수의 80퍼센트인 7만 6000달러를 10년간 9퍼센트 고정 금리로 빌려주었다. 나는 그 돈으로 전 주인에게서 빌렸던 4만 5000달러와 주택 개량 융자금 5,000달러를 갚았다. 그렇게 진행하고 보니 대략 2만 5000달러가 비과세인 채로 내 수입이 되었다.

내가 내야 할 원금과 이자, 세금과 보험료는 모두 합해 월 700달러였다. 거기에 월 100달러를 수리비와 예상 외 비용으로 따로 비축했다. 세입자가 지불하는 월세 1,000달러에서 그것들을 제하면 월 200달러의 현금이 매달 내 주머니로 들어오는 셈이었다.

Q 그 투자에서 당신의 돈은 전혀 들어가지 않은 셈인가?

A 그렇다. 그것은 곧 나의 수익이 무한히 발생한다는 의미다.

Q 무한히? 어째서 그것을 무한하다 할 수 있는가?

A 투자자본수익률(Return on Investment, ROI)은 투자에 자기자본, 즉 투자자의 돈이 얼마나 들어갔는가를 기반으로 계산한다. 내 경우 재융자를 받은 후 그 투자에 나 자신의 돈, 즉 자기자본이 전혀 들어가지 않은 셈이 되었으니 ROI가 무한해지는 것이다.

Q 그렇다면 당신의 실질적인 수익은 당신의 지식, 즉 금융 교육의 결과로 얻게 된 셈이다. 그런 식으로 무한한 수익을 안겨 줄 금융 투자처를 찾아보라는 말인가?

A 그렇다. 그래서 리치대드컴퍼니의 구호 중 하나가 '지식'인 것이다. 지식이 곧 새로운 돈이다.

Q 그러니까 당신이 비과세로 2만 5000달러의 수입을 챙긴 것은 그 2만 5000달러가 부채이기 때문인가?

A 맞다. 하지만 내가 그 부동산을 팔아서 돈을 챙겼다면 그 2만 5000달러에 양도 소득세가 붙었을 것이다. 당시 나의 과세 등급상 나는 20퍼센트의 세금을 내야 했을 것이다.

Q 만약 당신이 그 부동산을 팔았다면 세금을 내는 바람에 5,000달러를 덜 벌게 되었다는 말인가?

A 그보다 손해가 더 컸을 것이다. 왜냐하면 내가 그 부동산을 계속 소유하는 경우 한 달에 약 200달러, 연간 2,400달러의 소극적 소득을 올렸을 것이기 때문이다. 소극적 소득에는 가장 낮은 세율의 소득세가 붙는다.

Q 소득의 유형에는 무엇이 있는가?

A 기본적으로 다음 세 가지 유형이 있다.

· 경상 소득

· 포트폴리오 소득

· 소극적 소득

경상 소득은 임금이나 예금 이자, 401(k) 연금 프로그램 등에서 발생하는 소득이다. 경상 소득에는 고율의 세금이 붙는다. 가난한 사람들이 더욱 가난해지고 중산층이 점점 줄어드는 이유도 그들이 경상 소득을 위해 일하기 때문이다.

포트폴리오 소득은 무인가를 팔아서 생기는 양도 소득을 말한다. 사람들은 부동산을 되팔거나, 주식을 거래하거나, 사업체를 팔면 양도 소득세를 내야 한다. 경상 소득에 이어 두 번째로 높은 세금이다.

소극적 소득은 자산에서 흘러나오는 흐름이다. 나는 내가 소유한 부동산을 팔지 않는다. 그 대신 내 수익을 빌린다. 내 자본이득을 부채를 통해 실현하고 임대 수익을 통해 소극적 소득을 얻는다. 소극적 소득에는 가장 낮은 세율의 세금이 매겨진다.

이제 당신들 중 일부는 이렇게 말할 것이다. "그렇게 할 수 없어. 판매자에게 자금을 대게 할 수는 없어." 그렇다면 당신이 맞다. 할 수 없다. 할 수 없다는 말만 하고 아무것도 하지 않는다면 어쩔 수 없다.

Q 미국이 아닌 곳에서도 그렇게 할 수 있나?

A 물론이다. 규칙과 조건은 조금씩 다를지 모르겠지만 기본적인 개념은 만국 공통이다.

1973년 부동산 강사는 모두에게 이렇게 말다. "금융 교육을 받지 않은 사람들은 늘 여기에선 그렇게 할 수 없다고 말하죠. 심지어 다른 사람들이 버젓이 그렇게 하고 있는데도 말입니다."

Q 어째서 사람들은 그렇게 할 수 없다는 말을 하는 것인가?

A 그렇게 말하는 것은 쉽다. 게으른 사람들은 늘 쉬운 편을 택한다. 그래서 수업을 듣고, 공부를 하고, 실습을 하고, 실수를 하고, 몇 번쯤 실패를 하면서 뭔가를 배우려 하기보다는 "할 수 없다."라고 말하는 편을 택한다.

Q 이 전략은 부동산에만 적용되는가? 아니면 다른 것에도 적용할 수 있을까?

A 무엇에든 적용할 수 있다. 특히 주식이나 옵션은 아무것도 없이 돈을 벌기 쉬운 방법이다. 하지만 주식을 능가하는 부동산의 장점은 장기 부채의 위력에 있다.

Q 빚을 사용하는 방법을 모르면 점점 더 열심히 일해도 점점 더 얻는 것이 적어진다는 말인가?

A 그렇다. 내가 어떻게 빚으로 부유해졌는지 한 가지 예를 더 들겠다. 2007년 주식과 부동산 시장이 폭락했을 때 우리는 값이 떨어진 주식을 사지 않았다. 그 대신 빚을 이용해 수억 달러의 부동산을 구입했다. 우리는 은행 돈을 이용하고 있었기 때문에 주식보다 부동산을 더 많이 살 수 있었다. 주식을 샀다면 은행은 수억 달러를 빌려주지 않았을 것이다. 2014년 켄 맥엘로이와 그의 동업자인 로스 그리고 킴과 나는 2007년 폭락 사태 이후에 빚을 내 구입한 아파트들에 대해 약 1억 달러를 차환했다. 아파트 구입 대금에 대한 평균 금리는 5퍼센트였다. 1억 달러에 대한 새로운 빚의 금리는 약 3퍼센트였다.

이것은 자본이득으로 수백만 달러를 거두고 낮아진 금리로 200만 달러의 현금흐름을 확보했다는 뜻이다.

Q 추가적인 200만 달러는 어디에서 발생하는 것인가?

A 200만 달러의 현금흐름은 1억 달러의 빚에 대한 5퍼센트 금리와 3퍼센트 사이의 금리 격차로 인해 발생하는 것이다.

Q 그것이 바로 버키가 효율 극대화의 일반 원칙이라고 칭한, 적은 양으로 더욱 많은 것을 만드는 능력인가?

A 그렇다.

Q 그것은 부동산 분야에만 적용되는 것이 아니라는 이야기인가?

A 그렇다. 효율 극대화의 예는 어디에서나 찾아볼 수 있다. 부자들은 부를 축적하기 위해 저마다 어떤 형태로든 레버리지를 이용한다. 예를 들

어 어느 뮤지션이 레코드를 취입해 100만 장을 판다면 그것도 효율 극대화라고 볼 수 있다. 누군가 앱을 개발해 100만 카피를 판다면 그 역시 효율 극대화다. 모두 적은 양으로 많은 것을 만드는 또 다른 방식을 이용한다. 부동산의 장점은 부채와 세금 양쪽에서 효율 극대화가 발휘된다는 점이다.

Q 금융 자문가가 빚에서 벗어나라고 조언한다면 그것은 곧 그들이 내게 레버리지를 이용할 기회를 버리라고 하는 것과 같은 말인가?
A 그렇다. 설령 좋은 의도를 지녔더라도 그것은 금융 교육이라고 볼 수 없다. 금융 교육은 당신에게 동전의 반대쪽 면을 보여 주고 당신이 빚으로 더 부유해지는 방법을 가르쳐 주어야 한다.

보상의 법칙

Q 내가 빚으로 실수를 저지른다면 어떻게 되는가?
A 그래서 부동산 투자 강좌를 듣고 연습에 연습을 거듭해야 하는 것이다. 나 역시 부동산과 관련하여 수많은 강좌를 들어 왔고 연습하기를 좋아한다. 충동구매로 돈을 잃기보다는 연습하는 게 낫다. 돈의 세계에는 보상의 법칙이라는 게 있다.

Q 보상의 법칙이란 무엇인가?
A 간단히 말해 당신이 더 많이 배우면 당신은 더 많은 정보와 경험을 쌓게 되고 그 보상 또한 늘어나게 된다.
예를 들어 킴이 처음 투자에 대해 배울 때 그녀의 재무 계획은 작은 주택을 1년에 두 채씩, 10년에 스무 채를 구입하는 것이었다. 하지만 1년 반도 되지 않아 그녀는 스무 채를 모두 구입했다. 오늘날 그녀는 수천 개의 부동산을 소유하고 매년 수백만 달러를 벌어들인다. 그녀에게는 수억 달러의 부채가 있다. 이것이 보상의 법칙이다.

주의 사항

나는 수도 없이 많은 부동산 세미나에 다녀 보았다. 어느 강사든 훌륭한 부동산을 찾는 과정이 힘들고 위험하고 시간이 많이 걸린다고 말한다.

세미나를 마칠 무렵이면 어떤 강사들은 종종 이렇게 말한다. "실수를 저지르고 세입자나 집수리로 골치를 썩일 필요 없습니다. 대신 우리가 제대로 된 물건을 찾고 융자를 받아 구입해서 관리해 주겠습니다."

이런 유형의 강사와 기관을 멀리하라. 그들은 가르치는 게 아니라 홍보를 하는 것이다. 그들은 뮤추얼 펀드 판매원이나 다를 바 없다.

Q 그렇게 하는 것이 왜 나쁘다는 것인가? 어째서 전문가들에게 모든 일을 알아서 하도록 맡기면 안 되는가?

A 만약 당신의 돈을 다른 사람에게 맡긴다면 보상의 법칙이 당신을 위해 작용하지 않게 된다. 학습 원뿔에서 배운 것을 떠올려 보라. 가장 효과적인 학습 방법 두 가지는 시뮬레이션을 해 보는 것과 실제로 행하는 것이다. 만약 당신이 정말로 재정적으로 자유로운 상태가 되기를 바란다면 당신은 연습하고 실제로 해 봐야 한다.

Q 현금흐름을 확보하고 세금 측면의 유리를 누릴 수만 있다면 다른 누

군가가 나를 위해 투자하는 것이 나쁘지 않을 것 같다.

A 문제는 그것이 부동산이라는 점이다. 재빨리 팔거나 살 수 있는 주식이나 뮤추얼 펀드는 유동 자산이다. 반면 부동산은 유동 자산이 아니다. 당신은 유동 자산처럼 부동산을 순식간에 팔거나 살 수 없다. 당신이 실수를 한다면 그 하자 있는 부동산을 처리하기 위해 길고 지루하고 비용이 많이 드는 과정을 거칠 수밖에 없다. 부동산이 때로 얼마나 지독한 비유동 자산이 될 수 있는지는 수많은 주택 보유자들과 부동산 투기꾼들이 잘 알고 있다.

만약 당신이 연습에 연습을 거듭할 생각이 없다면 부동산에 투자하지 말기를 권한다. 부동산 강사가 대신 투자해 주겠다고 말한다 해도 대출금 상환과 세입자와의 문제, 유지 보수비와 보험 등에 대해 책임져야 하는 것은 당신이라는 점을 명심하라. 무엇보다 나쁜 것은 당신은 이 과정에서 거의 아무것도 배우지 못한다는 점이다. 어떤 보상의 법칙과 레버리지도 당신을 위해 작용하지 않는다.

당신이 빚을 이용하는 법을 배워야 하는 이유는 빚이 현재의 돈이기 때문이다. 빚은 돈의 세계에서 가장 강력한 힘을 지닌다. 수업을 듣고 연습해서 이 강력한 힘을 활용하는 방법을 배워야 한다.

빚을 이용해 부동산에 투자하는 방법을 배우고 작은 것부터 시작해 볼 생각이 없다면 당신은 저축을 하고 빚 없이 살고 뮤추얼 펀드에 장기 투자하는 것이 가장 좋다. 적어도 예금과 뮤추얼 펀드는 유동 자산이기 때문에 순식간에 팔기 용이하다.

버키의 가르침

버키는 말했다.

"힘센 자들과는 싸우지 말고 이용할 방도를 찾아라."

내가 미국 대통령들과 국가 부채에 대한 도표를 제시했던 이유는 만약 상황이 바뀌지 않는다면 미국이 빚으로 인해 파산할 것이기 때문이다. 빚이 우리의 아이들과 그 아이들의 아이들을 노예로 만들 것이다.

전통적인 교육은 사람들에게 빚 없이 살라고 가르친다. 그런데 당신이 빚 없는 삶을 사는 동안 우리의 지도자들은 우리의 미래를 빚 속으로 몰아가고 있다.

정부의 빚에 노예가 되고 싶지 않으면 불에는 불로 맞서라. 지도자들의 무능에 대응하기 위해 개인 부채의 힘을 이용하는 법을 배우기를 바란다.

두 번째 기회를 위한 교훈

만약 당신이 빚 없는 삶을 살 계획이라면 어떤 유형의 레버리지를 사용할 생각인가? 어떻게 당신의 인생에 효율의 극대화를 적용할 생각인가? 어떻게 적은 양으로 많은 것을 이룰 생각인가?

어떤 유형이든 레버리지를 이용하는 법을 배우는 데 실패한다면 당신은 평생 고되게 일하고도 결국 가난하게 삶을 마칠 것이다.

당신이 빚의 힘을 활용하는 법을 배우기 바란다면 캐시플로 게임을 하고, 빚에서 벗어나려 하지 말며, 어떤 기회를 이용하든 빚을 지도록 하라. 게임을 하다보면 돈을 잃을 수도 있지만 어쨌든 많은 것을 얻게 될 것이다.

금융 교육은 동전의 반대쪽 면을 가르치는 것이다.

스스로 갚아야 하는 나쁜 빚은 가난한 사람들과 중산층을 더 가난하게

만든다. 좋은 빚은 부자를 더욱 부자로 만든다. 금융 교육이란 빚의 힘을
활용하는 법을 가르치는 것이다. 오늘날의 빚은 결국 돈이다.

Chapter 14

'소득 수준 이하로 살아라'의 반대

"신은 우리 모두가 부유하기를 원한다."
– 버크민스터 풀러

대부분의 금융 전문가들은 당신에게 "소득 수준 이하로 살아라."라고 권고한다.

질문을 하겠다. 당신은 소득 수준 이하로 살고 싶은가?

대부분의 사람들은 그렇게 살고 싶지 않을 것이다. 그래서 그토록 수많은 사람들이 신용카드 빚을 지고, 스스로 감당할 수 없는 집에서 살며, 감당할 수 없는 차를 몰고, 일과 청구서와 불안과 금융 문제로부터 벗어나기 위해 휴가를 떠나고 있다.

아이러니하게도 부자처럼 보이는 사람들 대부분은 사실 가난한 사람들보다도 더 가난하다. 가난한 사람들은 중산층이 이용할 수 있는 각종 대출 빚을 질 수 없다. 중산층은 단지 이웃들과 비슷한 수준의 생활을 유지하기 위해 소비자 부채에 깊이 함몰되곤 한다. 벤츠를 타고 다니고, 근사한 동네에 살며, 아이들을 사립학교에 보내지만, 급여가 두 차례만 밀리면 바로 파산하고 만다.

대부분의 사람들이 소득 수준 이하로 살기를 바라지 않기 때문에 위의 조언은 흔히 무시된다. 어쨌든 나는 당신이 그 반대로 살기를 원한다. 소득 수준 이하로 살기보다는 자신의 수입을 늘리는 방법을 배워 보다 부유한 삶을 즐길 수 있어야 한다.

Q 어떻게 해야 수입을 늘릴 수 있나?

A 자산 기둥을 통제함으로써 자신의 수입을 늘릴 수 있다. 현재 그런치 세력이 사람들의 자산 기둥을 제어하고 있다. 그래서 대부분의 사람들이 저축을 하고 집을 사고 주식에 장기 투자하라고 배우는 것이다.

머니 게임

다음의 도표는 부유층과 빈곤층, 중산층 간의 차이를 보여 준다. 보다시피 세 그룹은 각기 다른 머니 게임을 하고 있다.

당신의 두 번째 기회는 당신이 게임을 바꿀 때 시작된다. 돈을 모으기 위해, 부유해 보이기 위해 일하는 것보다는 수입 기둥에서 자산 기둥으로 초점을 바꾸면 된다. 어째서 그런치가 당신의 자산 기둥을 제어하게 내버려 둬야 한단 말인가? 어째서 재무 전문가의 조언에 따라 아무 생각 없이 돈을 그런치에게 넘겨야 한단 말인가?

자산 기둥은 부자가 머니 게임을 하는 곳이다. 당신이 참여하지 못할 이유는 없다.

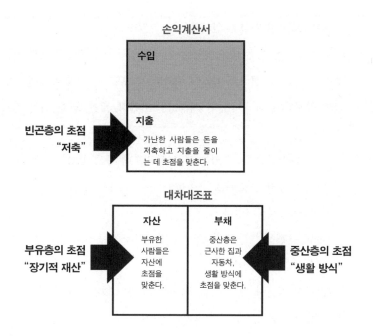

세금을 적게 내는 법

당신이 자산 기둥에 집중하면 첫 번째로 세금이 내려간다.

만약 당신이 재택 사업을 시작하면 개인적인 경비가, 즉 세후 경비가 즉시 세전 업무 경비가 된다.

만약 당신이 사업을 한다면 교통과 숙박, 식음료 등의 지출이 소득 공제가 되는 업무 경비가 될 수 있다. 소득 공제를 신청할 때는 사전에 세무 전문가나 공인 회계사에게 점검을 받아 볼 필요가 있다.

자산 기둥, 즉 부의 중심점으로 관심을 이동시키면 당신 역시 부자들이 누리는 세금 혜택의 일부를 향유할 수 있다.

내가 페라리를 가질 수 있다면

최근에 나는 킴과 내가 공동 소유하고 있는 어느 부동산으로 차를 몰고 갔다. 세 명의 건설 노동자들이 애리조나의 뜨거운 태양 아래에서 땀을 흘리며 일하다가 내가 주차한 페라리를 보았다. 그들 중 한 명이 미소를 지으며 말했다.

"나도 페라리를 살 수 있는 형편이 되면 참 좋으련만!"

"당신도 그럴 수 있어요."

나의 말은 진심이었다.

"아뇨, 우리는 그럴 수가 없어요."

다른 젊은이가 끼어들며 말했다.

"우리는 가난한 집안 출신이라 대학에 다닐 형편이 되지 못했어요. 그래서 이렇게 육체노동을 할 수밖에 없는 거죠."

나는 그들에게 대학을 나오지 않더라도 페라리를 가질 방법이 있으니 알려 주겠다고 말했다.

설명을 하기 위해 나는 종이에 아래와 같은 그림을 그리고 그들이 일하고 있던 내 아파트 건물을 가리키며 말했다.

대차대조표

자산	부채
부동산	페라리

"이 부동산이 내 페라리 대금을 지불하고 있습니다. 그리고 당신들의 임금을 치르고 있지요."

내 설명을 들은 그들이 자산과 부채의 차이를 이해하기 시작했을 때 나는 부자 아빠의 가르침을 이야기했다. "부자들은 돈을 위해 일하지 않아요. 그 대신 현금흐름을 창출하는 자산을 확보하기 위해 일합니다."

"당신은 그렇게 하는 방법을 대학에서 배우지 않았습니까?"

"아니오."

내가 대답했다. 그리고 내가 그들 나이였을 무렵에 385달러를 내고 들었던 3일 동안의 세미나에 대해서 설명했다. 내가 단지 모노폴리 게임을 실제로 행했을 뿐이었음을 이해하고, 자신들이 일하던 아파트 단지가 원래는 적자를 보던 호텔이었다는 것을 알았을 때, 그들의 머릿속에서 등불이 켜지는 듯했다.

"그렇다면 우리도 그렇게 할 수 있단 말입니까?"

"안 될 게 뭐 있겠소? 내가 할 수 있었다면 당신들도 할 수 있는 거요. 이건 고도의 과학 기술이 필요한 일도 아니잖소."

나는 대부분의 사람들이 경제적으로 고전하는 것은 자산이라고 믿는 부채를 자신의 돈으로 얻기 때문임을 설명했다.

"그렇게 수입을 늘렸군요. 소득 수준 이하로 살기 보다는 말입니다."

"바로 그렇소." 내가 대답했다. "당신들 마음 속에는 부자와 가난한 자가 모두 들어 있어요. 당신들이 자산 기둥에 관심을 집중시키면 자산에 대해 더욱 많이 알게 되고 결국 당신들 속에 들어 있는 부자가 밖으로 나오게 될 거요."

나는 교육(education)이라는 말이 그리스어로 '끌어내다'를 뜻하는 에두스(educe)에서 유래했음을 말하며 그들에게 계속 설명해 나갔다. 전통적인 교육은 사람들의 내면에서 중산층 인물을 끌어내도록 설계되었다. 금융 교육은 사람들 내면에서 부자를 끌어내는 교육이다.

"그렇다면 금융 교육은 전통적인 교육과는 정반대로군요?"

"그렇소."

"부동산만 자산에 속합니까?"

"아니오."

나는 그들에게 JK 롤링이 '해리 포터' 시리즈를 쓰던 당시 생활 보호 대상자였지만 그녀의 책과 영화가 그녀를 억만장자로 만들어 준 것에 대해 이야기해 주었다.

나는 그들에게 고등학교도 졸업하지 못했지만 계란 장사를 해서 오늘날 백만장자가 된 내 지인의 이야기도 들려주었다. 고등학교 때 할머니에게 병아리 몇 마리를 받은 게 그의 성공 스토리의 시작이었다. 그는 그 병아리들을 암탉으로 키우고 알을 낳게 해 그 계란을 팔았다. 50대인 그는 하루에 100만 개가 넘는 계란을 팔고 있다.

나는 그들에게 치킨 요리 레시피만으로 KFC라는 거대 기업을 일군 커널 샌더스도 상기시켰다.

페이스북을 만든 마크 주커버그 이야기는 그들도 잘 알고 있었다. 주커버그 역시 대학을 졸업하지 않았다.

나는 이야기를 쉽게 하고 있기는 하지만 사실은 이 모든 게 쉬운 것만은 아님을 특히 강조했다.

"우리도 자산 기둥에 관심을 집중하면 수입을 늘려서 급료가 아닌 현금 흐름으로 더 많은 돈을 벌고 세금도 적게 낼 수 있다는 겁니까? 지금 하신

말씀을 그렇게 받아들이면 됩니까?"

"그렇소." 내가 대답했다. "뿐만 아니라 당신들이 원하는 그 어떤 차든 얼마든지 가질 수 있게 될 것이오. 당신들의 자산이 그 차의 구입 대금과 유지비를 치러 줄 것이고."

내가 차를 몰고 떠날 무렵, 신이 나서 서로 이야기를 나누는 그들의 모습이 눈에 들어왔다. 그 후로 나는 그들을 만나지 못했기에 그들의 미래를 알지는 못한다.

나는 그들이, 자신들이 소득 수준 이하로 살아갈 필요가 없다는 사실을 이해했다는 것에 만족한다. 그들이 앞으로 해야 할 일은 자신들의 자산 기둥을 제어하는 것뿐이다.

버키의 가르침

사람들은 곧잘 묻는다.

"1927년에 돈을 위해 일하는 것을 그만 둔 이후 버키는 어떻게 살아남았나요?"

버키 역시 부자 아빠와 마찬가지로 돈을 위해 일하기보다 자신의 자산 기둥 속에서 자산을 창출하기 시작했다. 그 자산 대부분은 지적 자산이었다. 지적 자산은 특허권, 책, 라이선스, 상표 등과 같은 무형의 자산을 말한다.

두 번째 기회를 위한 교훈

1. 당신이 인생에서 바라는 좋은 일들을 목록으로 작성하라. 그것은 당신의 위시 리스트가 된다. 킴과 나는 우리가 살고 있는 동네를 드라이브하면서 근

처의 멋진 집을 가리키며 말하곤 했다. "언젠가 저 집이 우리 것이 될 거야." 그것은 그대로 실현되었다. 비결은 이렇다. 먼저 우리는 임대용 부동산을 구매했다. 거기서 현금흐름을 창출하였고, 그 돈이 그 집을 매입할 때 빌린 융자금을 매월 상환하고 있다.

2. 당신이 꿈꾸는 삶을 위해 대금과 비용을 지불해 줄 자산들의 목록을 만들라. 아직은 어떻게 그 자산들을 취득할 수 있는지 모르더라도 걱정하지 말라. 당신이 무언가를 모른다는 사실로부터 배움이 시작된다는 것만 알면 된다. 모든 것을 아는 사람은 아무것도 배우지 못한다.

3. 그 목록을 들여다보라. 매일처럼.

금융 교육은 동전의 반대쪽 면을 가르치는 것이다.

수입을 늘리는 것과 소득 수준 이하로 사는 것은 동전의 양면이며 인생에 접근하는 방식에 대한 두 가지 다른 관점이다. 일반적인 통념은 소득 수준 이하로 생활하는 것을 지지하지만 우리 모두는 보다 부유하게 살 권리가 있다. 그것은 자산 기둥에 관심을 집중하며 수입을 늘리는 것으로 시작된다.

Chapter 15

'부정행위 하지 마라'의 반대

"무엇보다 협동을 우선시하라. 서로의 앞길을 막지 마라.
상대방을 희생시켜 이득을 얻으려 하지 마라.
일방적인 성공은 오래 지속되지 못한다."
– 버크민스터 풀러

학교에서는 시험 중 도움을 요청하면 부정행위로 간주한다. 내가 고등학생이었을 때 가난한 아빠의 교사 지침서를 본 적이 있는데, 거기서는 부정행위를 이렇게 정의하고 있었다.

"시험 도중 도움을 필요로 하는 자에게 도움을 주는 행위를 말한다."

나는 이 말이 참으로 인간적으로 들렸다.

내가 여전히 고등학생이었을 때, 부자 아빠는 자신의 팀원들과 함께하는 토요일 아침 미팅에 나를 참석시키곤 했다. 나는 그 팀에서 부자 아빠가 가장 똑똑한 사람이 될 필요가 없다는 사실에 주목했다. 사실 그는 팀원 가운데 가장 교육을 적게 받은 사람이었다.

그를 둘러싼 인물들은 법률 대리인과 회계사, 자금 담당자, 경영인, 부동산 중개인, 증권 중개인 등이었다. 부자 아빠는 그들에게 무엇을 하라고 지시하기보다는 자신이 직면한 문제를 꺼내 놓고 함께 논의하며 조언자들이 문제의 해결 방안을 자유롭게 제안할 수 있도록 이끌었다.

부자 아빠는 자신보다 더 똑똑한 사람들에게 도움을 청하여 재정 문제를 풀어 나갔다. 부자 아빠는 협동을 중시했다. 반면에 가난한 아빠는 수북이 쌓인 청구서를 놓고 그것들을 처리할 방법을 찾느라 골머리를 썩이곤 했다. 그는 재정 문제를 혼자 힘으로 해결하려 했고 어떤 부정행위도 저지르려 하지 않았다.

실제 비즈니스 세계에서 부정행위의 상대어는 협동이다.

Q 그렇다면 팀은 어떻게 구성해야 하는가? 누구를 반드시 포함해야 하는가?

A 나의 조언자들을 살펴보자. 이들이 나의 팀이다.

· 톰 휠라이트는 공인 회계사이자 나의 세무 조언자다. 알다시피 세금은 가장 큰 몫의 지출이 될 수도 있기 때문에 그의 존재가 매우 중요하다.

· 켄 맥엘로이는 나의 부채 조언자다. 알다시피 리처드 닉슨 대통령은 1971년 금본위제에서 달러를 해방시켰다. 이후 부채는 우리의 새로운 재산이 되었다.

· 블레어 싱어는 나의 판매 조언자다. 내 사업 한 부문에서 판매가 부진하면 블레어는 당장 달려가 해당 사업에 관련된 모든 이에게 판매를 증진시키는 법을 가르친다. 그가 말하듯이 '판매는 곧 수입'이다. 만일 당신의 수입이 적다면 사업이 잘 팔리지 않기 때문이다. 만일 당신이 기업가라면 다른 사람들에게 무언가를 잘 파는 능력이 있어야 한다.

- 앤디 태너는 종이 자산 및 주식 시장의 조언자다. 주식으로 현금흐름을 창출하는 방법에 관해서라면 내가 알고 있는 사람들 가운데 가장 훌륭한 선생님이다.
- 대런 윅스는 교육 사업가가 되는 일에 관한 조언자다. 그는 수십 만 명에게 캐시플로 게임 방법을 가르쳐서 큰 부자가 되었다.
- 가렛 서튼은 법률 문제에 관한 조언자다. 그는 약탈적 소송과 중과세로부터 수차례 내 재산을 지켜 준 바 있다.
- 리사와 조시 래넌은 사회적 자본주의 전문가다. 대부분 예상하겠지만 마음으로 이해하지 못하는 사업은 일찍 문을 닫게 마련이다.

물론 킴도 있다. 그녀는 남자들이 갖지 못하는 다정함과 측은지심을 담아 열정적으로 여성들을 가르친다.

Q 여기 소개한 조언자들을 모두 가져야 한다는 말인가?

A 절대 그렇지 않다. 나의 조언자 명단은 단지 하나의 보기로 제시하는 것이다. 이들 모두 자신의 지식과 경험을 공유하는 책을 발표한 바 있다.

또한 각각의 조언자는 「리치대드 라디오 쇼」에 종종 게스트로 출연한다. 라디오 방송은 온라인 기록 보관소에 모두 보관되어 있으니 편한 시간에 부자 아빠 사이트 (richdadradio.com/radio)에 접속하여 조언

주제
**당신의 자산을
보호하는 법**

초대 손님
변호사 가렛 서튼

리치대드 라디오 쇼
무료 앱 다운로드
www.richdad.com/radio

자 각각이 들려 주는 이야기를 들어보기 바란다.

Q 왜 당신의 조언자들의 이야기를 들으라고 권하는가?
A 이유는 많다. 그중 한 가지는 「리치대드 라디오 쇼」에 출연한 조언자의 이야기에 귀를 기울이는 것이 학습 원뿔의 주요 요소를 제공하기 때문이다.

내가 여기서 나의 조언자들을 당신과 공유하는 주된 이유는 나쁜 조언자와 좋은 조언자를 가려내는 통찰력을 길러 주기 위해서다. 부정행위의 상대어는 협동이라는 사실을 기억하라. 협동은 부자가 되기 위해 당신이

학습 원뿔		
2주 후 기억의 정도		개입의 정도
말하거나 행한 것의 90퍼센트	실제로 행하는 경우	능동적
	실제 경험을 시뮬레이션 하는 경우	
	극적인 프레젠테이션을 하는 경우	
말한 것의 70퍼센트	말을 하는 경우	
	토론에 참여하는 경우	
듣거나 본 것의 50퍼센트	현장에서 행위를 목격하는 경우	수동적
	시범을 보는 경우	
	전시물을 보는 경우	
	영상을 보는 경우	
본 것의 30퍼센트	그림이나 사진을 보는 경우	
들은 것의 20퍼센트	강의를 듣는 경우	
읽은 것의 10퍼센트	자료를 읽는 경우	

출처: 데일의 학습 원뿔을 개작한 자료

가장 똑똑한 사람이 될 필요는 없다고 알려 준다. 똑똑한 사람이 되느니 똑똑한 팀을 갖는 것이 더 낫다.

버키의 가르침

내가 좋아하는 버키의 명언 가운데 하나는 이것이다.

"우리의 실패에는 많은 요인이 있다. 가장 중요한 것은 전문화가 종합적인 사고를 불가능하게 만든다는 사실을 깨닫지 못한 채 전문화가 곧 성공의 열쇠라고 생각하는 데 있다."

버키는 학교에서 우리를 회계사나 기술자, 변호사 같은 전문가, 즉 스페셜리스트가 되도록 훈련시킨다는 사실을 지적한다. 물론 사실 문제 해결에는 종종 서로 다른 종류의 여러 스페셜리스트가 필요하다.

버키는 필경 부자 아빠를 제너럴리스트로 분류했을 것이다. 부자 아빠는 다방면에 걸쳐 많은 것을 아는 제너럴리스트 기업가였다.

그래서 부자 아빠는 금융 문제를 해결하는 데 도움이 되는 스페셜리스트 팀을 꾸렸다. 당신도 그렇게 해야 한다.

진정한 금융 교육을 위해서는 반대에 초점을 맞춰야 한다는 사실을 이제 이해하기 시작했는가? 팀에는 스페셜리스트와 제너럴리스트 둘 다 필요하다. 그래야 어떤 문제든 해결할 수 있다.

두 번째 기회를 위한 교훈

두 번째 기회를 얻기에 앞서 당신이 따르면 좋은 몇 가지 단계를 소개한다.

1. 조언자 목록을 만들어라.
2. 만약 아무도 없다면 「리치대드 라디오 쇼」에 나오는 조언자들의 말에 귀를 기울여라. 주변의 조언자들에게 얻을 수 있는 것보다 더 좋은 아이디어를 확보할 수 있다.
3. 조언자는 있지만 만족스럽지 않은 경우에도 「리치대드 라디오 쇼」를 들어라. 상대적으로 더 나은 조언을 얻을 수 있다.
4. 조언자와 중개인의 차이를 알라. 너무 많은 사람들이 조언자가 아닌 영업 사원에게서 조언을 구한다.
5. 워런 버핏이 말했다.

"보험이 더 필요하다면 결코 보험 판매원에게 묻지 마라."

금융 교육은 동전의 반대쪽 면을 가르치는 것이다. 다음 세 가지를 기억하라.

첫째, 도움을 구하는 것을 부정행위라고 부르는 유일한 장소는 학교뿐이다. 멍청한 것은 괜찮지만 똑똑한 척하는 것은 나쁘다. 만약 당신이 알아야 할 것을 이미 모두 알고 있다고 생각한다면 상황을 더욱 영리하게 판단하기가 힘들어진다.

둘째, 당신이 더욱 똑똑해지면 당신의 팀원도 그래야 한다. 팀원이 끊임없이 배우고 발전하지 않는다면 팀원을 교체해라.

셋째, 멍청함의 반대말은 똑똑함이다. 똑똑해지는 최고의 방법은 당신이 모든 것을 알고 있지 않다는 사실을 겸손하게 인정하는 것이다. 만약 당신에게 모든 것을 다 안다는 조언자가 있다면 새로운 조언자를 찾아라. 모든 답을 이미 알고 있다고 생각한다면 더 똑똑해지기가 어렵다.

Chapter 16

'부자는 탐욕스럽다'의 반대

"당신은 당신이 가진 모든 것을
모든 사람이 갖는 상황에 대해 자발적으로 열광하는가?"
– 버크민스터 풀러

많은 사람들이 부자는 탐욕스럽다고 믿는다. 일부는 그렇다. 많은 사람들이 부자가 될 수 있는 유일한 길은 탐욕이라고 믿는다. 실제로 많은 부자들이 탐욕스럽게 행동하여 부를 얻기도 했다.

부자 아빠는 종종 말했다. "사람들이 언짢게 생각하는 것은 개인이 버는 돈의 양이 아니라, 그 돈을 버는 과정이다."

예컨대 풋볼 스타가 수백만 달러를 번다고 해도 대부분의 사람들은 개의치 않는다. 그들이 부자라는 사실을 기분 좋게 받아들인다. 그들은 어릴 때부터 꿈을 안고 운동을 시작해 아무런 대가 없이 수년간 훈련에 임했고, 그 후 프로 선수로 진출하여 수백만 명의 풋볼 팬들을 행복하게 해 주었다. 그들은 오랫동안 열심히 살았고 그렇게 수백만 달러를 벌었다. 풋볼 스타를 탐욕스럽다고 생각하는 사람은 거의 없다. 오히려 그들을 숭배하는 수백만 명의 팬들은 그들이 부자라는 사실에 행복을 느낀다.

인기 영화배우도 마찬가지다. 대부분의 사람들은 그들이 많은 돈을 버는 것을 전혀 언짢아하지 않는다. 톰 행크스나 샌드라 블록은 그들이 출연하는 영화를 보려고 수백만 명의 사람들이 몰려들기 때문에 수백만 달러를 벌어들인다.

어린 시절 나는 비틀스가 수백만 장의 앨범을 판매하고 수백만 달러를 버는 것이 좋았다. 그들의 음악이 나를 행복하게 만들어 주었다.

반대로 부자 고용주가 의도적으로 직원들에게 쥐꼬리만 한 월급을 주는 상황에 대해서는 대부분의 사람들이 분노한다.

정직한 사람들은 인색하고 잔인하고 부정직하고 범죄적이고 비윤리적이고 비도덕적인 방법으로 부자가 된 사람들에게 분노한다.

혈압 오르게 하는 사실들

나는 다음과 같은 상황을 떠올릴 때 혈압이 오른다.

- 은행가들은 2007년 금융 시장을 박살 낸 장본인이다. 수백만 명이 일자리와 집을 잃고 미래마저 잃은 상황에서 그들은 두둑이 보너스를 챙겼다.
- 부패한 정치인들은 자신과 주변을 부유하게 만들기 위해 권력을 남용한다.
- 수백만 달러의 연봉을 받으면서 회사를 망하게 만든 CEO들이 있다. 그들의 무능함 때문에 직원들의 일자리와 주주들의 돈이 희생되었다.
- 미국연방정부, 월스트리트는 자신들의 부자 친구들을 보호하기 위해 수조 달러의 위조 지폐를 대규모 은행에 쏟아부었고, 그 결과 빈곤층과 중산층 그리고 미래의 세대가 희생되었다.
- 정부 공무원 노조는 받들어야 할 국민의 돈을 빼돌려 보너스와 연금의 형태

로 제 몫만 챙겼다. 국가를 위해 목숨을 걸었던 참전 용사들보다 공무원이 훨씬 더 많은 돈을 벌고 은퇴한다.

내가 알고 있는 최근의 사례들도 다뤄 보겠다.

· 피닉스 시의 한 도서관 사서는 58세에 은퇴하면서 28만 6000달러를 보너스로 받았고 죽을 때까지 매년 10만 2000달러를 연금으로 받는다.
· 피닉스 소방관 세 명은 2011년 은퇴할 당시 각각 100만 달러 이상씩을 받았고 매년 연금도 받는다. 보고서에 따르면 피닉스 시의 정부 퇴직자 가운데 상위 50명은 75세까지 도합 1억 8300만 달러를 지급받는다. 수백만 달러가 고루 분배되지 못하고 소수의 사람들에게만 지급되는 사실에 많은 피닉스 시민들이 분노한다.

공무원들은 공직에 평생을 바친 자신들을 관대하다고 생각할 것이다.
당신은 어떻게 생각하는가? 이러한 돈 찬치가 미국 대부분의 주와 도시에서 유사하게 벌어지고 있다.
이 사례는 극단적인 탐욕과 부패의 징후를 드러낸다. 탐욕이 전 세계를 장악하려는 모양새로 대규모 현금강탈이 계속되고 있다.

관대하게 부를 얻는 방법
동전의 반대쪽 면을 살펴보면 관대하게 처신하고 많은 사람들에게 혜택을 나눠 주면서 부자가 된 사람들도 많다.
월트 디즈니는 수백만 명의 사람들을 행복하게 만들면서 부자가 되었다. 헨리 포드는 노동자들도 구입할 수 있는 자동차를 만들어 큰 부자가 되었다. 구글의 세르게이 브린은 도서관에 찾아가는 것보다 더욱 쉬운 방법으로 정보에 접근할 수 있게 만들어 억만장자가 되었다.

만약 당신이 『부자 아빠 가난한 아빠』를 읽었다면, 가난한 아빠가 부자 아빠에게 크게 화낸 내용을 떠올릴 수 있을 것이다. 부자 아빠가 나에게 일을 시키고 대가를 지급하지 않았기 때문이다. 부자 아빠는 우리가 무보수로 일하기를 원했다.

대신 부자 아빠는 나에게 관대하게 부자가 되는 방법을 가르쳤다. 수업은 모노폴리 게임을 하는 것으로 시작되었다.

많은 사람들이 모노폴리 게임에서 부자가 되는 공식을 배운다. 방법은 매우 간단하다. 초록색 집 네 채를 확보한 다음 빨간색 호텔 하나로 바꾸면 된다.

오늘날 킴과 나는 현실 세계에서 모노폴리 게임을 하고 있다. 우리는 수천 개의 작은 초록색 집(아파트)과 두 개의 호텔, 다섯 개의 골프장, 상업용 건물들, 몇 개의 사업체 그리고 다수의 유정(油井)을 소유하고 있다.

또한 우리는 금융 교육 게임을 개발하고 책을 집필함으로써 우리의 지식을 공유한다.

어떤 사람들은 우리를 탐욕스럽다고 말할지도 모른다. 그러나 우리는 관대하다고 생각한다. 부자를 탐욕스럽다고 비난하는 사람들은 종종 딱 한 채의 집을 소유하고 있는 경우가 많다. 그들의 대차대조표를 살펴본다면 다음과 같다.

당신은 누구를 탐욕스럽다고 생각하는가? 피고용인인가 기업가인가?

킴과 나는 우리의 투자 및 글로벌 사업으로 창출된 수천 개의 일자리에

대차대조표

자산	부채
0주택	1주택

대하여 직간접적인 책임 의식을 갖는다. 예컨대 우리의 빨간 호텔(피닉스의 대규모 리조트)은 800명 이상의 직원을 고용하고 있다. 그들로 인해 발생되는 수백만 달러의 세금에 대해 생각해 보자. 800명의 직원들이 벌어들이는 수입이 그들의 가족과 다른 산업, 가게, 식당, 병원, 치과 등에 영향을 주는 것에 관해 생각해 보자. 그래서 나는 사람들이 "부자는 탐욕스럽다."라고 도매금으로 말할 때 화가 난다.

나는 학교에서의 금융 교육 부재가 사람들을 탐욕스럽게 만든다고 믿고 있다. 돈만 있고 자산이 없는 사람들은 탐욕스러워지고 궁핍해지기 마련이다.

Q 부자를 탐욕스럽다고 말하는 사람들이 실은 그들보다 훨씬 더 탐욕스럽다는 말인가?
A 그렇기도 하고 그렇지 않기도 하다. 나는 당신이 동전의 어느 면에 있느냐에 따라 견해가 달라진다고 말하고 싶다.

가난한 아빠는 부자 아빠를 탐욕스럽다고 여겼다. 부자 아빠 역시 가난한 아빠를 탐욕스럽다고 여겼다. 내 눈에는 두 분 모두 관대한 사람들이었다.

당신이 할 일은 동전의 옆면에 올라서서 무엇이 진실인지 결정하는 것이다. 당신의 두 번째 기회는 무엇이 관대함이고 무엇이 탐욕인지 정의하는 것부터 시작된다.

Q 왜 부자 아빠는 가난한 아빠를 탐욕스럽다고 생각했는가?
A 가난한 아빠는 부자들이 가난한 사람들에게 돈을 나눠 주어야 가치 있다고 믿었다. 부자 고용주들이 더 많은 임금을 지불해야 하고 더 높은 세율의 대상이 되어야 한다고 생각했다.

Q 가난한 아빠는 사회주의자였는가?
A 그렇다고 말할 수 있다. 그는 사람들을 돕는 것을 가치 있다고 믿는 선한 사람이었다.

Q 부자 아빠는 자본주의자였는가?
A 적절한 평가라고 할 수 있다. 그 역시 사람들을 돕는 것을 가치 있다고 믿는 선한 사람이었다.

Q 어떻게 두 사람에 대해 똑같이 정의할 수 있는가?
A 그것이 사실이기 때문이다. 다만 어떻게 사람들을 도울 것인가에 관한 시각이 정반대였을 뿐이다.

버키의 가르침

버키는 많은 것을 예언했고 그 가운데 많은 것들이 실현되었다. 아직 실현되지 않은 예언은 더 많은 시간과 기술의 발전을 필요로 한다.

그중 두 가지 예언이 내 머릿속을 떠나지 않는다.

1. 그는 1945년 이후 태어나 담배를 한 번도 피우지 않은 사람의 경우 140세까지 살 것이라고 예언했다. 의학 기술 발전의 가속화를 내다본 것이다.
2. 그는 컴퓨터가 인간을 대체함에 따라 실업률이 증가할 것이라고 예언했다. 버키는 이렇게 말한 바 있다. "사람들은 컴퓨터에 의해 전문가로서의 자격을 완전히 박탈당할 것이다. 인간은 타고난 '통합적 사고력'을 스스로 회복하고 사용하고 즐기도록 강요받게 될 것이다."

수십 년 전, 그러니까 1960년대와 1970년대에 버키는 기술 발전과 함께 실업률이 증가할 것이라고 예언했다. 그리고 "밥벌이를 한다."라는 개념이 더 이상 쓸모가 없는 아이디어가 될 것이라고 말했다. 그는 모두가 밥벌이를 해야 한다는 허울만 그럴듯한 개념은 폐기하게 될 것이라고 내다보았다.

그는 또한 이렇게 말했다.

"우리는 생계 유지를 위한 부를 창출하지 못하는 사람들이 자가용이나 버스에 올라타 수조 달러의 석유를 길에 쏟아부으며 어떠한 부도 창출해 내지 못하는 직장으로 출근하는 모습을 볼 수 있다. 우주와 인류를 위한다면 차라리 그들에게 돈을 주어 집에 머무르게 하는 편이 이득이다. 그렇게 하면 하루에 수조 달러를 절약할 수 있다."

복지 후생 프로그램이 늘어나고 갓 대학을 졸업한 청년들이 일자리를 찾을 수 없게 된 2014년에 나는 버키가 1983년 강단에서 했던 말이 떠올랐다.

"미래에는 집에 머무르는 대가로 사람들에게 급여를 지급하는 것이 보다 합리적인 처사가 될 것이다."

1983년 당시 나는 그런 아이디어는 너무 현실과 동떨어져 있다고 생각했다.

Q 그래서 당신은 무엇을 걱정하는가?

A 버키의 예언이 실현되고 있어서 걱정이다. 오늘날 중국과 같은 저임금 국가에서도 대량 실업 사태가 발생하고 있다. 일감이 없어 수시로 가동을 멈추는 공장이 수천 개다.

만약 수십억 인구가 비고용 상태로 100세 이상을 살게 된다면 어떤 일이 벌어질까?

Q 결코 그런 일은 일어나지 않을 것이다. 그렇지 않은가?

A 나도 1983년에는 그렇게 생각했다. 그러나 지금은 확신할 수 없다. 수억 명의 직장을 잃은 사람들에게 돈을 지급하느라 정부가 파산 상태에 이른다면, 중국과 미국을 포함한 전 세계에 어떤 일이 벌어지겠는가? 그러한 상상이 나를 불안하게 만든다.

내가 걱정하는 것은 버키가 내다본 미래가 바로 지금 여기에 와 있다는 사실이다.

Q "인간은 타고난 '통합적 사고력'을 스스로 회복하고 사용하고 즐기도록 강요받게 될 것이다." 이 말은 어떤 의미인가?

A 그가 말한 통합적 사고력은 돈을 받고 집에 머무르는 소수의 사람들에게 해당된다. 그들은 영감을 받아 '정신적인 일'을 하고 신이 부여한 삶의 목적을 수행한다. 또한 버키는 수백만 명의 사람들이 '자발성에 자극을 받아' 무언가를 행할 것이라고 말했다. 돈 때문이 아니라 단지 자신의 욕구에 의해 세상의 문제들을 해결하기 시작할 것이라는 의미다.

Q 당신도 그렇게 움직인 것인가?

A 그렇다. 나는 1983년에 『자이언트 그런치』를 읽고 무엇을 해야 할지 알게 되었다. 조지 오웰이 그의 책 『1984』에서 언급한 바를 내가 행해야 함을 알게 되었다는 의미다.

"기만이 보편화된 시대에 진실을 말하는 것은 혁명적인 행동이다."

1984년 킴과 나는 신념의 도약을 이루게 되었다.

Q 당신의 해결책은 무엇인가?

A 교육이 바뀌어야 한다. 더 이상은 사람들에게 "직업을 구하려면 학교에 가라."고 말해서는 안 된다.

반드시 그들을 피고용인이 아닌 기업가가 되도록 훈련시켜야 한다. 세상은 단지 돈을 위해 일하는 사람을 필요로 하지 않는다. 세상은 일자리를 창조하고 세계의 문제를 해결하기 위해 노력하는 기업가를 훨씬 더 필요로 한다.

다행히 오늘날 많은 수의 사람들이 기업가가 되고 있다. 그러나 문제는 그들 대부분이 계속해서 돈을 위해 일해야 하는 S 사분면의 기업가가 되고 있다는 사실이다.

세계는 더 많은 B 사분면의 기업가를 필요로 한다. 그들은 현금흐름을 창출하는 자산을 만들어 낸다. 단지 돈만 버는 자산이 아니다. 세계를 바꾸는 자산이다.

Q 그래서 당신은 내가 이렇게 자문하기를 요구하는가? "만약 밥벌이를 해야 할 필요가 없어진다면 나는 무엇을 해야 하는가? 결코 월급봉투를 받을 필요가 없다면 내가 가진 어떤 재능을 펼쳐야 하는가?" 이것이 당신이 나에게 기대하는 질문인가?

A 그렇다. 그것이 내가 1983년에 품었던 질문이다.

두 번째 기회를 위한 교훈

당신도 자문하라. "만약 돈을 위해 일할 필요가 전혀 없다면 나는 무엇을 해야 하는가?", "나의 지식과 내 삶에 욕심을 부릴 것인가? 아니면 관대하게 움직일 것인가?" 이것이 동전 하나가 가진 두 가지 측면이다.

금융 교육은 동전의 반대쪽 면을 가르치는 것이다

당신은 홀로 지식을 비축하고 당신이 가진 것과 아는 것을 탐욕스럽게 차지할 수 있다. 반면 다른 사람들과 공유할 수도 있다. 금융 교육은 관대함이 핵심이다. 탐욕이 아니다.

Chapter 17

'투자하는 것은 위험하다'의 반대

"나는 인생의 대부분을 진실이 아닌 것들을
폐기하는 일로 보냈다."
– 버크민스터 풀러

사람들 대부분은 투자하는 것이 위험하다고 생각한다. 실로 금융 교육을 받지 못한 대부분의 사람들에게 투자는 위험하다. 그런치 세력은 당신이 투자가 위험하다고 믿기를 바란다.

Q 어째서 그런치 세력은 사람들이 그렇게 믿기를 바라는 건가?
A 그래야 당신의 돈이 그들에게 넘어가기 때문이다.

Q 그런 이유로 학교에서 금융 교육을 하지 않는다는 말인가?
A 내 생각에는 그렇다. 그래서 교사들 대부분이 학생들에게 돈을 모아서 주식 시장에 장기 투자를 하라고 말하는 것이다. 그런 권고가 당신의 돈을 그런치의 주머니로 들어가게 한다.

Q 그게 나쁘다는 것인가?

A 아니다. 거듭 말하지만 모든 것에는 적어도 두 가지 면이 있다. 투자하는 것은 위험하다고 믿는 사람도 있고 그렇지 않은 사람도 있다. 문제는 당신이 무엇을 믿는가에 달려 있다.

Q 하지만 그렇다고 무조건 투자하는 것은 위험하지 않을까?

A 그렇다. 위험하다. 하지만 모든 일에는 위험이 따르기 마련이다. 당신도 걸음마를 배울 때는 무수히 넘어졌다.

Q 물론이다.

A 그리고 당신은 이제 넘어지지 않고 걸을 수 있다.

Q 물론이고말고.

A 투자도 마찬가지다. 당신은 운전을 하는가?

Q 그렇다. 면허가 있다.

A 처음에 운전을 어떻게 배웠는가?

Q 아버지께서 가르쳐 주셨다.

A 그 분의 가르침으로 운전할 때 위험성이 줄었는가 늘었는가?

Q 위험성이 줄었다. 음, 무슨 말인지 알겠다.

A 당신은 내가 왜 돈을 투자하기 전에 3일 동안 부동산 투자 세미나에

서 공부하고 90일 동안 부동산 투자 대상을 찾아보면서 연습했는지 이
제 이해하겠는가?

Q 그렇게 해서 위험을 감소시킬 수 있었다는 것인가?
A 게다가 보상을 증대시켰다. 3일 동안의 세미나와 90일 동안의 연습이
나를 백만장자로 만들어 준 셈이다. 그 일이 내 재정적 리스크를 감소시
켰고 보상을 증대시켰다. 나는 더 이상 일자리가 필요 없고 주식 시장의
요동에 걱정할 필요가 없다. 교육과 연습은 내게 일하지 않고도 원하는
만큼 많은 돈을 벌 수 있는 자유를 주었다. 그 덕분에 나는 해고당하지
않기 위해 상사의 비위를 맞춰야 할 필요 없이 느긋하게 인생을 즐길 수
있게 되었다.

Q 그렇다면 위험의 반대는 연습인가?
A 다른 경우도 있다. 내게 위험의 반대는 제어다.

날아오르는 법 배우기

1969년 나는 비행기 조종술을 배우기 위해 플로리다 주 펜사콜라로 갔
다. 교육 과정은 아주 즐겁고 흥미로웠다. 나는 애벌레 상태로 기어 들어
갔다가 2년 후 나비가 되어 날아올랐다. 그것은 교육 이상의, 일종의 변혁
이었다.

그와 똑같은 일이 몇 년 후 3일 동안의 부동산 세미나에서 일어났다. 나
는 가난한 상태로 걸어 들어갔다. 그리고 2년 후 부자가 되었다. 나는 다시
는 일자리나 급여가 필요 없게 되었다.

제어의 사례들

나는 리스크와 보상에 관해 많은 것을 배웠고 베트남에서는 비행기까지 제어했다. 오늘날 나는 그런 제어의 많은 부분을 투자자의 입장에서 활용하고 있다. 그런 제어 가운데 몇 가지는 다음과 같다.

1. 교육에 대한 제어

조종사 시절 우리는 늘 배움의 과정에 있었다. 생활과 교육은 서로 밀접하게 관련되어 있었다. 우리가 더 많이 배우면 배울수록 생존할 기회가 늘어났다.

2. 조언자들에 대한 제어

비행기 조종술을 배울 때 내 스승은 조종사였다. 대부분의 사람들이 재정적인 문제를 겪고 있는 것은, 영업하는 사람들로부터 재정적인 조언을 받기 때문이다.

3. 시간에 대한 제어

대부분의 사람들은 일하느라 너무 바빠 부자가 될 시간이 없다.

Q 교육과 조언자, 시간을 제어한 구체적인 예를 하나 들어 달라.

A 좋다. 내가 1만 달러를 엑슨(Exxon, 미국의 다국적 석유화학기업)의 주식에 투자한다고 가정해 보자. 그런 투자에는 수익이나 원금에 대한 보장이 따르지 않는다. 하지만 그 1만 달러를 유정에 투자한다면 정부는 내게 세금 공제를 통해 3,200달러의 원금 반환을 보장한다.

Q 원금 32퍼센트의 반환을 보장한다고? 누구나 세금 공제를 받을 수 있

세컨드 찬스

다는 말인가?

A 그렇다. 누구나 그와 같은 유형의 투자처에 투자할 수 있다. 다시 말하지만 그것은 모두 세 가지의 제어에서 비롯된 것이다. 당신은 교육, 조언자, 시간을 제어할 줄 알아야 한다.

이 32퍼센트의 세금 공제가 작용하는 방식에 대해 더 알고 싶다면 「리치대드 라디오 쇼」에서 이 주제에 대해 조언한 마이크 모셀리의 조언을 들으면 된다. 그 프로그램을 들으면 어떻게 이 세 가지에 대한 제어가 리스크를 줄이고 보상을 늘려 주는지 보다 구체적으로 이해할 수 있을 것이다.

주제
**정부가 보장하는 투자 수익률
-가스 및 원유 유정의 경우**

초대 손님
**공인 회계사 마이크 모셀리,
톰 휠라이트**

리치대드 라디오 쇼
무료 앱 다운로드
www.richdad.com/radio

신뢰의 힘

모든 미국 화폐에는 "우리는 신을 믿는다.(In God We Trust.)"라는 문구가 새겨져 있다. 내 개인적인 의견으로 이 표어는 사기와 다름없다. 나는 신께서 과연 미국 화폐를 신뢰하는지 의문이다.

그런치를 위해 일하는 월스트리트의 은행가들은 "금은 구시대의 야만적 유물이다."라고 말한다. 금은 그들의 경쟁자이기 때문에 충분히 그렇게 말할 만하다. 금은 찍어 낼 수 없기 때문에 그들은 금을 좋아하지 않는다.

동전의 반대쪽 면을 보면 금이 야만적이라는 이야기에도 어느 정도 진실이 담겨 있다. 사실 장식용 보석 말고는 금은 별다른 가치를 지니지 못한다. 반면 은은 금보다 훨씬 많은 가치가 있다. 은은 산업용 금속으로서

주제
**금본위제에 대한
재고**

초대 손님
스티브 포브스

리치대드 라디오 쇼
무료 앱 다운로드
www.richdad.com/radio

다양한 용도에 쓰인다. 금은 비축되고 은은 소비된다. 그래서 나는 은이 금보다 더 가치 있다고 생각한다.

Q 별다른 가치도 없는 금을 신은 왜 만들었을까? 도대체 왜 인간은 금을 차지하기 위해 욕심을 내고 살인을 하고 나라까지 정복하는 것인가?
A 금은 신뢰할 수 있는 금속이다. 희귀한 데다가 위조가 불가능하다.

《포브스》 미디어 제국의 CEO인 스티브 포브스는 2014년 출간한 저서 『머니』에서 금본위제로 돌아갈 것을 주장했다. 책에서 스티브는 세계가 금본위제로 돌아가야 하는 중요한 이유 세 가지를 말한다.

1. 종이돈은 부가 아니다.
2. 만약 미국이 금본위제를 유지했더라면 오늘날 소득이 50퍼센트는 더 높아졌을 것이다.
3. 금본위제는 신뢰를 증대시킨다. 금은 낯선 사람들끼리 안심하고 거래할 수 있게 해 준다. 사람들이 자신들이 사용하는 '돈'을 신뢰하지 않으면 거래가 줄고 경제가 위축될 것이다.

다시 말해서 정부가 돈을 찍어 내면 사람들이나 국가 사이의 신뢰가 떨어져 거래가 감소하고, 거래가 감소하면 경제가 위축된다. 경제가 위축되면 선량한 사람들이 고통을 겪고 종종 절망에 빠진다. 그런 절망은 범죄와 폭력, 부도덕, 테러리즘으로 이어질 수 있다.

리스크 줄이기

정부가 돈을 찍어 낼수록 그 돈에 대한 우리의 신뢰는 낮아지고 리스크는 높아진다. 오늘날 많은 사람들이 우리의 미래를 걱정한다.

당신의 리스크를 줄이려면 교육과 조언자들과 시간에 대한 제어를 통해 당신 자신에 대한 신뢰를 높여야만 한다.

Q 내 자신에 대한 신뢰를 쌓기 시작하는 바람직한 방법을 구체적으로 말해 달라.

A 그 역시 말로써 시작된다. 학교에서는 가르쳐 주지 않는 '돈의 언어'를 배우는 것으로 자신에 대한 신뢰를 쌓을 수 있다.

돈의 언어

2009년 페루의 전 부통령인 라울 디에즈산 세코 테리가 킴과 나를 초청했다. 교육 사업가이기도 한 그는 유치원에서 대학까지 연결시킨 학교를 설립하여 학생들을 상업의 실세계로 나갈 수 있게 준비시키고 있다.

우리의 여행 일정에 당연히 마추픽추도 들어 있었다. 안데스 산맥의 꼭대기에서 그 장엄한 문명을 훑어보면서 잉카 학자인 로메로에게 내가 물었다. "가장 높은 계층의 사람들과 낮은 계층의 사람들을 구분해 주던 것은 무엇이었습니까?" 그는 주저 없이 대답했다. "언어였습니다. 가장 높은 계층은 '쿠에추아(Quechua)'라는 상업 언어를 썼습니다." 로메로의 설명에

의하면, 잉카 제국이 남미의 서부 연안을 지배하도록 권능을 부여한 것이 쿠에추아라는 언어였다.

오늘날 현대 사회에서도 그다지 많은 게 바뀌지 않았다. 부자들은 상업 언어로 말한다. 그것은 학교에서는 가르치지 않는 '돈의 언어'다. 부자 아빠와 가난한 아빠 역시 그들이 사용하는 언어에 차이가 있었다. 둘 다 영어를 썼지만 같은 언어로 말하지는 않았다.

만약 당신이 매월 새로운 말들을 조금씩 배우기 시작한다면 스스로에 대한 신뢰가 높아질 것이며 그에 따라 리스크는 낮아지고 보상은 높아질 것이다.

Q 나를 부유하게 만들어 줄 말들을 알려 달라.

A 당신은 이미 자산은 당신의 주머니에 돈을 넣어 주고, 부채는 당신의 주머니에서 돈을 빼내 가는 것임을 알고 있다.

'현금흐름'과 '자본이득'도 중요한 말에 해당한다. 가난한 사람들과 중산층은 자본이득을 얻기 위해 투자한다. 그들은 사고 보유하고 가격이 오르기를 기원한다. 단기 차익을 노리고 부동산에 투자하는 사람들 역시 자본이득을 얻으려고 투자한다. 가격의 오르내림을 제어할 수 없기 때문에 그들은 투자를 위험한 것으로 간주한다. 그들은 현금흐름을 거의 보지 못한다. 팔아서 이익을 얻는 경우 그들은 자본이득에 대한 세금, 즉 양도 소득세를 내는데 그것은 모든 세금 중에서 두 번째로 세율이 높다.

Q 그렇다면 부자는 현금흐름을 얻기 위해 투자하는가?
A B 사분면과 I 사분면에 있는 부자는 현금흐름과 자본이득, 통제력 그리고 세금 혜택을 얻기 위해 투자한다.

Q 어떻게 하면 그 방법을 배울 수 있는가?
A 당신의 교육과 조언자들 그리고 시간을 제어하라. 그렇게 하면 당신이 사용하는 언어도 바뀌게 된다.

Q S 사분면 사업가와 B 사분면 사업가의 차이점은 무엇인가?
A S 사분면 사업가는 제품이나 서비스를 제공하면서 돈을 위해 일한다.

Q B 사분면 사업가처럼 자산을 위해 일하는 게 아니란 말인가?
A 대부분의 경우 그렇다. 진정한 자산은 현금흐름을 낳는다. 제품과 서비스는 돈을 낳는다.

Q 현금흐름과 돈? 좀 더 쉽게 설명해 달라.

A 내가 쓰는 용어들의 차이에 유념하며 이야기를 들어 주길 바란다. 어느 사업가가 레스토랑을 오픈했다고 치자. 그 사업가는 훌륭한 음식과 서비스를 제공한다. 음식은 '제품'이고 종업원들이 '서비스'를 제공한다. 다음날도 그 과정은 그대로 되풀이된다. 모두들 경상 소득, 즉 '급여'와 '팁'을 위해 일한다. 경상 소득은 가장 높은 세율이 적용된다. 당신이 돈을 위해 일하고 돈을 모아 퇴직 연금인 401(k)에 투자한다면 그 소득에는 경상 소득 세율이 적용된다.

만약 내가 레스토랑이 들어선 건물을 소유한 B 사분면 부동산 사업가라면 나는 '자산'을 제공한 셈이 된다. 나는 그 건물을 '빚'을 이용해 취득했다. 그리고 최저 세율이 적용되는 수동적 소득을 거둔다. 뿐만 아니라나는 건물의 '감가상각'과 '대출금 분할 상환', '가치 상승' 그리고 여타의 다양한 형태의 수입 등으로 인해 점점 더 세금을 적게 내게 된다.

Q 건물의 감가상각과 대출금 분할 상환, 가치 상승 그리고 여러 다양한 형태의 수입으로 인해 점점 더 세금을 적게 내게 된다는 말은 무슨 의미인가?

A 만약 당신이 그 용어들의 차이점을 이해하지 못한다면 회계사나 세무사에게 조언을 구하거나 톰 휠라이트의 『면세가 되는 재산(Tax-Free Wealth)』을 읽어 보기 바란다. 그가 출연한 「리치대드 라디오 쇼」를 들어 보는 것도 좋다.

Q S 사분면 사업가는 점점 더 열심히 일하면서 모든 리스크를 감당하고

세금도 더 내는데, B 사분면 사업가는 적게 일하면서 돈은 더 벌고 세금도 덜 낸다는 말인가?

A 요점은 다른 사분면의 사람들은 다른 용어를 사용한다는 사실이다.

이 이야기를 다른 맥락에서 풀어 보자. 『부자 아빠 가난한 아빠』에서 나는 맥도날드의 창업자 레이 크록이 한 말을 소개했다. "나는 햄버거 사업을 하고 있는 것이 아니라 부동산 사업을 하고 있는 겁니다." 달리 말하면 맥도날드의 제품과 서비스가 '진정한 자산'인 부동산을 확보하기 위한 대금을 지불해 주고 있는 셈이다. 그래서 맥도날드가 세계에서 가장 거대한 부동산 회사 중 하나인 것이다.

간단히 말해 가난한 사람들과 중산층은 E 사분면과 S 사분면의 말을 사용한다. 부자들은 잉카 제국 사람들이 '쿠에추아'를 사용했던 것처럼 B 사분면과 I 사분면의 말을 사용한다.

버키의 가르침

『자이언트 그런치』에서 버키는 이렇게 말했다.

"기업이란 물리적인 현상도 형이상학적인 현상도 아니다. 그것은 사회 경제적인 술책이다. 막강한 힘을 가진 사회 경제적 개인들이 자기들끼리만 합의하고 법률로 제정해서 인간 사회와 영문을 모르는 그 구성원들에게 강제로 부과한 게임일 뿐이다."

Q 이것은 어떤 의미인가?

A 거대한 은행들과 기업들 뒤에 있는 보이지 않는 그런치를 신뢰하는

것은 위험하다는 의미다.

버키는 개인적인 자산 기둥을 그런치에게 맡기는 것은 위험하다고 말했다. 당신이 종이 자산에 투자하기를 원하더라도 장기간 투자하지는 않아야 한다. 그 대신 옵션에 투자하는 법을 배우는 강좌를 듣고 주가가 오르내릴 때 돈을 버는 법을 배우라고 권하고 싶다.

동전의 반대쪽 면에서 리스크를 줄이고 부자가 되고 싶다면 그런치의 언어, 즉 B 사분면과 I 사분면의 언어를 배워야 한다.

주식 시장에서 리스크 줄이기

만약 당신이 주식 시장에 투자하고 있다면 부자 아빠의 조언자인 앤디 태너가 「리치대드 라디오 쇼」에 출연해 알려 준 내용을 들어 보는 것이 좋다.

주제
**종이 자산과
주식 시장**

초대 손님
앤디 태너

리치대드 라디오 쇼
무료 앱 다운로드
www.richdad.com/radio

앤디는 유머를 곁들여 요점을 제시하는 탁월한 재능을 지니고 있다. 그는 리치대드 라디오 쇼에서 이렇게 말했다.

"당신이 타이타닉 호에 올라 크루즈 여행을 하고 있다면 무엇보다도 가장 먼저 해야 할 일은 구명정의 숫자를 세어 보는 것이다."

두 번째 기회를 위한 교훈

많은 금융 전문가들이 이렇게 말한다.

"고수익에는 고위험이 따른다."

Q 그것은 사실이 아닌데 그렇게 말하는 이유는 무엇인가?

A 누가 알겠는가? 그들은 거짓말쟁이거나 사기꾼이거나 바보인 것 같다. 십중팔구 그들은 누군가가 그렇게 말하라고 시켜서 되풀이해 왔을 것이다. 그는 버키가 권한 다음과 같은 사항을 시도해 본 적조차 없을 것이다.

"나는 인생의 대부분을 진실이 아닌 것들을 폐기하는 일로 보냈다."

오늘날 수많은 미국인들이 자신들의 401(k) 연금 계획과 IRA(개인퇴직계좌)를 통해 자신의 돈을 알지도 못하거나 신뢰하지도 않는 사람들에게 넘기고 있다. 그들은 같은 말을 반복해서 말하도록 훈련받은 앵무새들의 지시에 따른다. 참으로 위험천만한 일이 아닐 수 없다.

금융 교육이란 동전의 반대쪽 면을 가르치는 것이다.

리스크의 반대는 제어다. 당신의 두 번째 기회를 위해 당신의 교육과 당신의 조언자들과 당신의 시간에 대한 통제력을 되찾기 바란다.

Chapter 18

'돈을 저축하라'의 반대

"우리의 부는 우리의 돈을 통해 잃게 된다.
그런데 왜 그것을 모아야 하는가?"
– 버크민스터 풀러

부는 우리가 돈을 저축할 때 상실된다. 누군가가 돈을 저축하면 그 부는 부분지불준비제도를 통해 강탈된다. 예를 들어 부분지불준비 비율이 10이라는 의미는 은행이 모든 1달러 예금에 대해 10달러까지 대출하는 것을 허용한다는 뜻이다. 빌 클린턴 대통령의 재임 기간에 뱅크오브아메리카(BOA)나 시티은행 등과 같은 몇몇 거대 은행들은 부분지불준비의 한도를 34까지 잡고 영업했다. 즉 대출자들에게 저축 계정의 1달러당 34달러까지 대출해 주었다는 이야기다. 이것은 저축 계정에 든 돈의 구매력이 34배 약화된다는 것을 뜻한다.

이러한 부분지불준비제도는 돈을 찍어 내는 방법 중의 하나다. 그래서 저축자가 패자가 되는 것이다. 간단히 말해 돈은 저축될 때가 아니라 대출될 때 만들어진다.

저축자가 패자가 되는 또 다른 경우는 뮤추얼 펀드로 저축하는 상황이다. 뮤추얼 펀드 회사들은 감춰진 수수료를 통해 돈을 번다.

뱅가드 그룹(Vanguard Group)의 창업자인 존 보글은 묻는다.

"당신은 정말로 뮤추얼 펀드 주주가 되어 100퍼센트의 리스크를 떠안은 채 수익의 30퍼센트를 바라는 시스템에 투자하고 싶은가?"

이 말은 펀드 자체는 돈을 출자하지도 않고 리스크를 떠안지도 않지만 수익의 70퍼센트를 챙긴다는 내용이다.

독일 바이마르 공화국 시절에 저축을 한 사람들이 가장 큰 패자가 되었다. 1918년과 1923년 사이 단 5년 만에 독일의 대부호들이 극빈자가 되었다.

Q 그렇다면 돈을 저축하는 것의 반대 의미는 더욱 더 빚을 내라는 것인가?

A 그렇기도 하고 아니기도 하다. 빚 하나만으로는 대답할 수 없다. 빚은 단지 한 부분일 뿐이다.

저축의 반대는 '화폐유통속도(velocity of money)'로 알려진 방식이다. 대부분의 사람들은 돈을 저축하는 곳에 그냥 두거나 은퇴 생활을 위해 투자한다. 하지만 스마트한 사람들은 돈을 계속 움직이게 한다.

간단히 말해 당신이 돈을 그냥 두면 돈은 가치를 잃는다. 하지만 당신이 돈을 계속 움직이면 그 돈의 가치가 증가한다.

하루 종일 TV를 보면서 지내는 사람에 대해 생각해 보라. 달리기를 하거나 자전거를 타거나 등산을 하는 사람에 대해서도 생각해 보라. 어떤 사람이 10년 후에 더 건강한 삶을 살게 될까?

Q 그렇다면 돈을 더 빨리 움직일수록 좋다는 것인가?

A 당신이 그 방법을 안다면 그렇다. 독일의 초인플레이션 시기에 발 빠른 독일인들은 자신들의 돈을 독일 밖으로 옮겨 미국 달러, 영국 파운드, 프랑스 프랑과 같은 통화로 바꾸었다. 그에 비해 자신들의 돈을 그대로 뒀던 사람들은 막대한 피해를 입었다.

Q 그렇다면 나도 다른 통화를 사야만 하는가?

A 오늘날은 사정이 다르다. 오늘날의 세계는 글로벌 통화 전쟁에 얽혀 있다. 대부분의 정부들이 1918년에 독일인들이 그랬던 것과 같은 짓을 벌이고 있다. 오늘날 대부분의 정부들은 자신들의 통화가 강해지고 우량해지는 것을 염려한다. 만약 미국 달러가 강하면 미국의 수출품들은 비싸지고 미국의 실업률은 높아진다. 내가 이미 말했듯이 세계의 모든 지도자들은 실업률이 높아지는 것을 두려워한다. 그래서 그들은 고용률을 유지하기 위해서라면 거의 무엇이든 하려고 달려든다. 설사 그것이 자신들의 통화를 망가뜨리는 일일지라도 그렇다.

Q 그렇다면 미국이 달러를 약화시키기 위해서라도 돈을 찍어 낼 것이란 말인가?

A 그것도 하나의 선택 사항이다.

Q 그렇다면 나는 어떻게 해야 하는가?

A 내가 어떻게 해야 하는지 말해 주겠다. 그렇다고 내가 하는 그대로 따라 하라는 뜻은 아니다.

Q 그 이유는 또 무엇인가? 그렇다면 굳이 내게 말할 필요가 있나?

A 내가 취하는 방법이 좀 복잡하기 때문이다. 나는 그 방법을 오랜 세월에 걸쳐 배워 왔고 사실 지금도 배우고 있다.

내가 그것에 대해 당신에게 말해 주려는 이유는, 동전의 반대쪽 면을 보게 하기 위해서다. 만약 당신이 대부분의 사람들은 결코 보지 못하는 것을 본다면 당신은 진짜 머니 게임이 어떻게 벌어지는지 더 잘 이해하게 될 것이다. 진정한 부자는 돈을 그냥 놔두지 않는다. 계속 움직이게 만든다.

Q 당신이 하는 대로 내가 따라 한다면 어떻게 되는가?

A 그렇다면 나는 "행운을 빕니다. 게임의 세계에 들어온 것을 환영합니다."라고 말하겠다. 그러면 당신은 대단한 승자들과 게임을 벌이게 될 것이고, 힘든 싸움을 벌일 것이다.

앞의 도표를 보고 게임이 어떻게 벌어지는지 이해한 후에 '화폐유통속도'라는 게임의 참가 여부를 결정하기 바란다. 오직 당신만이 그 여부를 결정할 수 있다.

저축하는 사람이 어째서 패자인가

돈의 흐름을 추적하려면 번호가 매겨진 화살표를 따라가라.

❶ 리치대드컴퍼니의 자금을 대기 위해 투자자들로부터 25만 달러를 모금했을 때, 즉 킴과 내가 게임을 시작했을 때의 상황을 나타낸다.

❷ 재투자를 받은 상황이다. 화살표가 고리 형태를 취하며 사업으로 되돌아가

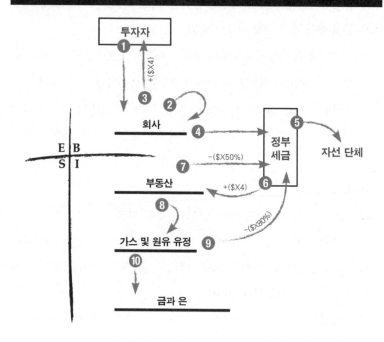

화폐유통속도

투자자
①

+($X4)

③ ②

회사 ④

E B
S I

정부
세금 ⑤

자선 단체

-($X50%)
⑦

부동산

+($X4) ⑥

⑧

-($X80%)

가스 및 원유 유정 ⑨

⑩

금과 은

는 것은 재투자받은 돈에 비과세가 적용되었기 때문이다. 직원을 고용하거
나 장비를 구입하거나 사업을 성장시키는 데 쓰는 돈은 주로 비과세로 처리
된다.

❸ 우리가 투자자들에게 빚을 갚은 내용을 나타낸다. 투자자들은 2년 후 투자
금의 400퍼센트, 즉 100만 달러를 받았다.

❹ 킴과 내가 마침내 우리의 돈을 급여와 보너스 명목으로 회사 밖으로 꺼냈던
지점을 나타낸다. 그런 돈에는 세금이 매겨진다. 우리가 사업의 바깥으로 돈
을 꺼낸 것은 사업을 시작하고 3년이 지난 후였다.

❺ 십일조 납부를 뜻한다. 우리는 총소득의 10퍼센트를 등록된 자선 기관에 기부한다. 이 돈에 대해서는 정부로부터 세금 공제를 받았지만, 십일조를 납부한 주된 이유는 영적인 것에 있다. 세금 공제는 단지 거기에 따라붙는 이점일 뿐이다. 신이 우리의 파트너라는 것을 믿기 때문에 우리는 십일조를 낸다. 우리의 파트너에게 대가를 지불하지 않는다면 파트너는 일하기를 멈출 것이다. 늘 기억하라. 당신이 미소를 받기 바란다면 당신 스스로 미소를 지어야 한다. 마찬가지로 당신이 한 대 맞고 싶다면 한 대 때리면 된다. 만약 당신이 돈을 더 가지고 싶다면 돈을 주어야 한다.

"내가 돈이 생기면 돈을 내겠소."라고 말하는 사람을 볼 때면 나는 웃곤 한다. 내 관점으로 보면 그들에게 돈이 없는 이유는 그들이 돈을 주지 않기 때문이다.

❻ 부동산 투자에 들어간 계약금을 말한다. $×4는 자산을 취득하기 위해 빌린 담보부 은행의 빚과 그 규모를 나타낸다. 이런 빚에 대해서는 납세의 의무가 면제된다.

❼ 우리가 정부로부터 적용받은 세금 공제를 나타낸다. 따라서 $×50%는 정부로부터 되돌려 받은 돈이다. 이른바 '유령의 현금흐름(phantom cash flow)'이라고 한다.

예를 들어 내가 개인 소득에 대해 1,200달러를 세금으로 내야 한다고 해 보자. 나는 자산에 투자하고 있으므로 정부는 내게 손실을 공제하도록 허용한다. 그런 손실의 한 가지 유형을 '감가상각(depreciation)'이라고 부른다.

감가상각이 500달러라고 해 보자. 그러면 정부에 1,200달러에서 500달러를 제외한 700달러만 세금으로 내면 된다. 감가상각 500달러를 유령의 현금흐름이라 칭하는 이유는 그 돈이 내 주머니 속에 머물러 있기 때문이다.

❽ 가스 및 원유 유정에 투자로 흘러 들어간 현금을 나타낸다.

❾ 가스와 원유 유정에 투자한 것에 대해 정부가 세금 고지서에서 공제해 주는 것을 말한다. 앞 장에서 가스 및 원유 유정에 투자한 돈에 대해 32퍼센트를 돌려받는 상황에 대해 기술한 바 있다. 내가 32퍼센트를 돌려받는 것은 가스 및 원유 유정 투자자 40퍼센트 과세 등급에 속하는 것으로 추정되기 때문이다. 만약 내가 1,000달러를 가스나 원유 유정에 투자한다면 정부는 내게 80퍼센트 세금 공제를 허용한다. 그렇게 해서 800달러에 40퍼센트를 곱하면 320달러, 즉 경감세로 32퍼센트를 돌려받는 것이다. 다시 말하지만 그 320달러는 정부에 지불되지 않고 내 주머니에 머문다.

❿ 금과 은에는 높은 세금이 부과되기 때문에 그 자체로는 좋은 투자처라고 생각하지 않는다. 나는 미국 정부가 시민들이 금과 은을 소유하는 것을 원하지 않기 때문에 금과 은의 판매에 높은 세율을 적용하는 것은 아닐까 의심한다. 1923년 독일 마르크가 붕괴했던 것처럼 달러가 붕괴할 가능성에 대비하는 방안으로 금과 은을 보유할 뿐이다.

이것이 '화폐유통속도'라는 게임에서 이기기 위한 내 개인적인 플레이북이다. 기억하기 바란다. 이것은 매우 복잡한 과정을 지극히 단순화한 설명이며, 예시 숫자들은 모두 근사치이고, 시장 상황과 과세 등급에 따라 다양하게 바뀔 수 있다. 무엇이든 하기 전에는 항상 이런 종류의 과정을 전문적으로 다루는 변호사와 회계사에게 자문을 구해야 한다.

만약 당신의 조언자들이 이 과정을 이해하지 못한다면 그들에게 톰 휠라이트의 『면세가 되는 재산』을 지침서로 활용하도록 권하기 바란다.

당신의 조언자가 "여기서는 그렇게 할 수 없습니다."라고 한다면 새로

운 조언자를 구하기 바란다. 이 과정은 형태
만 다를 뿐 세계 어디에서나 통용된다. 이것
이 바로 부자들이 벌이는 머니 게임이다.

Q 당신이 이용한 게임의 10단계를 잘 이
해하려면 어떻게 해야 하는가?
A 먼저 친구들과 토론을 벌여 보라. 당신
과 친구들이 10단계를 적어도 열 번만 따
라가 보면 극소수의 사람들만 보고 있는
보이지 않는 돈의 세계를 보게 될 것이다.

주제
**세금을 활용해
부를 쌓는 법**

초대 손님
공인 회계사 톰 휠라이트

리치대드 라디오 쇼
무료 앱 다운로드
www.richdad.com/radio

Q 확실히 하자. 당신은 투자자의 돈으로 게임을 시작했다. 당신이 말하
는 이 게임에 당신은 돈을 전혀 집어넣지 않았다. 그래서 당신은 자신의
돈에 대한 어떤 리스크도 없이 수익을 올린다는 말인가?
A 그렇다.

Q 돈을 더 벌수록 투자도 더 해야 한다는 이야기인가? 그렇게 투자를
더 하면 더 많은 돈을 벌고……. 게다가 당신은 세금을 적게 내고 있다.
A 그렇다.

Q 그러면 돈이 속도가 둔화되면 당신의 소득은 내려가고 세금은 올라
가는 것인가?
A 그렇다.

Q 당신은 저축이나 퇴직 연금 계좌에 돈을 놓아 두는 사람들로부터 돈을 얻는 셈이란 말인가?

A 그렇다.

Q 당신은 저축자들의 돈을 받아 거기에 속도를 부여하여 돈을 계속 움직이는 것인가?

A 그렇다.

Q 부자는 더욱 부자가 되고, 돈은 계속 움직여야 하고, 현금은 계속 흘러야 한다. 현금은 현금흐름을 창출하는 더 많은 자산을 취득하기 위해 사용해야 한다. 내 말이 맞는가? 그것이 이 게임인가?

A 바로 그렇다.

Q 만약 현금흐름을 멈추면 경제가 멈추게 되는가?

A 그렇다.

Q 정부가 당신에게 세금 혜택을 주는 이유는, 일자리를 만들어 내고 주택과 음식과 에너지를 만들어 내는 일에 빚을 쓰고 있기 때문인가?

A 그렇다. 현금흐름은 경제를 움직이게 한다. 만약 모두가 돈을 모으기만 한다면 경제는 망가진다. 그래서 정부는 세금 우대 조치를 펼친다. 정부는 세금 정책을 통해 민간에서 해 주기를 바라는 일을 간접적으로 밝히는 셈이다. 주택 소유주가 지불한 담보 대출 이자에 정부가 세금 공제를 해 주는 경우 다음과 같이 말하는 셈이 된다.

"고마워요, 당신은 우리가 원하는 일을 해 주고 있어요."

Q 빈곤층과 중산층이 돈을 모으고 현금의 흐름을 멈추게 할 때 정부는 그들의 돈에 세금을 매긴다. 그렇다면 그들은 자신들의 돈을 움직이게 하지 않는 것에 대해 벌을 받는 셈인가?

A 그런 셈이다.

Q 당신은 주식이나 채권 또는 뮤추얼 펀드와 같은 종이 자산에 투자하지 않고 저축도 하지 않는다. 이유를 말해 달라.

A 종이 자산은 3차적 부이기 때문이다.

Q 그래서 당신은 1차적 부와 2차적 부, 즉 자원이나 생산에만 투자하는 것인가?

A 그렇다.

Q 왜 1차적 부와 2차적 부에만 투자하는가?

A 정부가 그렇게 하기를 원하기 때문이다. 기업가는 정부가 원하는 일을 한다. 기업가는 일자리를 가지고 있는 사람이 아니라 일자리를 만들어 내는 사람이다. 기업가는 주식을 사는 사람이 아니라 회사를 설립해서 주식을 팔고 회사 지분을 파는 사람이다.

Q 이것이 돈의 양면을 보여 주어야 한다는 진정한 금융 교육인가?

A 그렇다. 대부분의 금융 교육은 종이 자산, 즉 E 사분면과 S 사분면에

속한 사람들에게 팔리는 3차적 부만 다룬다. 하지만 진정한 부는 B 사분면과 I 사분면에서 발생한다.

Q E 사분면과 S 사분면에서도 그와 같은 세금 혜택을 받을 수 있는가?
A 그렇기도 하고 아니기도 하다. 그것은 세금 혜택이 어떤 것을 뜻하느냐에 달려 있다. E 사분면과 S 사분면의 경우 대부분 비과세 개인퇴직계좌에 투자하는 것이 그나마 세금 혜택을 누릴 수 있는 최선의 방법이다.

Q 왜 그런가?
A 현금흐름보다 자본이득에 의존하는 3차적 고위험 수익이기 때문이다. 제어가 불가능하고 오직 장기간 유지해야만 세금 혜택을 볼 수 있다. 하지만 주된 문제는 돈을 개인 연금 계좌에 놓아 두어야만 한다는 것이다.

Q 그래서 부자들은 아무것도 없이 돈을 창출해 내고 우리는 그들을 위해 일하고 세금도 내는 것인가?
A 축하한다. 이제 다 이해한 것 같다. 이제 당신은 통합은 최소 둘 이상이 합쳐진 복수형이고, 동전에는 양면이 있으며, 모든 세상사에 음과 양이 있는 이치를 이해했다. 당신은 이제 세상 사람들 99퍼센트보다 돈에 대해 더 많이 알게 되었다. 당신은 이제 보이지 않는 것을 볼 수 있다. 반대쪽 면을 보기 때문에 자산이 어떻게 창출되는지 보이는 것이다.

Q 그러면 이제 내 머릿속에서 돈이 만들어진다는 말인가?

A 그렇다. 진짜 자산은 존재하지 않는다. 진짜 자산은 만들어지는 것이다. 앞서 150년 된 교회를 사서 자산으로 바꾼 스코틀랜드 친구의 이야기를 소개했다. 그 자산은 그가 조각들을 끼워 맞추기 전에는 존재하지 않았다. 거의 5년 동안 매일같이 수많은 사람들이 교회 앞에 세워 놓은 '매입자 구함'이라는 간판을 지나쳤다. 사람들은 일을 하려고, 돈을 벌려고, 급여를 받으려고 그곳을 지나쳤다. 그들은 단지 낡고 황폐한 교회를 보았을 뿐이다. 하지만 내 스코틀랜드 친구는 자산을 보았다.

그 자산은 처음에는 그의 머릿속에서, 다음에는 그의 가슴과 감정 속에서 형태를 갖추었다. 그런 다음 그는 행동에 나섰다. 이것이 바로 진정한 금융 교육의 결과다. 진정한 금융 교육은 급여를 받거나, 세금을 내거나, 돈을 모으거나, 주식 시장에 장기 투자하라고 가르치지 않는다. 그런 것은 노예들의 일이다. 진정한 금융 교육은 당신에게 무에서 자산을 창출하는 힘을 부여해 준다. 기억하라. 구글도 아마존도 몇 년 전에는 존재조차 하지 않았다. 리치대드컴퍼니 또한 마찬가지다.

Q 그렇다면 내 머릿속에 부가 들어 있는 셈인가?

A 그건 당신이 결심하기에 달렸다. 당신의 현실, 당신의 생활은 당신의 머릿속에서 시작된다. 일자리를 찾거나, 돈을 모으거나, 빚을 멀리하거나, 주식에 장기 투자하려는 생각도 마찬가지다. 어느 쪽이든 선택하는 것은 당신의 몫이다.

현금흐름 사분면의 각 사분면은 세상을 바라보는 서로 다른 관점을 제공한다. 하나의 사분면에서는 다른 사분면과는 다른 것을 배우게 된다. 각 사분면은 서로 다른 가치관을 갖는다.

예를 들어 E 사분면의 피고용인들은 고용 보장과 꾸준한 급여에 가치를 둔다. 자영업자들은 자신들 스스로 무언가를 하는 것에 가치를 둔다. B 사분면 사업가는 팀과 더불어 일하며 현금흐름을 낳는 자산을 만들어내는 것에 관심을 집중한다. I 사분면 투자자는 B 사분면 사업가들에게 투자한다. 왜냐하면 그들이 더 많은 자산을 창출하기 때문이다. I 사분면 투자자가 S 사분면 사업가들에게 투자하는 경우는 좀처럼 없다.

Q 각 사분면의 사람들은 서로 다른 유형의 교육에 가치를 둔다는 말인가?
A 그렇다.

Q 따라서 두 번째 기회를 위해 자신이 진정으로 배우고 싶은 것이 무엇인지 정할 필요가 있다. 그리고 지금까지 배워 온 것을 잊어야 할 필요도 있다.
A 그렇다. 두 대의 자동차를 한 차고에 넣을 수는 없다. 그것은 교육에서도 마찬가지다. 당신이 자신의 세계를 넓히기를 바란다면 차고의 크기를 넓힐 필요가 있다. 돈의 양면 모두를 보기를 원한다면 당신은 자신의 세계를 더 크게 넓혀야 한다. 다시 한 번 버키의 말을 인용하겠다. "나는 인생의 대부분을 진실이 아닌 것들을 폐기하는 일로 보냈다."

Q 그렇다면 나는 지금 무엇을 해야 하는가?
A 당신에게 가장 적합한 일이 무엇인지 결정하라. 우리 모두는 서로 다르다. 우리는 서로 다른 재능과 지능과 꿈을 지니고 있다.

1973년 나는 내가 원하는 삶에 대해 결정했다. 그런 다음 내가 가고 싶은 곳으로 데려다 줄 교육의 종류를 결정했다. MBA를 취득해 E 사분면 또는 S 사분면에서 일하는 삶, 혹은 B 사분면과 I 사분면에서 사업가로 사는 삶……

어느 선택이든 쉽지 않았다. 나는 그 속에서 어떤 선택이 나에게 최선인지, 나를 고무시켜 주는지 생각했고 결정했다.

이제는 당신이 스스로 결정해야 한다.

버키의 가르침

버키는 교육에 관해 이렇게 말했다.

"자발적인 교육 시스템이 아이들에게 행해지는 날이 곧 다가올 것이다."

그런치는 우리가 공부하는 과목들을 제어한다. 그래서 수많은 사람들이 오늘날 금융 위기를 겪고 있다.

아홉 살 무렵 나는 선생님에게 물었다.

"우리는 언제 돈에 대해 배우게 되나요?"

선생님은 "학교에서는 돈에 관해서 가르치지 않아."라고 대답했고, 나는 이후 내가 배우고 싶은 것을 가르쳐 줄 선생님을 찾아다녔다. 그렇게 나는 나의 '부자 아빠'를 만났다.

버키는 또한 이렇게 말했다.

"진리에 대한 욕구가 깃든 학습은 인생을 더욱 경쾌하고 예술적으로 만들어 줄 것이다."

진정한 학습이란 진리를 탐구하고자 하는 우리의 정신적인 욕구다.

두 번째 기회를 위한 교훈

언제나 기억하라. 부자는 돈을 저축하지 않는다. 부자는 돈을 계속 움직이게 만든다.

금융 교육은 동전의 반대쪽 면을 가르치는 것이다.

인생은 선택의 연속이다. 당신이 돈의 양면 모두를 볼 수 있는 지점, 즉 돈의 옆면에 위치할 때 당신은 전통적인 사고와 교육이 얼마나 부자가 되는 길과 반대 지점에 있는지 알게 될 것이다.

Chapter 19

'비상사태는 나쁘다'의 반대

"해야 할 일이란 '할 필요가 있는 일',
'당신이 보기에 할 필요가 있는 일'
그리고 '아무도 해야 할 필요를 느끼지 않는 일'이다."
– 버크민스터 풀러

세계는 금융 위기 이외에도 중대한 많은 도전들에 직면해 있다. 그럼에도 많은 사람들이 묻는다. "우리 정부는 금융 위기 문제에 대해 무엇을 하려는 것인가?"

나는 바로 이런 태도가 위기의 중요한 부분을 차지한다고 믿는다. 너무 많은 사람들이 정부가 우리의 문제를 해결해 줄 것으로 기대한다. 너무 많은 사람들이 급료를 정부에 의존한다.

버키는 정치를 그다지 신경 쓰지 않았다. 그는 이렇게 말했다.

"내 아이디어는 비상사태에 의해 출현하고 부상한다. 상황이 절박할 때 비로소 내 아이디어는 수용된다."

그는 우리에게 이 세상을 천국 혹은 지옥으로 만들 선택권이 있다고 말했다. 그는 산업화 시대의 끝과 정보화 시대의 시작을 가르는 중대 국면에 대해서 경고했고 그 예측은 정확했다. 오늘날 우리 모두는 세계적 비상사태에 처해 있다.

좋은 소식은 비상사태를 통해 뭔가 새롭고 더 나은 것이 나타난다는 것이다.

버키는 아직 태어나지 않은 병아리를 예로 들었다. 병아리는 작은 껍데기 속에서 점점 움직일 수 없고 먹이가 고갈되어 간다. 하지만 상황이 가장 암담해 보일 때 병아리는 껍데기를 부수고 완전히 새로운 세상으로 출현한다.

버키는 우리가 세상을 천국으로 만드는 쪽을 택할 수도 있지만 파멸에 이르는 쪽을 택할 수도 있다고 말했다.

그는 우리에게 현실에 안주하지도 말고, 정치인들이 인류의 미래를 결정하도록 내버려 두지도 말라고 경고했다. 사회를 통제했던 낡은 집단이 그 힘을 계속 고수하기 위해 싸우려 드는 것일 뿐이기 때문이다.

세계적 비상사태에 들어선 우리의 난제는 바로 이것이다.

"누가 우리의 미래를 결정하는가?"

자신의 두 번째 기회와 미래를 위해 이 사항에 대해 생각해 보기 바란다.

스티브 잡스는 스탠퍼드 대학교 졸업식 연설에서 이렇게 말했다.

"점점이 흩어진 단편적 사건들이 연결되면 모종의 결말을 만들어 낼 수 있습니다. 앞만 내다보며 점을 연결할 수는 없습니다. 과거를 돌아볼 때에만 현재의 상황과 연결시킬 수 있습니다. 따라서 여러분은 현재의 단편적 사건들이 어떤 방식으로든 미래와 연결된다는 것을 알아야 합니다."

당신의 두 번째 기회를 시작하기 위해 잠시 시간을 내서 뒤를 돌아보라. 그렇게 과거를 돌아보며 점들을 연결하고 그 후에는 자신에게 물어 보라. 과거 속의 무엇이 나의 미래를 가리키는가?

아홉 살 무렵 선생님에게 "우리는 언제 돈에 대해 배우게 되나요?"라고 물었을 때 나는 나의 미래가 시작되었음을 깨달았다.

앞서 연설에서 스티브 잡스는 이런 시기를 위한 최상의 조언을 했다.

"늘 갈망하며 우직하게 나아가라.(Stay hungry. Stay foolish.)"

1984년의 킴과 나는 매우 갈망했고 매우 우직했다.

스티브 잡스가 옳았다. 갈망과 우직함은 좋은 것이다. 만약 우리가 신념의 도약을 이뤄 미지의 세계로 뛰어들지 않았더라면, 우리는 결코 존 덴버와 친구가 되지도, 오프라 윈프리의 텔레비전 쇼에서 한 시간을 보내지도 못했을 것이다. 또 도널드 트럼프와 공동 저자가 되지도, 스티브 포브스를 알게 되지도 못했을 것이며, 이스라엘의 대통령 시몬 페레스와 같은 세계적 지도자들과 함께 연단에 서지도 그리고 가장 중요한 당신과 같은 수많은 사람들을 만나기 위해 세계를 여행하지도 못했을 것이다.

이 시점에서 나는 당신이 다음과 같은 질문들을 던져 보기를 바란다.

1. 과거의 점들을 연결한다면 나의 미래는 어디로 가게 될까?
2. 내가 어렸을 때 대답을 듣고 싶었던 질문들은 무엇인가?
3. 내가 보기에는 할 필요가 있는 일인데, 아무도 그 필요성을 느끼지 않는 것이 있다면 무엇인가?
4. 무엇을 위해 나는 기꺼이 갈망하고 우직하게 나아가는가?
5. 내가 하는 일은 세상에 얼마나 많은 기여를 하는가?

내가 로큰롤 사업을 바라보았을 때 나온 대답은 "세상에 기여하는 바가 그다지 많지 않다."는 것이었다. 열심히 일하며 돈은 벌고 있었지만 세상에 기여하는 것은 별로 없었다.

돈을 벌며 열심히 일하고 있지만 세상에 기여하는 바는 별로 없다는 사실을 자각했을 때, 나는 더 이상 로큰롤 사업에 매달릴 수 없다는 판단이 섰다. 내 사업을 사랑했지만 단지 그 이유만으로 일하는 것은 욕심만 채우는 탐욕이라는 사실도 알았다.

나는 신념의 도약을 이루기 위해 회사에서 물러났다. 그리고 얼마 후 킴을 만났다. 만약 내가 미래에 대해 미온적이며 우유부단한 태도로 임했다면 그녀와 사귈 수 있었을지 의심스럽다.

반대로 하라

당신이 두 번째 기회와 더불어 당신의 생활과 영혼과 가족과 미래에 대해 고려할 때 도움이 될 수 있는 몇 가지 아이디어를 소개한다.

1. 일자리를 찾으려고 하기보다는 해결이 필요한 문제들을 찾도록 하라.
2. 돈을 위해 일하기보다는 많은 사람들에게 도움이 되기 위해 일하라.
3. 신에게 도움을 구하기보다는 당신이 신을 도울 수 있는 길을 찾도록 하라.

나는 이러한 사안에 대한 적절한 고려가 당신을 두 번째 기회로 인도해 줄 것이라 믿는다.

마가릿 미드는 다음과 같은 지혜로운 말을 남겼다.

"사려 깊고 헌신적인 시민들의 작은 움직임이 세상을 변화시킨다는 사실을 결코 의심하지 말라. 실로 이는 변함없이 유효한 유일한 사항이다."

알베르트 아인슈타인은 이렇게 말했다.

"문제를 발생시켰을 때의 사고방식으로는 문제를 해결할 수 없다."

그리고 마지막으로 버키의 말도 옮긴다.

"우리는 미래의 희생자가 아니다. 우리는 미래의 설계자다."

두 번째 기회를 위한 교훈

우리가 직면한 위기에서 당신은 어떻게 부상할 것인가? 당신이 만드는 삶은 천국인가? 아니면 지옥인가?

미래는 당신이 선택하기에 달려 있다.

금융 교육은 동전의 반대쪽 면을 가르치는 것이다. 많은 사람들은 비상사태 속에서 혼돈이나 위기만 본다. 동전의 반대쪽 면에는 모든 비상사태 속에 놓여 있는 기회가 존재한다. 그 속에 당신이 두 번째 기회를 창출하는 데 레버리지로 이용할 수 있는 무엇이 있다.

자, 이제 시작이다.

당신의 두 번째 기회, 세컨드 찬스를 잡게 될 그 순간이 지금 찾아왔다!

마치며

세상을 바꾸는 세 가지 관점

"무슨 부탁이지? 나는 별 볼일 없는 사람인데……."

사진을 함께 찍자고 제안하려는 나에게 버키가 말했다.

이 사진을 찍었던 때로부터 3년 후에 나는 내가 할 수 있는 일을 시작했다.

나는 학교에서 금융 교육을 해야 한다고 생각하고, 부자든 가난한 사람이든 누구나 금융 교육을 받을 필요가 있다고 믿는다. 우리에게는 실수하면 벌을 받는 게 아니라 실수에서 배우는 시스템이 필요하다. 동전에는 앞면, 뒷면, 옆면이 있고 이는 곧 세상을 보는 데 세 가지 관점이 있다는 것을 의미한다. 특히 '옆면'은 양면을 다 볼 수 있는 지점으로, 세상을 바라보는 보다 중요한 관점을 나타낸다. 나는 이 세 가지 관점이 우리의 사고방식과 행동에 영향을 미치고 결국 세상을 바꾼다고 믿는다.

버키와 함께 있는 로버트 기요사키
1981년 캘리포니아 커크우드, '사업의 미래' 행사장에서

나는 당신의 영혼이 놀라운 힘을 지니고 있다는 것을 알고 있다.

이 책은 당신의 영혼을 고무시키기 위해 집필되었다. 왜냐하면 당신의 영혼이야말로 두 번째 기회를 위한 원동력이기 때문이다. 당신의 두 번째 기회는 당신의 돈과 인생을 지배하고, 나아가 우리가 사는 세상을 바꿀 것이다.

감사의 말

이 책을 펴내기까지 도움을 준 모든 이에게

리치대드컴퍼니의 CEO 마이크 설리반과 사장 쉐인 카니글리아

리치대드컴퍼니의 CEO 마이크 설리반과 사장 쉐인 카니글리아에게 진심 어린 감사를 드린다. 회사의 과거를 정리하고 회사를 미래로 이끈 데는 이들의 역할이 매우 컸다.

CEO 마이크 설리반   사장 쉐인 카니글리아

리치대드 팀

오랜 시간 동안 마이크와 쉐인을 지지해 준 리치대드의 팀원 모두에게 특별한 고마움을 전한다.

모나 갬베타

모나 갬베타에게 특별한 감사를 드린다. 모나가 없었다면 이 책은 물론 대부분의 '부자 아빠' 책들이 세상의 빛을 보지 못했을 것이다.

모나는 근무 시간의 한계를 뛰어넘어 24시간 내내 열정적으로 움직이는 인물이다. 만약 리치대드컴퍼니가 군사 조직이라면 모나에게 은성무공 훈장이 돌아가야 마땅할 것이다.

플라타 출판사

플라타 출판사 팀원 모두의 노고에 감사를 전한다. 그들 각각은 어떤 방식으로든 이 책의 출간 작업에 기여했다. 특히 론다 히치콕과 스티브 킹, 그레그 아서, 데이브 레옹, 제이크 존슨, 켈리 코폴라, 가렛 서튼, 대린 무어에게 고마움을 표한다.

나의 아내

나의 아내 킴에게도 고마움을 전한다. 그녀는 사랑과 지력과 아름다움이 풍부한 배우자로서 리치대드컴퍼니의 핵심부에서 조용히 회사를 이끌어 주었다.

전 세계 수백만 독자 여러분

전 세계의 수백만 독자 여러분에게도 실로 충심 어린 감사를 올린다. 우리의 책을 읽고 우리가 만든 게임을 하며 리치대드의 엔진이 되어 주고 우리의 글로벌 사명에 동참해 준 것에 대해 감사드리는 바다.

부자 아빠의 조언자들

특별한 지혜를 공유해 주는 부자 아빠 조언자들에게 감사의 말씀을 올린다.

블레어 싱어
1981년 합류한 부자 아빠 조언자,
판매 및 팀 구축

켄 맥엘로이
1999년 합류한 부자 아빠 조언자,
부동산, 부채, 자본 조달

가렛 서튼
2002년 합류한 부자 아빠 조언자,
자산 보호 및 사업 계획

대런 윅스
2001년 합류한 부자 아빠 조언자,
기업가 정신과 교육

톰 윌라이트
2006년 합류한 부자 아빠 조언자,
세금 및 재산 전략

앤디 태너
2006년 합류한 부자 아빠 조언자,
종이 자산

조시 래넌과 리사 부부
2008년 합류한 부자 아빠 조언자,
사회적 기업가 정신과 행동 변화

옮긴이 | 안진환

경제경영 분야에서 활발하게 활동하고 있는 전문 번역가. 1963년 서울에서 태어나 연세대학교를 졸업했다. 『영어 실무 번역』, 『Cool 영작문』 등을 집필했고, 역서로 『스티브 잡스』, 『로그아웃에 도전한 우리의 겨울』(공역), 『트럼프, 승자의 생각법』, 『넛지』, 『빌 게이츠@생각의 속도』, 『The One Page Proposal』, 『포지셔닝』, 『괴짜경제학』, 『미운오리새끼의 출근』, 『피라니아 이야기』, 『실리콘밸리 스토리』, 『전쟁의 기술』, 『애덤 스미스 구하기』 등이 있다.

부자 아빠의 세컨드 찬스

1판 1쇄 펴냄 2017년 1월 2일
1판 11쇄 펴냄 2024년 1월 22일

지은이 | 로버트 기요사키
옮긴이 | 안진환
발행인 | 박근섭
펴낸곳 | ㈜민음인

출판등록 | 2009. 10. 8 (제2009-000273호)
주소 | 06027 서울 강남구 도산대로 1길 62 강남출판문화센터 5층
전화 | 영업부 515-2000 **편집부** 3446-8774 **팩시밀리** 515-2007
홈페이지 | minumin.minumsa.com

도서 파본 등의 이유로 반송이 필요할 경우에는 구매처에서 교환하시고
출판사 교환이 필요할 경우에는 아래 주소로 반송 사유를 적어 도서와 함께 보내주세요.
06027 서울 강남구 도산대로 1길 62 강남출판문화센터 6층 민음인 마케팅부

한국어판 © ㈜민음인, 2016. Printed in Seoul, Korea
ISBN 979-11-5888-224-2 03320

㈜민음인은 민음사 출판 그룹의 자회사입니다.